福州大学哲学社会科学文库

福州大学跨文化话语研究系列丛书之一

近代西方认知中的『中国形象』：
《教务杂志》关键词之广义修辞学阐释

钟晓文 / 著

复旦大学出版社

福建省人文社科基金项目成果（项目批准号：FJ2019B069）

总　序

福州大学跨文化话语研究第一系列八部专著即将由复旦大学出版社出版,我们为此感到由衷的欢欣。

福州大学跨文化话语研究中心是依托福州大学外国语学院建设的福建省高校人文社科研究基地,设"文体与批评话语研究""翻译与文化传播研究"及"比较文学与跨文化研究"三大研究方向。自2014年成立以来,以跨学科研究的视界搭建学术创新平台,以融合不同学术背景的研究者为目标,致力于话语研究,关注社会问题,推动社会进步。

话语作为社会实践,参与社会活动,再现社会事实,建构社会关系及社会身份,在社会发展变革中发挥着重要作用。当"话语"作为关键词进入研究视野,其焦点在于话语在社会和文化变迁中的影响力,从社会变化的语言痕迹切入社会文化批评,关注话语的意识形态功能、话语隐含的权力关系、话语的历史性、话语对社会文化的建构等,展现学术研究对社会问题的深切关怀。跨文化话语研究立足于跨语言、跨文化的视野,探讨不同社会历史语境下文化主体的话语特征及其与思想意识、社会变化的互动关系。

此次由复旦大学出版社出版的第一系列专著汇集了福州大学跨文化话语研究中心近年来的主要研究成果:潘红《哈葛德小说在晚清:话语意义与西方认知》、钟晓文《近代西方认知中的"中国形象":〈教务杂志〉

近代西方认知中的"中国形象":《教务杂志》关键词之广义修辞学阐释

关键词之广义修辞学阐释》、林继红《严复译介的文化空间研究》、王建丰《上海沦陷时期报刊翻译文学研究》、沈杏轩《隐喻修辞——〈红楼梦〉语言新视野》、李金云《泰戈尔思想和文学创作中的宗教元素》、殷贝《多丽丝·莱辛"太空小说"中的概念隐喻与新型乌托邦寓言》和叶颖《戏剧主义修辞观之于互联网对外新闻翻译——以"中国上海"门户网站为个案》。这八部专著融合了理论层面的思考和实践层面的分析,展示出各具特色的研究面向,记载着福州大学跨文化话语研究中心的不懈努力和学术成长。

在此,我们对复旦大学出版社的大力支持表示诚挚的感谢,对这八部专著的编辑团队表示由衷的感谢!

潘　红

福州大学跨文化话语研究中心主任

2019 年 5 月 11 日于榕城

序　异域想象的修辞空间

期刊研究可能并不像人们臆测的那样冷清,也不像人们推断的那样研究空间不断收窄。依据中国知网输入关键词"期刊研究",在文献分类目录"全选"状态下搜索研究成果,覆盖了"哲学与人文科学/社会科学/信息科学/经济与管理科学/农业科技/医药卫生科技/基础科学",这是话语生产从话语产品转向学术话语集散中心和传播载体的学术景观。期刊传播话语产品,也参与话语生产。期刊研究不仅关注期刊文献"写什么/怎样写/为什么这样写",也关注期刊"传播什么/怎样传播/为什么这样传播"。现有研究成果不乏显示度较高的学术文献,但也留着一些值得探讨而目前较少触及或暂未触及的问题空间,期刊文献修辞①研究即属于现有成果较少触碰的问题域之一。

率先进行这方面探索的,有钟晓文主持的教育部项目和博士后基金

---

① 这里所说的"修辞"是广义的,包括但不限于修辞技巧,同时向修辞诗学、修辞哲学延伸,并注重表达与接受互动。参见谭学纯:《新世纪文学理论与批评:广义修辞学转向及其能量与屏障》,《文艺研究》2015年第5期;《〈文艺研究〉和我的跨界学术读写》,金宁主编:《〈文艺研究〉和我的学术写作》,文化艺术出版社,2019年,第234—241页;《百年回眸:一句诗学口号的修辞学批评》,《东方丛刊》2004年第2期。

近代西方认知中的"中国形象":《教务杂志》关键词之广义修辞学阐释

项目"西方认知中的'中国形象':《教务杂志》关键词之广义修辞学①阐释"(13YJA751070)、"'中国形象'的西方建构:《教务杂志》广义修辞学阐释"(2013M531539)。本书是项目成果。

  评判学术选题的价值,有不同的参照角度:有的选题自己不做,一定有别人做;有的选题自己不做,可能没有别人做;有的选题自己不做,未必有别人做,即使别人做,也不会撞衫。本书选题属于不会撞衫的一种:作者如果弃权,未必有他人抢夺话语权。由美国基督教传教士在华创办、19世纪60年代至20世纪40年代先后由福州美以美印刷局和上海美华书馆出版的《教务杂志》(*The Chinese Recorder*,1867—1941),是西方话语主体讲述、面向传教士与西方读者的中国故事。刊物初名"The Missionary Recorder"(传教记录),曾更名"The Chinese Recorder and Missionary Journal"(另署中文名称"教务杂志")、"The Chinese Recorder"(中国纪录),中文名称沿用"教务杂志"。这份英文刊物在中国近代史上出版时间最长,连续刊行时间正是中华民族苦难最深、思考最多、社会心理与社会形态变化最大的时期。在历史的非常时期介入中国观察和知识生产的《教务杂志》的完整语料,并不是人人能想到且能够得到的文献资源。以其他方式获得或部分获得这种文献资源的人,未必有

---

① 期刊文献修辞研究的现有成果多运用广义修辞学理论资源,如钟晓文的前期研究:《〈教务杂志〉研究:文类选择与修辞建构》,《福州大学学报》2014年第1期;《广义修辞学视域下的跨文化大众传播》,《福建师范大学学报》2016年第4期;《广义修辞学视域下的近代西方跨文化传播——以〈教务杂志〉(1867—1941)为例》,《东南学术》2016年第6期。另如董瑞兰、朱玲:《广义修辞学视野中〈文艺学习〉(1954—1957)话语的政治性分析》,《语言文字应用》2014年第2期;董瑞兰:《〈文艺学习〉的广义修辞学研究》,南京大学出版社,2018年;《〈人民文学〉纪念鲁迅文本的修辞建构》,《百家评论》2020年第2期;钟蕊:《修辞认同:〈人民日报〉(1979—2018)元旦社论话语分析》,《福建师范大学学报》2019年第1期。以及笔者在《湖南科技大学学报》2019年第2期主持的专栏"期刊文献的广义修辞学研究",分别为谭善明:《〈文艺研究〉〈文艺理论研究〉的广义修辞学考察》;郑竹群:《基于牛津系列期刊巴赫金怪诞身体修辞》;谭学纯:《期刊文献话语背后》。

研究动力。有研究动力,未必有研究的可能性。有研究动力并有可能完成这项研究的作者,占有完整资料本身即占得了一种先机,同时也因为系统阐释此前沉寂的研究对象而具有了选题的新颖性。

区别于此前相关研究侧重《教务杂志》文献资源的历史学价值、宗教传播价值、文化比较与交流价值,本书对《教务杂志》基于西方认知的"中国形象"进行广义修辞阐释。准确地说,不是阐释《教务杂志》本身,而是阐释刊物空间形塑了的文本空间和重建的意义秩序。

本书的问题指向,是西方认知中的"中国社会""中国伦理""中国宗教""中国历史""中国语言"等文化主题支撑的中国形象建构,是不同文化传统、价值观念、意识形态相互遭遇、相互展示的异域想象。歌德想象的巴黎是否渗入了魏玛的影子?狄更斯想象的巴黎是否弥漫着伦敦的雾?福克纳想象的巴黎是否投射了密西西比镜像?异域想象不仅是地理想象,更是人文想象。当个人想象汇入想象共同体的时候,可能汇聚成某种认知力,参与认知对象的形象建构。《教务杂志》以想象共同体的集体表象参与了同质化的话语构型,让认知对象的一部分可感知、可言说,让认知对象的另一部分不可感知或可感知而不可言说,这种自动过滤机制介入社会文化现实和社会成员文化行为的知识生产,同时作为一种文化形态参与异域文化建构和社会互动。从异域想象审视中国故事、探索中国问题,将认知对象内化为认知经验又外化为异域想象的文化产品,隐蔽地对认知对象进行修辞干预,将外部世界的"他"修辞化地重构为"我"的认知对象,将不在场的心理再现转换为在场的文本呈现。以异域想象的方式呈现的在场,植入了自身存在的相关意义,并反作用于话语主体的中国认知。这是修辞权力参与意义秩序建构的过程,不同的意义秩序映射不同的文化结构以及人的心理结构。进入另一个认知系统的话语,同时进入另一种聚合关系,因而进入另一种意义秩序及意义生产机制。伴随异域想象的话语旅行产生的意义迁移,其意义生成逻辑呈

近代西方认知中的"中国形象":《教务杂志》关键词之广义修辞学阐释

现于阐释文本,体现相应的阐释方法。

当我们强调中国形象的真实图像时,也许忽视了异域想象在视界融合中的推进:异域想象一方面参与特定意识形态规约下人与文本及其精神世界的意义生成,另一方面也为文化碰撞中的阐释活动向主体的自由生成提供可能。异域想象多指涉晦暗角落或目力不及的渊薮,但并不缺少现实品格,相反,现实的"及物性"常常是想象的触发点。有时很难简单界定异域想象和自我认知的文化真相各自的不完整性,因为看世界的坐标不一样。但是当看世界的不同坐标的不完整性叠合时,有无可能产生完整性大于自我认知的单一表象呢?因此,异域想象建构的修辞幻象,可能制造认知鸿沟却不仅仅是鸿沟,某种意义上,也为搭建跨越认知鸿沟的桥梁提供另一种可能。从异域想象了解自己在他者眼中的镜像,也许是"认识你自己"的不同阶段。哪怕镜像呈现的自我"看山还是山",那已经不是"看山只是山"的原始物象。从他者的角度看中国,再以中国立场审视他者认知的中国,也许更利于发现未被认知的中国。异域想象必定具有与其认知相匹配的先验结构,既可能偏离文化现实,也可能在某些方面进行文化重塑。异域想象的文化阐释,也被文化所阐释。代入解码的相关背景信息,在什么样的情况下应由表达者提供而不成为冗余信息?在什么样的情况下需要接受者挖掘?在什么样的情况下是接受者不可挖掘的信息空白?从广义修辞学"互动论"看世界与看自己,异域想象是双向的建构,西方认知的表达者和中国接受者,存在两种文化身份的区隔:曾经的"华/夷"区隔,投射出中国古人以"天朝"为中心看世界的站位和眼神。这种站位和眼神,在自视世界革命中心的宏大背景下建构的修辞幻象,在"革命/反动""先进/落后"的区隔中叠印着"华夷之辩"的历史记忆,是否也可以在某种自我想象的国际秩序中感受到暴发户心态驱动的话语兴奋?抑或依稀听到遥远的历史回声?

《教务杂志》刊行文本的主要构件包括:中文典籍原文、源文献英译、

序　异域想象的修辞空间

源文献注疏的部分英译及译作者评论。作为本书重点阐释对象之一的《孝经注疏》(Commentary and Annotations on the Canon of Filial Piety，《教务杂志》1878年第5—6期连载)，即包括以上构件。译作者为德国汉学家恩斯特·福柏(Ernest Faber)，时称"19世纪最高深的汉学家"。本书认为福柏译述《孝经注疏》的结构形式隐含了一种修辞意图：希望以文本形式的"科学与严谨"喻示认知态度的"科学与严谨"。从修辞接受考虑，《教务杂志》的理想读者是同时具有汉、英语言能力的知识分子，但目标读者并非中英双语精通者，而只是英语读者，大多数目标读者将以文本的英文内容为认知介体，原文与译文的结构完整性因此被碎片化，英语译文的客观性与真实性成为无本之末，"作者评论"部分才成为目标读者获取意义的真正介体。传播文本的理想读者与传播刊物的目标读者的不一致，不仅阻碍了传播文本结构形式的修辞功能实现，也阻碍了传播文本信息内容的修辞传达。对于大多数目标读者而言，福柏的传播文本《孝经注疏》也许只能依靠碎片读解并辅之以异域想象，才能构建《孝经注疏》的"完整意象"。传播文本的阐释评述部分地解构典籍原文，修辞重构典籍原文的逻辑结构。通过伦理典籍的逻辑重构，传播文本呈现了"孝"的伦理文化特征：以血缘关系为核心价值的世俗伦理和以"子/臣"为核心主体的实践伦理。从西方认知审视，这是缺乏终极价值的伦理追求，无法进化到高级的"宗教伦理"。由于过分强调"子/臣"的伦理责任，排除"君/父"的伦理要求，很容易使这种自下而上的实践伦理停留在理想状态，或沦为"形式主义伦理"。《教务杂志》包括中文典籍原文、源文献英译、源文献注疏的部分英译及译作者评论的文本呈现形式，一定程度上预设了话语主体的难度。如果说重现中文典籍原文是重新历史化的程序，那么源文献英译、源文献注疏的部分英译至少部分地包含了修辞重构，译作者评论则夹杂宗教关怀，福柏《孝经注疏》如此，《教务杂志》呈现此类叙述结构的文本亦如此，这也使得本书的阐释常常穿行

近代西方认知中的"中国形象":《教务杂志》关键词之广义修辞学阐释

于不同的话语空间。

本书各章节的切入点多由关键词支撑,关键词承载了文化共同体的思想资源、价值取向和情感渗入方式,也是不同的文化共同体互为镜像的符码,选择关键词也就是选择最能展现西方认知中国形象的文化符号。中国不是被西方意识形态贴上某种文化标签的国家形象,而是有血肉有灵魂的文化空间。因此关键词与文化认同之间的关系,渗透着话语主体的选择与意义建构,并充当文化身份认同的符号表征,同时可以解读出带有某种优越感的文化资本。不同"语言-文化"系统中的能指,可置换的表象符号掩盖着不可置换的深层信息。西方的话语主体借用中国传统文化关键词,不同程度地伴随所指的修辞信息增值、减值,甚至改值。与话语主体文化身份差异互为因果的认知差,既体现表达者的话语权,也激发接受者的解释权,并可能伸展到人类经验的主体间性,以及可以彼此注视的公共空间,同时也存在吸纳边缘经验,融入公共认同的文化秩序的可能空间。当话语主体的文化身份被接受者模糊的片刻,也许是关键词语义与社会现实、文化真相重叠最多的瞬间。为揭示其中的复杂性,本书选择"语义还原—修辞阐释"的路径,例如关键词"孝"的语义还原、"孝"与基督教伦理比较、"孝"的合法性的修辞质疑相关章节,修辞视域中的"clan-宗族"词源探究与语义变异相关章节,"儒教""黑暗""巴别塔"的语义分析和修辞批评相关章节等。与其说《教务杂志》高频复现的关键词是概念化地呈现词语承载的固有意义,不如说是修辞化地建构关键词可能被赋予的意义。

本书穷尽《教务杂志》刊行文本,文献资源的唯一性和真实性无可置疑,所论有理有据,解释路径新颖。以此观察并批判性地反思特定历史文化背景下西方认知的"中国形象"及其文化后果,探讨清末民初文化转型时期话语能量的研究基础,探索跨文化传播研究的修辞视域及方法,并在学科建构意义上探索广义修辞学作为跨文化大众传播批评理论的

序 异域想象的修辞空间

基本阐释路径,分层阐释《教务杂志》的话语世界、文本世界、人的精神世界,后者进入中国当代修辞学一度失落的修辞哲学场域。也许因为更愿意经营形而下层面"有用"的话语之"器",疏于形而上层面"无用"的话语之"道",中国修辞学注重"语言运用"与话语之"器"的嫁接,强化了修辞学在教育部颁布的学科目录中的归属语言学(侧重语言应用)的意识,不像西方有些国家的修辞学,注册身份在哲学学科。中国修辞学在哲学中很难找到位置,倒是在写作学中不时见到修辞的影子。事实上,修辞不仅是话语的生动形式,也是生存的智慧形式。广义修辞学重视修辞思维和哲学思维的渗融,不是修辞学的边界位移,而是中国修辞学的当代学术形态与中国修辞理论的初始形态在后陈望道时代的对话,同时也是广义修辞学包括但不限于巴赫金批评的"书房技巧"的认知逻辑。

相对于遣词造句的修辞技巧,修辞哲学更难把握。尤其是人们一直关注语言作为思想的直接现实,相对忽视了反向的思想空间,修辞哲学强调话语参与话语主体的精神建构,是指向这一思想空间的学术表达,其实萨丕尔-沃尔夫假说关于语言塑造我们对世界的感知与思维方式的观点已经打开了思考的进路,遗憾的是较少有人从这一路径进入纵深。

本书作者在厦门大学文艺学专业攻读博士学位,以及解读罗兰·巴尔特(Roland Barthes)不同时期的代表作时,实际上已触及了修辞哲学问题,只是当时没有从修辞哲学角度审视巴尔特的"前结构主义-结构主义-后结构主义"[①]理论与实践,本书的写作或许部分地激活了巴尔特文论与修辞哲学的互文性关联。对这些问题的后续思考,在作者跟我做博士后合作研究阶段似有推进。表现在本书中,《教务杂志》的话语方式建构了述说对象,也建构了话语主体。既营造接受者的阅读期待,也悄然改变

[①] 关于巴尔特"前结构主义-结构主义-后结构主义"文论思想的详细分析,参见钟晓文:《符号·结构·文本——罗兰·巴尔特文论思想解读》,厦门大学出版社,2012年。

近代西方认知中的"中国形象"：《教务杂志》关键词之广义修辞学阐释

他们的认知视界。本书注意到《教务杂志》关于中国形象的西方认知对应于早期的文体选择多为游记，在行走的异域体验中，移步换形地凝视东方帝国，游记不仅记录了域外行旅，也记录了话语主体认知和感觉世界的方式。所记地理人文和历史人事，在对话与旁白的穿插中，修辞化地遮蔽西方伦理，以期在淡化文化偏见的表象中获得接受认同。进一步观察，《教务杂志》不仅可以在巴尔特的"可读性文本"和"可写性文本"之间映现"读者中心论"，而且可以读出"作者之死"之后的"作者"——而不仅仅是巴尔特"作者之死"之后的"读者"。

　　学术生产有不同的方式，可以制作快餐，也可以慢工细磨。悉心揣摩松散的信息碎片以什么样的方式分类、抽象和连缀，纳入新的解释框架，在揣摩中发现规则、定义规则、印证规则；也在验证解释力的过程中发现例外，依据例外升级规则。这是"问题驱动—话题提炼—话语出场"的转换，是若干个体研究汇聚为"群"的由点到面的经营，呈现的规模效应是"面"，生动的在场不能缺失一个一个的"点"，做好自己的那一个"点"，才可能形成可圈可点的"面"。这是一个追求完美的过程，但正视并接受"不完美"或许是每一个研究主体自身的"不完美"决定的，因此才有"更好"的追求。追求"更好"总是伴随着精彩和无奈、诱惑和陷阱。那些内心不乱，并能够把握自己节奏的研究主体，不容易被外部世界改变，也不容易改变对学术的敬畏。

谭学纯

目录 Contents

绪论 / 1

一、《教务杂志》：西方认知中的中国形象及其修辞建构 / 1

二、《教务杂志》的研究现状与综述 / 7

（一）史料研究现状 / 7

（二）语料研究的价值缺失 / 8

（三）史料研究向语料研究的转换：《教务杂志》的多元研究价值 / 10

三、选题意义、基本思路与研究方法 / 11

（一）选题意义 / 11

（二）基本思路 / 13

（三）研究方法 / 14

第一章 《教务杂志》的文体与主题 / 16

一、《教务杂志》的文体选择与主题建构 / 16

（一）创刊初期（1867—1868）的文体选择与主题建构 / 17

（二）发行中期（1907—1908）的文体选择与主题建构 / 18

（三）发行后期（1937—1938）的文体选择与主题建构 / 19

近代西方认知中的"中国形象":《教务杂志》关键词之广义修辞学阐释

（四）跨文化认知中的文体建构 / 20

二、《教务杂志》的话语建构 / 22

（一）话语与文体的意向建构 / 22

（二）话语与文体的逻辑建构 / 24

三、《教务杂志》的文本语境建构 / 26

（一）文本的时空语境建构 / 26

（二）文本的文化语境建构 / 28

本章结语　文体与主题：近代西方"中国认知"的语域建构 / 29

第二章　近代西方认知中的"中国社会"：关键词"宗族"之广义修辞学阐释 / 31

一、"宗族"的概念认知：传播话语的修辞建构 / 32

（一）"clan-宗族"：词源探究与语义变异 / 33

（二）"氏族-宗族"：历史追溯与视域错位 / 35

（三）"宗族社会"："中国社会"的概念认知与意象建构 / 39

（四）作为修辞的视域：近代西方认知中的"宗族" / 42

二、"宗族"的结构认知：传播文本的修辞建构 / 43

（一）"比萨斜塔"："宗族"的结构认知与意象建构 / 43

（二）"心脏脉动"："宗族-国家"的关联认知与意象建构 / 47

（三）"病态畸形"："中国社会"的结构认知与意象建构 / 50

（四）作为修辞的结构：近代西方认知中的"宗族" / 52

三、"宗族"的伦理批判：传播主体的精神建构 / 53

（一）"宗法人伦"："宗族"的社会伦理批判与意象建构 / 53

（二）"祖先崇拜"："宗族"的宗教伦理批判与意象建构 / 56

（三）祖宗家法："中国社会"的伦理批判与意象建构 / 58

（四）伦理的意图：近代西方认知中的宗族 / 61

本章结语　修辞的焦虑：近代西方认知中的"中国社会" / 62

目 录

第三章 近代西方认知中的"中国伦理":关键词"孝"的广义修辞学阐释 / 65

一、《孝经注疏》:"孝"的概念释读与系统认知 / 67
(一)"孝"伦理的概念释读:语义指涉与义位顺序的修辞重构 / 68
(二)"孝"伦理的系统认知:符号关联与伦理语域的修辞建构 / 71
(三)"孝"伦理的意象呈现:文本逻辑与结构范式的修辞误读 / 74
(四)"孝"伦理的实践质疑:道德垂范与美德扬名的修辞解构 / 78

二、《曾子》:"孝道"的理据认知与"孝行"的系统建构 / 80
(一)典籍释读的标点断句与修辞认知 / 81
(二)"孝道"的理据认知与伦理批评 / 84
(三)"孝行"的规约认知与系统建构 / 87
(四)作为修辞的比较:"孝"的理据认知与基督教的伦理彰显 / 90

三、"孝"的合法性质疑:典籍文本的消解与观念体系的颠覆 / 92
(一)典籍文本的历史合法性消解 / 93
(二)观念体系的逻辑合法性颠覆 / 96
(三)实践系统的功能合法性解构 / 101
(四)作为修辞的"质疑","孝"伦理的合法性消弭与基督教伦理的主体性彰显 / 104

本章结语 意图谬见:近代西方认知中的"中国伦理" / 106

第四章 近代西方认知中的"中国宗教":关键词"儒教"的广义修辞学阐释 / 110

一、儒家概念:语义变异与系统变构 / 111
(一)儒家概念的修辞解读 / 111
(二)儒家概念的语义变异 / 113
(三)儒家概念的系统变构 / 116

二、儒家典籍：文本误读与修辞重构 / 118

（一）儒家典籍的文本误读 / 119

（二）儒家典籍的认知重构 / 122

三、儒家思想：修辞认知与幻象建构 / 124

（一）儒家思想的修辞认知 / 124

（二）儒学幻象的形式建构 / 125

（三）儒学幻象的内容建构 / 127

本章结语　幻象建构："儒教"认知的修辞动力 / 128

第五章　近代西方认知中的"中国历史"：关键词"黑暗"的广义修辞学阐释 / 130

一、"中国历史"的文本重构：历史的文本性与修辞策略 / 132

（一）"中国历史"的合法性质疑 / 133

（二）"中国历史"的文本重构策略 / 137

（三）"中国历史"的主题文本建构 / 140

（四）近代西方认知中的"中国历史"：客体历史的文本建构 / 143

二、"中国历史"的幻象建构：历史的修辞性与呈现视域 / 144

（一）"血腥暴力"：中国文明的历史幻象 / 145

（二）"黑暗专制"：宫廷政治的历史幻象 / 150

（三）"官贪民愚"：中国社会的历史幻象 / 155

（四）近代西方认知中的"中国历史"：客体历史的幻象建构 / 160

三、"中国历史"的他者建构：历史的客体性与认知意图 / 161

（一）"中国历史"的客体性建构 / 162

（二）"中国历史"的他者性建构 / 167

（三）"西方文化"的主体性建构 / 171

（四）近代西方认知中的"中国历史"："异类他者"的修辞建构 / 175

目 录

本章结语　西方文化的历史主体性建构 / 176

第六章　近代西方认知中的"中国语言"：关键词"巴别塔"的广义修辞学阐释 / 180

一、语音认知：中国语言的"西方起源"之幻象建构 / 181

（一）希伯来语与汉语的语源追溯与语音比较 / 183

（二）盖尔语与中国语言的语源追溯与语音比较 / 186

（三）艾约瑟与比较语言学：研究预设与类推逻辑 / 191

（四）中西语言的"语音同源"之幻象建构 / 194

二、形态认知：中国文化的"西方起源"之幻象建构 / 195

（一）汉字解析：中国文化的"西方起源"之幻象建构 / 196

（二）谚语认知：西方批判与基督教利用 / 199

（三）方言认知：语言"巴别塔"的建构努力 / 204

（四）中国文明的"西方起源"之幻象建构 / 209

三、罗马拼音方案：中国语言的"形式西化"之建构策略 / 210

（一）方言罗马字的创制 / 210

（二）汉字罗马化的动力 / 212

（三）语言形式的同化目标 / 215

本章结语　西方文化的语言主体性建构 / 216

结语 / 218

一、跨文化传播：如何言说？言说什么？谁在言说？ / 218

（一）跨文化传播：如何言说？ / 219

（二）跨文化传播：言说什么？ / 220

（三）跨文化传播：谁在言说？ / 221

二、跨文化传播话语：语义变异与认知建构 / 222

近代西方认知中的"中国形象":《教务杂志》关键词之广义修辞学阐释

(一)传播话语的修辞建构 / 222

(二)传播话语的认知建构 / 224

(三)传播话语的主体性建构 / 226

三、跨文化传播文本:文体选择与修辞建构 / 228

(一)跨文化传播文本的文体选择 / 228

(二)跨文化传播文本的修辞建构 / 229

四、跨文化传播主体:视域改造与精神重构 / 231

(一)异域认知中的视域改造 / 231

(二)视域融合中的精神重构 / 232

五、跨文化传播的话语批评与阐释路径 / 234

附录:《教务杂志》相关主题研究文本 / 237

主要参考文献 / 256

绪　论

一、《教务杂志》：西方认知中的中国形象及其修辞建构

《教务杂志》(The Chinese Recorder，1867—1941)是 19 世纪美国新教传教士保灵①(Stephen Livingstone Baldwin，1835—1902)于 1867 年(清同治六年)在福州创办的英文刊物，初名"The Missionary Recorder"("传教记录")，福州美以美印刷局出版，1868 年更名为"The Chinese Recorder and Missionary Journal"，另署中文名称"教务杂志"。1872 年 6 月停刊，18 个月后于 1874 年(同治十三年)1 月在上海美华书馆继续出版，改为双月刊，1885 年(光绪十一年)3 月又改回月刊，并于 1912 年 2 月改名为"The Chinese Recorder"("中国纪录")，刊物中文名称仍沿用"教务杂志"②。1941 年 12 月因太平洋战争爆发而停刊，刊物发行时间长达 74 年，共出版 819 期，总页码约 5 万页。

---

① 保灵(Stephen Livingstone Baldwin，1835—1902)，19 世纪著名美国传教士。1858 年年末，保灵和新婚的妻子受美以美会(Methodist Episcopal Church)差遣，抵达中国上海，1859 年年初抵达福州。曾任美华印书局监督(1863—1866)，后因布道任务繁忙，专心与麦利和(Robert Samuel Maclay)、刘海澜(H. H. Lowry)共同负责福州天安堂。1867 年在福州创办《教务杂志》(The Chinese Recorder)，任总编辑，直到 1882 年因病退休。美华印书局位于福州天安山。

② 为论述方便，下文论及刊名时不做区分，统称"教务杂志"，笔者注。

1

近代西方认知中的"中国形象":《教务杂志》关键词之广义修辞学阐释

在《教务杂志》中,西方主体通过各种文体的认知文本,修辞呈现中国文化的各种主题认知,并在对象认知中修辞建构近代西方眼中的中国形象。换言之,中国形象的形成,既是一个跨文化的主体认知过程,也是一个跨文化的主体建构过程。纵览认知文本,近代西方认知中的中国形象的修辞建构,或基于认知文本的意象呈现,或聚焦于一些关键概念的语义重构,或渗透于中国典籍的西方主体性解读,或凸显于社会现象的西方主体性阐释。总体而言,《教务杂志》的中国形象建构包含五个主题:中国社会、中国伦理、中国宗教、中国历史与中国语言。

在"中国形象"的西方认知中,中国社会认知是其重要组成部分。纵览各个时期的认知文本,涉及各种各样的中国社会认知主题,包括宗族、缠足、妻妾制、私塾教育、祖先崇拜、风水迷信、人口问题、鸦片问题、社会习俗等,各种主题文本共同呈现了一个西方认知中的中国社会形象。在《教务杂志》的中国社会主题文本中,宗族不仅是一个重要的认知对象,而且是西方认知中国社会的一个关键词。换言之,中国社会的西方认知基本是以关键词宗族为核心而建构的。基于宗族认知,西方认知主体建构了对中国社会结构、社会习俗、社会问题、社会矛盾、婚姻问题、中国妇女、国家凝聚力等各个不同层面的认知意象,从社会表层的诸种现象到文化深层的结构剖析,进行了多层面多视角的中国社会解读并修辞建构了以比萨斜塔为认知幻象的宗族结构,以心脏脉动为认知幻象的宗族-国家关联,以病态畸形为认知幻象的中国社会结构。在中国社会的认知过程中,上帝/撒旦的圣经原型,幻化成西方/中国的二元对立,"China is Dragon"的概念隐喻,生成了中国社会的认知话语。西方的主体地位被强化,西方视域的权威地位被确立,西方的中国认知被修辞化为知识。

在《教务杂志》的中国伦理认知中,以古代典籍的西式解读、关键概念的语义重构、概念系统的梳理建构为主要路径,通过认知主体的基本

绪 论

逻辑结构——西方/中国↔基督教伦理/孝伦理，修辞建构了西方文明高于中国文明的认知幻象。基于文本翻译，认知主体不仅进行古代典籍的文本释义，而且通过引进西方价值系统为参照，对典籍文本进行了分析评述，建构相对完善的典籍认知。在对关键概念孝的认知过程中，认知主体不仅进行相关概念的语义词源解读，更强调进行文化与历史层面的解读。认知文本不仅重构伦理符号，而且也质疑中国伦理典籍的存在合法性，在文本细读与修辞诗学的批评中，认知文本有意识凸显伦理典籍的诸多问题：作者的不确定性、文本的碎片化、概念的模糊性、伦理系统的凌乱无绪、实践规约的矛盾冲突。这些问题的文本呈现，在试图解构典籍文本的同时，亦在修辞建构中国伦理意象：虚构与扭曲的伦理幻象。基于伦理符号的重构与伦理典籍的解构性阅读，认知文本对中国伦理进行了全方位的宗教批判。在认知主体的伦理视域中，基督教伦理在逻辑起点与道德归属上都远远高于中国伦理，因为他们的伦理源于上帝的恩典与神启，伦理实践的最高目标是荣耀上帝。正是在基督教伦理的观照下，认知文本对中国伦理进行了严厉批判。认知主体以西方基督教伦理为观照视域，凸显中国伦理的先天不足与系统矛盾，以基督教伦理的宗教神性为价值参照，批评中国伦理的世俗人伦本质。在扬西抑中的先见视域中，竭力贬抑中国伦理的人伦道德建构，张扬基督教伦理的宗教道德诉求。根据伽达默尔的哲学阐释学观点，异域文化的认知过程，是认知主体与认知客体的视域融合过程。然而，我们发现，近代西方的先见视域，经过认知文本的修辞建构，逐渐演绎呈现为高于中国伦理的价值评判体系，两种文化的认知交际过程，成为主体文化对客体对象的价值评判过程。

在《教务杂志》中，中国宗教的主题认知以儒教认知为其核心。也就是说，儒家思想认知成为近代西方宗教认知的一个重要组成部分，是西方主体深层次认知并建构中国形象的重要介体。刊物不仅登载为数甚

近代西方认知中的"中国形象":《教务杂志》关键词之广义修辞学阐释

多的阐释文章,亦有大量英译儒家典籍。在认知文本中,典籍误读与概念重构成为儒教形象修辞建构的主要路径。通过儒家典籍的修辞释读、儒家概念的修辞重构与儒学幻象的修辞建构,儒教认知主题文本承载并传播中国传统思想的西方修辞认知。"'四书五经'是中国人的《旧约》",这个基本隐喻成为近代西方儒家认知的一个基本知识,在通过喻体悄然改变认知对象本质特征的同时,亦暗示"四书五经"与《旧约》一样,都应以基督教《新约》取代。在近代西方认知中,作为中国"旧约"的"四书五经",只有伦理思想,而未形成伦理学,只有社会原则论述,而未形成社会学,只有宗教敬畏与依赖,但没有形成系统神学与先进宗教。换言之,中国在伦理学、社会学与神学方面都处于初级阶段,未发展成现代西方的伦理学、社会学与神学。以西方现代学科体系为认知范式,文本不仅凸显"四书五经"的原始性,而且彰显现代西方的先进性。据此,他们认为,中国文明(儒家文明)虽然历史悠久,但处于初级阶段并已停滞发展,相当于基督教文明前期。如果中国文明要继续存在并发展,必须接受西方基督教,以基督教替代儒教。西方认知范式实质主导话语与文本的修辞建构。概念重构源于文本误读,文本误读基于概念重构,两者相互影响。通过文本误读与概念重构,近代西方主体在儒教认知文本的不同层面建构并向英语世界读者传播儒教的基本幻象:一个基于中国"旧约"及其含混思想的落后宗教。

在《教务杂志》的认知文本中,"中国历史"是一个重要主题。这一主题或以历史认知的专题形式进行叙述,或掺杂于其他主题予以呈现。正如恩斯特·福柏强调的,历史认知比空间认知更具深刻性,西方必须克服游记认知的肤浅,而应在历史纵轴上加深对中国的认知。在近代西方的中国历史认知中,认知文本不仅呈现种种对中国历史的修辞认知,而且蕴含了认知主体的深层历史观:历史是一种文本建构。正是基于历史的文本性观念,认知主体质疑中国古代典籍的历史记载,质疑中国历史

绪 论

文本的合法性,倡导中国历史的重新撰写,并试图引进近代西方的历史撰写原则。近代西方的中国历史文本建构实践,渗透了一种更深层的历史观:历史是一种修辞建构。近代西方的中国历史认知,实际是中国历史的修辞重构,既包括历史碎片的选择组构与历史个案的伦理意象,亦涵盖历史事件的意义生成与历史关联的修辞推衍。经过一系列的修辞建构,中国历史不仅呈现了崭新的面貌,而且似在言说想象中国的故事。在我们看来,许多史例似不再与中国相关,或者只是显现似是而非之中国。然而,无论是何种形式的历史认知,我们似乎总能在这些文本中发现显明的西方特征:以西方文化为参照范式,修辞性重构异域对象,主体性批判异域文化。

在近代西方的中国形象认知中,语言认知是一个重要内容。就《教务杂志》而言,从1867年福州创刊之日开始,语言认知就成为刊物的重要主题之一,一直延续到1941年刊物结束。从"God"的汉译之争,五口通商口岸的方言解读,中国谚语俗话的语义分析,一直到地方方言罗马字的创制与国语汉字罗马化运动。近代西方的中国语言认知,具体而言,其认知对象包括汉语与少数民族语言,认知层面包括语音、语义与语言形式,认知类型包含方言、口语、书面语、谚语、俗话。在各种中国语言的认知中,近代西方的主要认知视域包括比较语言学、音系学、语义学、字形学、社会语言学等。纵览主题认知文本,就认知目的而言,认知文本包含两大类:(1)为克服语言障碍,传播基督教义,传授中国语言的学习方法与技巧;(2)通过语言研究,认知中国文化,建构西方文化主体性。在认知文本中,在西方主体进行语音、语义与符号形式诸元素认知中,在中西语言的关联建构中,巴别塔成为一个高频关键词。在西方主体修辞呈现中国语言的种种"怪异"幻象时,常哀叹"巴别塔的倒塌之痛"。也许正是有了牢固的巴别塔理念,在中国语言的认知中,不仅以西方语言为正宗参照,而且强调中国语言的"怪异"演化。为了"正本清源",西方主体

近代西方认知中的"中国形象":《教务杂志》关键词之广义修辞学阐释

在认知文本中进行了多种努力,通过中国语言的语音认知,发掘考证中西语言的"同源"依据,通过中国语言的形式认知,重新建构中国文化的"西方渊源"。为了彻底改造这个"同源变异"的中国语言,近代西方的认知主体努力进行汉语符号的形式改造与同化策略,试图撤销这种音形分离的古老象形文字,而代之以"现代""先进"的罗马字母,实现中国语言的"罗马化"。为此,许多西方著名传教士在《教务杂志》上发表了各种各样的中国语言认知文本,探索了种类繁多的语言主题。这些人不仅通过比较中西语言发掘中国语言的各种形态特征,而且亦设计各种方言罗马字的系统改造方案。

作为近代史上出版时间最长、连续性最好、篇幅最长的面向传教士与西方读者的英文刊物,《教务杂志》成为近现代西方世界认知中国的一个重要知识来源与资料参考,也是一份极具代表性的近代西方跨文化大众传播刊物。纵览该刊,中国文化认知及中国形象建构是其重要内容,而相关内容的呈现与传播均通过极具西方修辞意识的认知文本建构而实现。换言之,刊物所载的认知文本给我们提供了一种特别的视窗,近代西方的中国文化认知呈现过程其实是中国形象的修辞建构与跨文化传播过程。这些认知呈现与形象建构,对近现代西方的中国认知影响深远,许多亦已渗透进入西方社会的集体无意识之中,直接建构西方社会的中国形象,在当代西方对中国问题的认知与思考中仍频见其影响痕迹。据此,笔者认为,以《教务杂志》为代表的近代西方在华刊物所包含的中国形象修辞建构应是一个极具学术研究价值的问题视域,包括认知文本的修辞建构、概念语义的修辞重构、认知主题的幻象建构等。更为重要的是,在近代西方认知中的中国形象中,我们发现,认知幻象的修辞建构蕴含了一个重要的修辞意图:西方文化的主体性建构。这些"西方文化主体性"的修辞建构影响远远超过中国形象的认知幻象本身,不仅广泛影响西方社会的自我认知,亦深刻影响中国人的民族性自我认知。

二、《教务杂志》的研究现状与综述

作为近代史上一份重要的西方刊物,《教务杂志》既记载了近代西方主体的中国认知过程,亦保留了近代史上的许多重要历史事件之记录,包括中国的政治、经济、社会、文化、教育、伦理、宗教等各个方面的历史演进,以及诸多历史人物的话语文本中所蕴含的思想变化。然而,作为一份具有重要价值的研究文本,其价值目前主要体现在历史史料的挖掘之中,而较少作为历史语料予以考察研究。笔者认为,这种研究现状与该刊物的学术研究价值甚不相配,应在更多维度上对其深挖,尤其应作为中国近代史话语的重要组成部分,研究中西交往过程中的观念变化、中西民族文化性的认知变化、西方现代性概念的中国影响等。

(一) 史料研究现状

据笔者粗略调查,目前国内外学界对《教务杂志》的研究关注主要集中在四个方面:(1)刊物资料的历史学价值:把《教务杂志》作为中国近代史研究的重要史料资源,通过分析《教务杂志》,主要关注并研究近代西方对中国的政治、经济、文化、教育、科技的影响,关注刊物所记载的中国近代史上的重大事件,如崔华杰的《传教士学者与中国历史研究:以〈教务杂志〉为中心的考察》(上海大学博士学位论文,2011年);(2)中西文化的交流价值:主要关注该刊在西学东渐与中学西渐两个向度上的文化交流价值:①刊物把西方的现代医学、教育、科技以及基督教伦理理念传入中国,如王立新的《美国传教士与晚清中国现代化:近代基督教新教传教士在华社会、文化与活动研究》(天津人民出版社,2008年),②刊物通过译介与阐释输出中国思想文化,促进了海外汉学研究的发展,如刘耕化的《诠释的圆环:明末清初传教士对儒家经典的解释及其本土回应》(北京大学出版社,2005年),③宗教传播价值:主

近代西方认知中的"中国形象"：《教务杂志》关键词之广义修辞学阐释

要关注刊物对基督教新教在近代中国的传播及其影响，关注基督教伦理与中国文化的碰撞，如法国汉学家谢和耐的《中国与基督教》（中译本见上海古籍出版社，2003年）、法国汉学家安田朴与谢和耐等合作的《明清间入华耶稣会士和中西文化交流》（巴蜀书社，1993年），④文化比较价值：关注刊物所载基督教传教士的儒学、中国文学、中国上古神话等研究的学术意义与文化视角特征等。

通过中国知网（CNKI）以及其他网络的查询，从1999—2013年，国内以《教务杂志》文本为研究对象的论文不到30篇，其中较有代表性的文章有《从基督教看儒学：19世纪英语民族四个学者的看法》（季理斐著，陶小路译，《东岳论丛》2007年第1期）、《来华新教传教士眼中的中国小说——以〈教务杂志〉刊载的评论为中心》（孙轶旻、孙逊，《学术研究》2011年第10期）、《晚清基督教传教士与中国上古神话研究——以〈教务杂志〉为中心》（彭淑庆、崔华杰，《民俗研究》2012年第3期）。

依据以上调查发现，大多数《教务杂志》研究仅把刊物作为文本史料进行分析，虽然其中亦有研究关注西方对中国文化的解读，但究其实质，仍是一种史料分析性质的研究，目前尚未见以西方认知为研究目标的成果，也未见以中国形象的西方修辞建构为关注对象的成果，因此本书的研究选题与方法都具有一定的探索性意义。

（二）语料研究的价值缺失

《教务杂志》既是具有重要学术价值的近代史史料，亦是具有重要研究价值的近代史语料。目前学界并未给予足够重视的是，这些认知文本作为历史语料，在呈现近代西方的跨文化认知与主体阐释过程的同时，亦呈现了近代西方的中国形象的修辞建构过程。在认知文本中，西方主体主要围绕对一系列关键词的认知与阐释，呈现其对中国的社会、伦理、宗教、历史与语言等主题的跨文化解读，建构西方视域下的中国形象。

绪 论

作为以中国文化的认知及阐释为主要目标的西方刊物,《教务杂志》既承载中国文化的西方认知,亦呈现中国形象的西方建构:通过核心文化符号而认知,通过修辞话语而建构,认知与建构相互交融,文本深层既隐藏西方的异域文化认知模式,也潜行西方的异域意象生成机制。这些中国形象不仅表征着西方文化与中国文化的碰撞,也表征着中西意识形态、宗教观念、认知图式、语言范式及结构的多维碰撞。作为近代西方的文本语料,不仅可以为我们呈现意识形态与文化价值观念等内容层面的差异,而且也可以在语言形式层面,提供认知图式、语言范式等层面的考察路径。就此而言,《教务杂志》中的中国形象既是中西认知范式多维碰撞的结果,亦是西方认知范式全面控制下的主体性修辞建构;既是西方知识-权力话语范式下的中国形象认知,亦是"知识-权力"范式下的修辞建构。认知文本通过以客观性为掩饰的主体修辞性言说,既压制他者言说,亦把偶然性现象修辞建构为必然性知识。

在中国近代史这个阶段,近代西方主体的中国认知思维受到了"实质性限制"①,即受他们的宗教、政治、文化、经济等方面的思维方式的限制,而这些受限制的思维方式显然制约了近代西方主体对中国及中国文化的跨文化认知与阐释。正如福柯所言:"任何一种思维都存在这样的潜在规则(或许规则的遵循者们自己都无法阐述),它们实质上限制了我们思考的范围。如果能够揭示这些规则,我们就会明白这些看似随意的限制在由此规则界定的体系中畅行无限。……我们自己的思维也受制于此类规则,因此,如果能从未来的角度审视今天,这种限制也会像我们今天眼中的过去那样随意。"②如果能够从《教务杂志》研究中揭示出近代西方认知及传播主体思维中的潜在规则即诸般体系性限制,那么,我们

---

① Gary Gutting, *Foulcault: A Very Short Introduction*, Oxford University Press, 2005, p. 34.

② Gary Gutting, *Foucault: A Very Short Introduction*, p. 35.

对于西方认知中的中国形象建构将会有一种比较深入的认识。

综上,以《教务杂志》的认知文本为历史语料,对近代西方主体的中国形象认知、阐释与建构进行广义修辞学分析,从而揭示那些决定、限制认知主体的历史语境的潜在结构,揭示潜在结构与西方的中国形象之间的关系,揭示潜在结构对西方一直以来跨文化认知实践的思想性、体系性的深广影响,将在一定程度上弥补《教务杂志》语料研究的价值缺失。

(三) 史料研究向语料研究的转换:《教务杂志》的多元研究价值

国内外学界虽然重视《教务杂志》的史料价值,却忽略了刊物的一个重要方面:刊物是近代西方在中国创立并出版的跨文化大众传播文本。刊物连续出版74年,以中国文化为主要传播内容,以西方读者为传播对象,是近现代西方认知中国的一个重要知识来源与资料参考,同时这74年也是中华民族最苦难、思考最多、社会心理与社会形态变化最大的时期。就此而言,刊物本应具有多向度、多层面、多学科的研究价值,但研究成果的数量与质量都严重不足。

借助研究视角的转换,《教务杂志》的史料性质不仅可以被转换为跨文化文本性质,相关主题文本亦成为兼具史料意义的跨文化文本,并成为新颖的跨文化研究对象,为研究中国文化的西方认知、中国形象的西方修辞建构提供具有历史实证意义的文本资源,拓宽了跨文化研究的视域与中西方文化比较的研究文本。虽然中国形象的认知蕴藏了近代西方的种种意识形态意图,但就语言研究与文化认知而言,对我们今天的中国语言研究亦具有一定的参考意义,对反思近代西方的文化主体性建构亦具史料与语料价值。

三、选题意义、基本思路与研究方法

(一) 选题意义

作为具有史料意义的文本资源,《教务杂志》承载了近代西方对中国文化的跨文化认知过程,并对西方认知中的中国形象进行修辞话语建构,这两个特点一直未得到学界应有的关注与研究。究其原因,一是材料的史料意义掩盖了它的跨文化文本性质,二是原始材料系英语文本,三是原始材料不易搜集。笔者在国外访学期间搜集到《教务杂志》的完整电子版,从而为本书的研究奠定了文本基础。

本选题的意义主要体现在问题意识、学科探索、研究对象三个方面。

1. 选题以西方认知中的中国形象为问题意识。在全球化大语境下,中西方交流越来越密切,涉及领域越来越广泛。在中国正在全面崛起的今天,由于一些不友好势力的宣传,西方很多人或多或少持有"中国威胁论"疑虑,害怕中国强大。我们在对外宣传与跨文化传播中虽然一再呈现以"和谐"为核心理念的"和平发展"战略,但西方许多人仍将信将疑。究其根本,他们对现代中国的认知源于其文化历史先见,源于西方历史上的修辞认知及其中国形象的修辞幻象。探究中国形象的西方修辞建构,将为我们的跨文化大众传播提供极有价值的参考。

2. 基于认知文本的修辞分析,探索跨文化传播研究的修辞学视域及分析方法。以现代阐释学为哲学视域,以广义修辞学为主要阐释工具,以跨文化认知关键词为研究核心,一方面分析文化认知关键词的话语/文本修辞建构;一方面分析文化认知关键词在修辞认知与修辞幻象建构中的作用,并在学科建构意义上探索广义修辞学作为跨文化大众传播批评理论的基本阐释路径。广义修辞学不仅关注传播文本的话语建构,还将视域拓展到文本建构和主体精神建构,从三个层面进入跨文化大众传

近代西方认知中的"中国形象":《教务杂志》关键词之广义修辞学阐释

播研究:从修辞技巧视角进入话语建构层面,分析传播文本"如何言说";从修辞诗学视角进入文本建构层面,解读传播文本"言说什么";从修辞哲学视角进入传播主体层面,寻找文本"深在的作者",探究文本深层的言说模式、认知图式、阐释范式等主体文化的权力/知识,批判西方主体性哲学在跨文化传播中的他者性建构。

3. 选题对象的研究价值:正如前文所言,学界重视刊物的史料价值,忽略了其历史语料的价值。《教务杂志》本应具有多向度、多层面、多学科的研究价值,但研究成果的数量与质量都严重不足。

本选题的创新之处主要在于研究对象的新颖与方法论的创新。由于研究视角的转换,《教务杂志》的史料性质被转换为近代西方的中国形象修辞建构语料,相关主题文本成为一种兼具史料意义的跨文化认知文本,为研究中国文化的西方认知、中国形象的西方修辞建构提供了一种具有历史实证意义的文本资源,拓宽了研究视域。本研究拟以现代阐释学为哲学视域,以广义修辞学为主要阐释工具,充分应用符号学分析方法,这既意味着三种理论在跨文化文本研究中的交叉应用,又尝试拓展各理论的研究领域与方法创新的可能性。

把近代西方的中国认知文本置于现代阐释学视域下,文本中所承载的中国文化认知,究其实质,即是认知主体文化历史先见下的视域融合。文化历史先见既提供了西方主体对中国文化的认知可能性,同时亦赋予其认知以主观性与局限性;而视域融合既是主体当下认知的完成,亦是主体未来先见的形成。把跨文化文本置于现代阐释学视域下,文本的意识形态功能、认知主体的异域文化偏见,均可获得比较清晰地呈现,并使跨文化文本研究进入文化批评视域。把认知文本置于广义修辞学视域下,文本的叙事、阐释与论述,究其实质,即是修辞建构。修辞不仅参与中国认知的符号建构,亦参与中国文化的幻象建构。认知主体通过制造修辞幻象,对其中国文化认知进行跨文化转移,并直接影响了西方主体

绪 论

文化语境内读者的认知与精神建构。把认知文本置于广义修辞学视域下，文本表达的价值预设、修辞话语的双向建构、修辞策略的双向调控、修辞的意识形态功能，都可以比较清晰地呈现，据此，广义修辞学的理论应用领域得到拓宽，跨文化文本的理论研究视域得以扩展。

(二) 基本思路

根据广义修辞学理论，主要从接受修辞学视角，对近代西方跨文化大众传播文本《教务杂志》(1867—1941)进行广义修辞学阐释，分析西方对中国文化的修辞认知及其修辞幻象的生成与建构，剖析文本"如何言说"；从语言表层进入结构深层，探析文本的言说主题、文本设置与意义生成，解读文本深层"言说什么"；从具体语言文本进入社会历史文本，拷问文本的真正言说者，找寻文本"深在的作者"，追问文本"谁在言说"；最后进入深层次的修辞哲学批判：西方跨文化大众传播是什么？在《教务杂志》的认知文本中，认知主体与认知对象之间存在着大量的概念冲突，而修辞成为唯一的解决办法，通过修辞强力，即概念、话语与文本的修辞建构，掩盖文化冲突产生的认知断裂与矛盾。因此广义修辞学阐释与批判的焦点除了语言层面的分析外，更需进入文本深层，在跨文化传播语境中深入分析并反思这些西方概念，从而让研究进入一种深层次探索。

本研究主要从五个方面展开，分别以关键词宗族、孝、儒教、黑暗、巴别塔为核心，修辞分析近代西方的中国社会认知、中国伦理认知、中国宗教认知、中国历史认知与中国语言认知等修辞幻象。文本研究主要通过整体解读而进行主题文本分类，定位关键词、聚焦修辞话语，解读中国形象的西方修辞认知与修辞幻象建构。理论探索则基于文本分析，尝试拓展广义修辞学的理论视域及方法运用。在前面研究的基础上，进行适度的哲学反思，在西方跨文化传播中，无论是中国文化的西方认知，还是中国形象的话语建构，贯穿了以主客二分为基础的主体性哲学的认识论原

13

则,中国文化成为西方主体的征服和构造对象,对中国的文化认知及其形象建构,是以西方中心主义为根本目标而展开的认知实践。就西方认知主体而言,异域文化只是一种客体存在,绝非另一主体的平等存在,这种认识论原则一直贯串至今。

本研究虽聚焦《教务杂志》文本关键词的广义修辞学阐释,但实际操作层面则既是核心概念的符号学研究,亦是认知文本的修辞学分析,而最终目标则在于探究文本深层的西方认知模式与意象生成机制。据此,研究对象所具有的探索空间赋予本研究以多学科的理论探索意义:(1)探索广义修辞学理论在跨文化文本研究中的应用;(2)探索现代符号学理论在跨文化文本研究中的应用;(3)探索广义修辞学理论与现代符号学分析方法的结合应用;(4)就西方认知中的中国形象问题,从跨文化话语文本中研究中国形象的西方修辞建构,从而使得本研究亦具语料的新颖性与方法的创新性。同时,在当今国际交往越来越频繁、所涉领域越来越广阔的大语境下,对深入了解西方文化历史先见的形成,对外准确呈现中国文化与理念等方面,本研究也具有一定的现实性价值。

(三) 研究方法

本研究以广义修辞学理论为主要阐释工具。广义修辞学不仅关注文本的话语建构,还将视域拓展到文本建构和主体精神建构方面,从三个层面进行修辞研究:作为话语建构方式的修辞技巧、作为文本建构方式的修辞诗学和参与人的精神建构的修辞哲学,是一种链接了文本修辞形态、修辞美学、文本社会语境、意识形态的文本阐释方法。此外,本研究从广义修辞学获得的理论启发还包括:(1)主体以自己的认知方式对世界进行修辞化表述,既反映现实世界,又偏离现实世界;(2)修辞话语所创造的修辞幻象并不指向真实世界,而指向语言重构的世界,并通过语言在人们的心理层面重建一种象征性现实;(3)历史文本既是人们对世界进一步认知的重要参照与意义来源,也往往成为接受者的一种认知导向或认知陷阱。

  本研究还将运用符号学分析方法,借助语义学、社会语言学、叙事学与互文性等理论方法,对《教务杂志》所载文本按照中国社会、中国伦理、中国宗教、中国历史与中国语言五个主题进行文本整体解读,定位相关主题文本的关键词,建构相关主题的文化认知符号系统,对关键词进行修辞学分析,既分析中国文化的西方认知过程,亦阐释中国形象的修辞话语建构过程,并进一步探讨相关认知与形象对现代西方认知的深远影响。

第一章 《教务杂志》的文体与主题

广义修辞学认为,修辞是表达者与接受者在话语、文本与主体三个层面的双向交流①。作为一种链接修辞形态、文艺美学、社会语境、意识形态的复合阐释方法,广义修辞学将为跨文化传播的文体修辞研究提供一种新的阐释路径。本章尝试应用广义修辞学的理论框架及基本原理,分析并阐释《教务杂志》的文体选择与修辞建构,希冀从文体的形式路径深入内容的修辞呈现,据此探窥文体在跨文化认知与传播中的修辞建构意义。

一、《教务杂志》的文体选择与主题建构

《教务杂志》最早发行于1867年的福州,以"The Missionary Recorder"("传教记录")为名,无中文刊名。1868年更名为"The Chinese Recorder and Missionary Journal"(中国记录与传教期刊)。1872年5月停刊。1874年1月在上海复刊,仍沿用"The Chinese Recorder and Missionary Journal"的名字。1912年1月更名为"The Chinese Recorder"(中国记录),1915年增加中文刊名《教务杂志》,以双刊名形式发行。出于研究需要与国内学界惯例,在本书中统一以《教务杂志》为名称之。本

---

① 谭学纯、朱玲:《广义修辞学》,安徽教育出版社,2008年,第2页。

第一章 《教务杂志》的文体与主题

研究基于《教务杂志》的整体阅读,依据刊物发行时间,分别选择刊物发行初期(1867—1868)、中期(1907—1908)、后期(1937—1938)各两年的文本为主要观察对象。通过文体观察与修辞分析,试图探究刊物的文体选择及其建构特征。

(一) 创刊初期(1867—1868)的文体选择与主题建构

创刊初期的主要文体类型包括论述文、游记、信函与新闻。文本主题主要包括基督教基本教义阐释、中国社会认知、中国历史文化认知与传教信息。其中,教义阐释主题文本主要使用论述文体,中国认知主题文本主要使用游记与叙事文类,传教新闻主题文本主要使用新闻文类。此外,编辑事务主要使用公告文体,读者问答主要使用通信文体。纵览初期文本,我们发现,在中国认知方面,"trip""visit""journey"成为中国地理空间的认知文本主题词,"jotting""notes"成为社会文化认知文本的主题词。

中国认知主题文本主要包括传教游记叙事与文化见闻,以描述为主要语言特征。游记侧重城乡空间的认知描述,亦夹杂民俗与历史叙事,常有故事间插其间。1867—1868年所涉及游记省份包括福建(鼓山、闽清、尤溪、沙县)、广东(潮州、汕头)、湖北(武昌、汉口)、蒙古、北京、河北(张家口)、江苏(扬州)、山东、河北、上海、台湾等地。文化认知主要以社会见闻或民俗介绍为题单独成文,甚或夹杂于游记之中,内容主要包括风水、祭祖、月食、缠足、祈雨、中国法律、中医、农民生活等。

教义阐释主题文本聚焦于基本教义与概念阐释,侧重探讨基督教对中国人的救赎意义与拯救策略,最明显的语言特征是居高临下的救主言说,如1867年创刊文章《论术语"耶和华"的意义与力量》[①]。传教信息主

[①] T. P. Crawford, "On the Meaning and Power of the term 'Jehovoh'", *The Chinese Recorder* (*CR*), Jan.-Mar., 1867, pp. i-vii.

题文本包括西方基督教各教派团体进入中国传教的报道,一些重要传教士的信息等,以人物或团体的基本情况为主要信息,如1867年的福州美国美以美会(Foochow Mission of the American Board)。刊物编辑事务主要是征稿信息。读者问答主要涉及主题是中国传教中的中国文化问题,这个版面一直保持到刊物停刊,通过问答或通信方式,涉及面极其广泛。

(二)发行中期(1907—1908)的文体选择与主题建构

刊物发行中期的文体类型包括社论、纪念文章、年度总结、公文翻译、专题论述、日记、读者来信、新书简评、传教新闻、教务公告。文本主要主题包括基督教伦理、中国认知、基督教的中国影响、国际关系及现状。各主题文本的文体应用类型广泛,且不拘泥某一文体。以社论为例,包含基督教主题、中国认知主题等,并混杂使用会议公告、专题阐释、年度总结等文体类型。这个时期的文本大量涉及伦理、教育、法律等内容,以中国社会与思想动态为主要内容的时政主题文本增多,"how""progress"成为主题词。

《教务杂志》于1908年1月才正式刊发社论,所涉主题广泛,包括大型会议信息、热门时政与教义理念探讨,言语表述呈现权威话语的修辞建构特征。纪念文章主要以基督教历史事件为主题,强调基督教在世界范围内的影响与贡献,话语表述以宏大叙事为特征。年度总结主要以前一年重大议题为内容,包括中国的伦理、教育、宗教等议题,认知与评述相结合,亦含权威认知的话语建构特征。公文翻译主要包括中国法律英译、中西条约内容。1907—1908年期间的专题论述是中国教育,包括学校、课程、内容与教学方法等,字里行间以建构"中国的基督教教育体系"为主旨。所刊载日记的主要内容是传教经历与游记叙事,侧重偏远地区的见闻介绍。新书简评包括新书预告,主要包括中文典籍的西译出版、西文典籍的汉译发行、中国认知的西方专著面世等信息,亦含出版物的

第一章 《教务杂志》的文体与主题

简介与简评。中国认知主题文本应用文体广泛,以论述文体为主,以现状认知为主要内容,在现状述评基础上间插中国文化与宗教认知探讨,以建立西方话语的评估体系为显明话语特征,内容主要包括中国社会运动、知识界状况、教育状况、少数民族、中国变化、中国社会团体。中国认知主题的文本内容,常在传教工作的梳理中,夹杂对地方政治、经济、文化、民情等进行认知,如《湖南的传教工作》①,以基督教教义为主要视角,以游记叙事文体为主,在具体叙事语境中进行认知与呈现,包含具体的人、时、地与交流内容等。

(三)发行后期(1937—1938)的文体选择与主题建构

刊物发行后期的文体类型主要包括社论、专题论述、时政论述、诗歌、人物纪念、新书简评、读者来信、时政形势、时事新闻。文本内容大多涉及中国与欧洲的时政形势,包括日本侵华、欧洲二战、中国基督教会的时事应变等。其中,1937—1938年的文本大量涉及了中国的难民问题。此外,有部分文本涉及中国认知、基督教经典汉译、传教方法探讨等内容。文本体裁以论述文体为主,叙事文体为辅。这个时期,仍有少量游记叙事,如《中国北方的农村实验》②《中国南方、中部与西部的旅游见闻》③。"progress""crisis""event""situation"等成为大量文本的主题词。

这一时期,刊物社论大量涉及基督教的深层自我认知,并在此基础上探讨中国与世界的关系问题,言语表述中,明显体现了对中国的认可度,中国已成为基督教社会一部分,如《中国对美国洪涝灾民的援助》④

---

① Gilbert G. Warren, "Evangelistic Work in Hunan", *CR*, Oct., 1908, pp. 548 - 553.
② Editor, "A Rural Experiment in North China", *CR*, Feb., 1937, pp. 94 - 98.
③ W. H. Hudspeth, "Impressions of a Journey to South, Central and West China", *CR*, June, 1938, pp. 301 - 304.
④ Editor, "China Aids American Flood Sufferers", *CR*, Mar., 1937, pp. 132 - 138.

《中国对基督教合作的开放》①《蒋介石将军的基督教思想》②。中国认知主题主要涉及中国工业化、中国教育、中国本土宗教、中国女性问题等内容。时政论述专题中,以中日基督徒及教会合作为内容特色,探讨在基督教影响下停止战争的可能性。

(四) 跨文化认知中的文体建构

从上文的简况描述中,我们可以发现,在《教务杂志》中,各种文体类型都不同程度地被选择使用。根据异域文化的认知阶段划分,游记通常是认知初期的选用文体,阐释或说明文本一般是认知中期的选择文体,而论述文本则是认知后期的选用文体。不同认知阶段选择不同文体,既是传播者的文本修辞策略,亦符合异域文化的认知规律:通过游记叙事具象化感知异域文化,通过概念阐释理论性解读异域文化,通过议题论述思辨性认知异域文化。

在《教务杂志》中,我们发现,传播者关注传播主题的文本建构,关注传播的文体选择。主题文本的建构需要决定传播文本的文体选择,而文体选择则左右文本的建构方式。就主题写作而言,文体是传播的重要形式要素,直接决定传播信息的组织结构与承载方式,激发传播接受者的阅读期待。就文本建构而言,文体决定整体文本的篇章组织与审美设计,是文本建构意义上的修辞选择。正如广义修辞学所言,文本建构就是特定表达内容在篇章层面向特定表达形式转换的审美设计③。恰当的文体选择既有助于异域认知主题的修辞表达与跨文化转移,亦有助于异域认知主题的幻象建构。

---

① Editor, "China's Open Door to Christian Co-operation", *CR*, Apr., 1937, pp. 199–204.
② Editor, "General Chiang's Christian Message", *CR*, May, 1937, pp. 267–272.
③ 谭学纯、朱玲:《广义修辞学》,安徽教育出版社,2008年,第32页。

第一章 《教务杂志》的文体与主题

在广义修辞学视域下,就文本建构意义而言,传播主题的文体类型选择实际是传播文本的建构方式选择,即传播文本的修辞建构。文体类型选择决定了传播文本的形式建构与传播内容的符号呈现。成功的文体类型选择可以更有效地实现某一特定主题异域认知的文本呈现及认知建构。

《教务杂志》创刊初期,中国认知主题文本大量选择游记,以作者或叙事者的游历空间为文本建构与呈现顺序,把空间认知与游历地社会人文认知融为一体。如,在1867年的《乡村游历轶事》[①]中,按游历顺序,文本先后呈现福建的闽清、尤溪、沙县、延平等地的地理空间环境与沿途的乡村人文环境。对于传播主体(传播者与接受者,下同)而言,异域认知常始于空间认知,而最好的空间认知亦常融于具体叙事语境之中,就此而言,游记是最好的文体选择。

随着西方对中国社会认知的视域拓展,西方认知主体逐渐不再满足于对中国的表层认知,而产生了对中国文化思想的深度认知要求。20世纪初,《教务杂志》中国认知文本的主题逐渐从地理空间认知向历史溯源及文化概念的深度认知转移,出现了《周朝的兴起》[②]《儒教》[③]《祖先崇拜》[④]等主题文本,所选文体是历史叙事,按照时间顺序建构传播文本。同时,中国文化思想的阐释文本开始比较密集出现,如《道教与儒教说明》[⑤]《儒家文明》[⑥]等文本,按照概念与理念的阐释需要来建构传播文本。

20世纪30年代末,国际形势紧张,中国遭受日本侵略,整个欧洲处于二战漩涡,西方读者的中国认知需求不再是中国的历史文化,而更关

---

① N. Sites, "Incidents of a Country Trip", *CR*, Jan.-Mar., 1867, pp. xiii-xvi.
② P. Kranz, "Rise of the Chou Dynasty", *CR*, Jul., 1902, pp. 326–405.
③ E. Faber, "Confucianism", *CR*, Apr., 1902, pp. 159–175.
④ C. A. Stanley, "Ancestral Worship", *CR*, Jun., 1902, pp. 268–270.
⑤ E. Faber, "Notes on Taoism and Confucianism", *CR*, Jun., 1902, p. 271.
⑥ Z. K. Zia, "The Confucian Civilization", *CR*, Nov., 1923, pp. 652–654.

近代西方认知中的"中国形象":《教务杂志》关键词之广义修辞学阐释

注中国的时政状况,如《中国事件进程》①《西北的召唤》②等文本。《教务杂志》的中国认知文本的主题基本时政化,如 1938 年刊本中,出现大量以难民营为主题的传播文本,如《非常时期的挑战》③《上海的难民营》④。虽在内容上仍强调基督教影响,但呈明显的新闻报道特征,基本按照倒"金字塔"式新闻结构来建构传播文本。

二、《教务杂志》的话语建构

一般而言,跨文化传播话语的修辞建构,必须在形式上符合特定文体的表述要求。此外,传播话语的修辞建构亦具多维目标,主要包括(1)建构承载主体意向的异域认知之修辞表述;(2)建构链接主客文化系统的双向流通之认知语境;(3)建构符合主体视域的修辞认知之阐释逻辑。在文体建构意义上,话语在此三个向度上的修辞建构既需符合特定文本的文体要求,也在内容与形式两个层面参与文本的文体建构。简言之,在文体学视域下,传播话语的修辞建构即是传播文本的文体建构。

(一)话语与文体的意向建构

修辞话语承载主体意向,修辞话语的主体意向性呈现为文体的主体意向性,无论是文本的体裁还是言说的风格都通过话语的修辞建构而被赋予主体意向性。在主体意向建构意义上,话语的修辞建构与文本的文体建构具有意识形态同位性。简言之,修辞话语的主体意向即文体的主体意向。

---

① Editor, "Course of Events in China", *CR*, Jan., 1937, pp. 56 - 57.
② Co-operator, "The Call of the North West", *CR*, Feb., 1937, pp. 87 - 90.
③ Editor, "The Challenge of Unusual Times", *CR*, Jan., 1938, pp. 1 - 3.
④ Editor, "Refugee Camps of Shanghai", *CR*, Jan., 1938, pp. 18 - 25.

第一章 《教务杂志》的文体与主题

现试以1867年《教务杂志》创刊文章《论术语"耶和华"的意义与权力》为例。文本以基督教关键词"耶和华"为论述主题,论述概念的起源、发展与汉译,强调该概念在中国传教活动中的重要性。试从文本引述以下四例,简析话语与文体的主体意向性建构:

(1) 圣经的汉译本中已经塞进了很多希伯来与希腊的名字与术语。假如,多年以后,某个受过教育的中国佬试图解释这些具有各种来源的完全进口的名字,那将是一场胡说八道的拼凑!①

(2) 耶和华属于帝王的称号类型,是一种积极统治的表述,等于英语词汇的"君主""最高统治者""至高统治者"。②

(3) 耶和华不仅是军队首脑,而且是他的子民的法律颁布者、法官与国王。他把以色列人一引领到西奈山,就威严与华耀地下来,亲自用手指给他的王国写下戒律,写在两块石板上,交到摩西之手,命令摩西给他的子民,以作永恒的戒律。③

(4) 我相信,"上帝"这个词可以很好地翻译"耶和华",而且"耶和华"应该翻译成"上帝",而不是把"耶和华"直接放进中文《圣经》。④

例(1)呈现了文本的论述意义,但显然基于一种主观偏见性假设:"愚蠢的中国佬"。在例(2)中,传播话语的权威性直接源于"属于""等于""至高无上"此类的主体意向性语词,概念的修辞语义直接源于话语的强势建构。在例(3)中,这个文本中有不少此类的叙事话语,以修辞叙事替代逻辑论证,可以说是《教务杂志》的重要话语建构特征。在例(4)中,用

---

① T. P. Crawford, "On the Meaning and Power of the Term 'Jehovoh'", *CR*, Jan.-Mar., 1867, p. ii.
② 同上文,第 v 页。
③ 同上文,第 vi 页。
④ 同上文,第 vii 页。

近代西方认知中的"中国形象"：《教务杂志》关键词之广义修辞学阐释

"我相信""应该"等主体性言说语词进行结论性表述,呈现文本的题旨:在中文《圣经》中,"上帝"是"Jehovah"(耶和华)的最好译词。

在这些话语中,意向性表述一览无余,既从不同层面强化文本主题"术语'耶和华'的意义与权力",又共同建构论述文本的权威性,建构并呈现该文本的文体意向性。

(二)话语与文体的逻辑建构

在跨文化传播中,异域认知常受主体逻辑所控制。对一些超越主体的知性或经验认知局限的异域对象,认知主体常通过"强势逻辑"进行认知表述,或以修辞的合理性掩盖逻辑的不合理性,建构异域认知的阐释逻辑。在逻辑建构意义上,修辞话语既呈现异域认知的合理性,又建构符合文体形式要求的文本逻辑性。简言之,传播话语的修辞逻辑即传播文本的文体逻辑。

现试以 1908 年《教务杂志》的《1907 年伦理改革进步情况》[①]为例。在 1908 年 1 月刊"1907 年回顾"的系列总结文本中,《1907 年伦理改革进步情况》一文主要回顾总结中国在"鸦片贸易""卖官鬻爵""肉体刑罚"与"反对缠足"四方面的改变状况。试从文本引述以下三例,简析话语与文体的逻辑建构特征:

(1)去年中国进行了一些以"伦理"为名目的改革尝试,但我们担心,很少改革因其伦理而得到实施,毋宁说都是强制进行,这些改变似乎不可避免。[②]

(2)在所有伦理改革中,最突出的是鸦片禁令及严格实施,尤其在袁世凯总督有效监管下的那些地区。我们赞赏他在驱除这种邪

[①] G. F. Fitch, "Progress of Moral Reform in China during 1907", *CR*, Jan., 1908, pp. 9-11.

[②] 同上文,第 9 页。

第一章 《教务杂志》的文体与主题

恶中的真挚努力与毫不退缩的勇气。如果其他总督都能像他那样目标明确与行动强势,我们相信鸦片贸易将很快结束。①

(3) 如此普遍而根深蒂固的邪恶无法被一个禁令所改变,也无法被零星的努力所废除,尽管有着良好意愿。这将需要这块土地上最伟大、最杰出的人付出最大的努力与坚持,去应对这个巨大的邪魔,尤其应对这块土地上那些虚弱与腐败的官僚。②

例(1)是文本开篇话语,从中我们很容易看出,文本在强调中国问题的"伦理"性质,有意淡化或忽略西方列强的影响因素。这个序言性话语着意建构年度总结的文体逻辑:伦理问题是中国问题的本质。在例(2)中,话语高度赞赏袁世凯的"伦理"改革,反观历史事实,这与西方势力对袁的政治支持保持了立场一致性。此外,我们也可以看到,话语中应用了"绝对真挚"(absolute sincerity)、"毫不退缩的勇气"(unflinching bravery)等褒义色彩明显的语词以强化言说立场与态度,这种西方视域下的中国伦理状况认知,其间暗含的逻辑就是,符合西方伦理观念的改革即是良好改革。

文本大部以"邪魔"(the evil)指代"鸦片",似在呈现一种幻象:中国是被"邪魔"控制之国度。然而,在谴责中国鸦片问题时,文本叙述者似乎完全忘记这个"邪魔"是近代西方的侵略后果之一。在例(3)中,话语不仅强调鸦片的"普及"(widespread)与"根深蒂固"(deepseated),更在字里行间强调此为中国人的"恶习"。这既是年度总结文本的逻辑起点,也是其评判标准,主体先见浸淫其间,而话语逻辑亦呈现为文体的逻辑特色。

---

① G. F. Fitch, "Progress of Moral Reform in China during 1907", *CR*, Jan., 1908, P. 9.
② 同上文,第10页。

三、《教务杂志》的文本语境建构

（一）文本的时空语境建构

修辞话语既需呈现主体的异域认知，又需建构双向流通的传播语境，同步链接认知主体与认知客体的文化符号系统。话语的语境建构与文体的语境联想相互补充，既给传播者提供异域认知的传播语境，亦给接受者提供异域认知的接受语境。在认知语境建构意义上，话语的修辞建构与文本的文体建构具有互补性。

现试以1867年《教务杂志》的《乡村游历轶事》为例。这是《教务杂志》第一篇游记，主要记录了叙事者在福州附近地区的旅游经历：闽清、尤溪、沙县、延平府。文本反复强调，他们的交通方式只是"徒步"与"乘船"，所参观的小城市"被城墙包围"，似乎在强调中国的落后时，呈现一种异域意象："蛮荒之地"。试从文本引述以下四例，简析话语与文体的语境建构特征：

（1）在一个地方，沿山而下，我们经过一片茂密原始林，栗树、橡树既大又老，另有各种阔叶树与针叶树，大量浓密的灌木丛。我们大约用了一小时穿过这个美丽森林。路上，我们看到十几只本地原生猴子，从一棵树跳到另一棵树，从一根树枝跳到另一根树枝。①

（2）在沙县，我看见地里种的荞麦已经开花，让我想起很久以前我父亲在俄亥俄的农田。②

（3）晚饭时间，客厅中央的饭桌摆放了精致的晚餐，主人落座后，我们都坐下。我说基督徒在吃饭前要感谢上帝，并且要求他们

---

① N. Sites, "Incidents of a Country Trip", *CR*, Jan.-Mar., 1867, p. xiii.
② 同上。

安静。……吃饭时,我谈论了各种各样的西方发明,如汽船、汽车、电报等等。①

(4)再往前走了几英里,我们在一个路边小店停下来。小店有座位,是个传教机会,人们很快围拢过来。我们分发了一些书。店主从架上拿下两本书,虽旧但保存完好:《天路历程》与《使徒行传》。他是很多年前在福州获得。我们很高兴,大受鼓舞。②

在例(1)中,森林景致的话语修辞描述,似在建构一种中国式"黑森林"意象,易于激发西方读者的"异教徒世界"意象联想,也易于激发"游记"文体的阅读联想:一次游弋"黑森林"异域的探险记录。例(2)话语把中国的"沙县"与美国的"俄亥俄"共置于同一文本语境,例(3)话语把"精致晚餐""基督教祷告"与"西方发明"共置于中国乡村的晚餐时间,通过中西的时空融合,不仅链接认知主体的文化符号系统,而且建构异域文化的认知语境,易于激发西方读者的传播认知与接受。例(4)话语中,旅行"徒步"与基督教"传教"融为一体,共同建构"游记"文体,激发了西方读者的"文体联想":传递福音的艰难之旅。乡村路边小店中的《天路历程》与《使徒行传》,呈现了一种融合主客的认知语境。叙事者的"高兴"与"勇气",亦是西方读者的"高兴"与"勇气",因为这个"蛮荒之地"是个等待并值得"救赎"之地。

在西方游记传统中,"探险"与"猎奇"一直是重要的文体特征。1867年的这篇游记就是试图呈现叙事者在中国的"探险"与"猎奇":通过空间描述("黑森林"),建构主客兼容之空间认知语境与异域空间意象;通过游记叙事("村庄"与"乡村私塾")建构主客兼容之社会认知语境与异域社会意象。在简单的叙事陈述里,叙述者试图"解读"并呈现中国人对基

---

① N. Sites,"Incidents of a Country Trip",*CR*,Jan. - Mar. ,1867,p. xiv.
② 同上。

督教的"无知"与"渴望"。

(二) 文本的文化语境建构

在跨文化传播中,文体本身即具有语境建构之功能,包括认知语境建构与主客文化系统的关联语境建构。跨文化传播文本建构的目标之一是异域认知的跨文化呈现,而文本的文体选择与建构亦为之服务,主要体现于异域认知的语境建构。对于传播主体而言,语境联想是信息传递与接受的必要辅助,而不同文体则寄寓不同的语境联想。

例如,面对一篇社论,传播者会特别注意语词与话语的规范性与严肃性,而接受者则将主动进入预设的严肃对话语境,获取相关信息。在《教务杂志》中,社论文本的严肃主题、严谨表述、权威立场,往往建构一种宏大叙事的跨文化传播语境。如1908年5月的社论涉及主题包括"我们的精神基础"[①]与"义务教育在中国"[②]。这些标题不仅显示其内容主题,而且隐含的召唤结构能立刻激发读者联想,如前者可能激发的西方读者的联想结构:我们/他们→西方/中国→基督教/儒教→崇高/低俗,而后者可能激发的:西方/中国→义务教育/非义务教育→现代/落后→文明/野蛮。

置于文体的语境联想之中,传播主体易于传达或接受异域认知。《教务杂志》纪念文本大多以著名传教士为对象,内容多围绕传教士传道经历,特别赞赏他们在中国的传道成就。文体本身即逻辑预设了这些人的"施恩"角色、"拯救"行为,而中国成为一个异域他者,一个被动对象,被预设为一个"迷途羔羊"式的"异教徒"意象。对于西方读者而言,游记不仅意味着一种游历记载,更是充满奇遇与探险的传奇故事。在激发西

---

① Editor, "Our Spiritual Basis", *CR*, May, 1908, pp. 238-239.
② Editor, "Compulsory Education in China", *CR*, May, 1908, pp. 241-242.

方读者阅读期待的同时,游记文体本身就孕育了一种"传奇"叙事的语境,预示了中国认知的某种神秘性与荒诞性。

　　文体不仅激发传播主体的认知语境联想,而且还诱发主客符号系统的语境关联联想。文体是长期的文化沉淀与实践演绎的一种产物。在不同的文化系统,文体蕴含不同的阅读期待。例如,面对游记,中国读者的阅读期待常常是奇山异水、奇珍异兽,而西方读者的阅读期待则常常是奇人异事、奇风异俗。不同的阅读期待与不同的文体传统息息相关。在跨文化传播中,文体选择与修辞建构亦有关联两种文化语境之考虑,把异域认知置于主体的文体期待之中,链接主客语境。

　　文体不仅决定传播文本的建构方式,而且蕴含的召唤结构可以弥补传播者的表述不足,激发接受主体的阅读期待,有效促进传播主体的双向交流。同时,不同文体蕴含不同的语境建构功能,既可丰富认知表述,又可激发认知接受。在跨文化传播中,游记文本的现场感,社论文本的权威感,通信文本的对话性,都既能激发传播接受者的阅读期待,而且也有助于建构文本的交流语境。对于传播主体双方,文体自身具有的这些交流潜能,是一种独特的文本修辞功能,可以有效实现异域认知的跨文化传播。

　　在广义修辞学视域下,无论是何种意义上的文体选择,跨文化大众传播文本既有清晰的接受意识,亦有明确的内容承载,都是具有明确目的的文本层面的修辞性行为。无论是体裁选择,还是风格创构,或是其他篇章层面的表达设计,主观上都是为了实现异域认知的传播接受。

本章结语　文体与主题:近代西方"中国认知"的语域建构

　　综上所析,跨文化传播的文体选择即文本建构的修辞选择,跨文

近代西方认知中的"中国形象":《教务杂志》关键词之广义修辞学阐释

传播的修辞参与则生成文本的文体特征。文体与话语共同参与传播文本的主体意向与修辞逻辑建构,亦参与跨文化传播的语境建构。传播话语的修辞建构,既考虑认知信息的传播需要,也符合传播文本的文体建构需要,与文本建构保持文体一致性。空间呈现与历史叙事辉映的游记,对话问答与条分缕析间插的阐释,逻辑演绎与引经据典交错的评论,在文体建构意义上,都在独特的修辞言说的建构中,努力增强其异域认知的传播效果,实现异域认知的跨文化呈现与传播。

从《教务杂志》的文本分析中,我们可以发现,跨文化传播的文体建构不仅为异域认知的语境建构提供文体联想,而且还为异域认知中的概念重构与幻象建构提供"语域空间"(field of discourse)①。在跨文化传播研究中引入文体思考视角,不仅能够关注体裁选择所具有的修辞意义,而且也能注意到言语建构所具有的文体建构特征。这种理论探索,既可能为跨文化传播研究尝试一种新的视角,也可能为文体分析拓展一个新的研究视域。

---

① M. A. K. Halliday, *Language, Context, and Text: Aspects of Language in a Social-semiotic Perspective*,世界图书出版公司,2012年,第29页。

第二章　近代西方认知中的"中国社会"：关键词"宗族"之广义修辞学阐释

在"中国形象"的西方认知中，"中国社会"认知是其重要组成部分。纵览《教务杂志》各个时期的传播文本，涉及各种各样的"中国社会"认知主题，包括"宗族""缠足""妻妾制""私塾教育""祖先崇拜""风水迷信""人口问题""鸦片问题""社会习俗"等等，各种主题共同呈现了一个西方认知中的中国社会。

在《教务杂志》的中国社会主题文本中，宗族不仅是一个重要的认知对象，而且是西方认知中国社会的一个关键词。换言之，中国社会的西方认知基本是以关键词宗族为核心而建构的。基于"宗族"认知，西方认知主体建构了对中国社会结构、社会习俗、社会问题、社会矛盾、婚姻问题、中国妇女、国家凝聚力等各个不同层面的认知意象，从社会表层的诸种现象到文化深层的结构剖析，进行了多层面、多视角的中国社会解读。在中国宗族主题文本中，许多文本提出：宗族的存在有什么价值？宗族什么方面可能被改变？基督教什么方面可能进入或改良中国宗族？[①] 这三个问题既包含西方的认知视域，亦包含西方的伦理参照，既呈现西方的认知目的，亦主导西方的认知建构。在中国认知的跨文化传播中，文

---

① Rawlinson, Frank, "The Social Heart of China", *CR*, Jul., 1926, p.500.

近代西方认知中的"中国形象":《教务杂志》关键词之广义修辞学阐释

本据此提出了对中国社会的改造手段与重构目标。以《教务杂志》为代表,近代西方建构了中国社会的完整认知与修辞幻象。这些认知幻象不仅融入西方的"中国知识谱系",也被近代中国的青年知识分子所吸收,成为他们改造中国文化及社会的理论指导与真理依据。

为探索近代西方以"宗族"认知为核心的中国社会认知,笔者拟选择《教务杂志》中"宗族"主题的代表性文本,尝试应用广义修辞学理论,通过文本分析,试图从以下几方面解读西方的异域认知及修辞建构过程:"宗族"的认知过程与认知视域,"宗族"认知的意象呈现与修辞建构,"宗族"认知的价值伦理与主体建构,为此,笔者主要选择两个代表性文本:1878年7月至10月刊发的《宗族之来历》①与1926年7月刊发的《中国的社会核心》②。在"宗族"主题的整体研究视域下,两个文本不仅系统地呈现了"宗族"认知的三个步骤(概念认知、结构认知与伦理批判),而且也比较清晰地呈现了以关键词"宗族"为中心而建构的"中国社会"认知意象。

一、"宗族"的概念认知:传播话语的修辞建构

异域文化的概念认知既可开启跨文化的理性对话,亦可走向跨文化的幻象建构。在探究文化概念的语义演变中,认知主体往往自觉不自觉地对认知概念进行语义变异,在异域概念的重新界定中建构自己的概念认知。在追溯文化现象的历史沿革中,认知主体常常有意无意地以主体先见主导异域现象的认知解读,以主体的价值伦理为参照,在主体视域中建构异域文化的认知意象。无论是经过重新界定的认知概念还是经过修辞建构的认知意象,不仅可能成为全面认知的建构基石,亦可能融

---

① Friend, Hilderic, "TSUNG-TSUH-CHI-LAI-LIH", *CR*, Jul.-Aug., 1878, pp. 299-304; Sept.-Oct., 1878, pp. 379-385.
② Rawlinson, Frank, "The Social Heart of China", *CR*, Jul., 1926, pp. 498-513.

第二章　近代西方认知中的"中国社会":关键词"宗族"之广义修辞学阐释

入接受主体的知识谱系,产生深远的时域影响。《教务杂志》中的《宗族之来历》一文,通过传播话语的修辞建构,充分呈现了"宗族"认知活动中的词源探究与历史追溯。

(一)"clan-宗族":词源探究与语义变异

传播文本的词源考证实际由两个部分组成:第一部分是"clan"的词源学论证,第二部分是"宗族"的词源分析。文本从一小段记录中国乡村牧牛小童的游记叙事开始,对"牧牛人"进行了语词分析与中西比较,论证了中国与西方在文化起源上的相似性:从游牧生活走向宗族社会。从"乡村儿童"的群聚现象,文本开始进入"clan"的词源学探究。以英国语言为中心,逐渐引入其他地区的民族语言,呈现"clan"与其他语言的词源或词形关联,并确立以拉丁语"gen"的基本语义为"clan"的概念语义。最后,文本进入中国"宗族"的词源探究与概念语义认知。

在"clan"的词源探究中,首先,传播文本列举了该词在英语、威尔士语、凯尔特语、拉丁语与盖尔语等五种语言中的词形变迁与关联。文本指出,英语单词"clan"源于凯尔特语,曾经先后经历过"claim""clang""cland"与"clan"的词形变化,意指"孩子"或"后代",今天人们则更多地使用"family",而很少用"clan"了。威尔士语的"plant"其实是凯尔特语"clan"的变形,威尔士语的"p"发音与凯尔特语的"c"发音相同,意指"种植"或"孩子"。拉丁语"planta"显然也源自于"clan"的词形变异,在使用"plant"时,并不仅意指"种植(树木)",还有"繁衍(后代)"之意。其次,文本指出,盖尔语"cinneadh"中的"cin"(宗族,亲属,部落,姓氏)与盎格鲁-撒克逊语的"cyn"、冰岛语的"kyn"、拉丁语的"gen"、印度梵文的"jan"具有词形关联,这些词具有类似的基本语义,即"几个具有相同姓氏与宗教仪式的家庭居住在一起",此语义成为了"clan"的基本语义。

在"宗族"的词源分析中,文本认为,汉语的"宗"与"族"是同源词,

近代西方认知中的"中国形象":《教务杂志》关键词之广义修辞学阐释

"宗族"一词重点在"族"。文本指出,根据其词典,"族"的语义是:(1)飞镖的倒钩,(2)聚合、集中,(3)宗族、部落,(4)家族或具有相同姓氏的亲属关系。表面上,"族"的后三个义位与"clan"(氏族、部落、家族、团体)具有语义交集,但义位(1)与"clan"无关。然而,在进一步的语义比较与关联考证中,文本指出,德语的"stamm"(刺、戳)原意为"植物的枝干"或"树枝",其修辞语义常喻指"家庭、种族、部落的分支",因此,"族"的义位(1)亦与"clan"有语义关联。基于以上词源学考证,文本确认以"clan"为"宗族"的译词,建立了"宗族-clan"的跨文化概念关联,进入中国"宗族"的概念认知。

"clan-宗族"的跨文化概念关联,涉及了两个文化概念的语义关联。确切地说,不同文化的概念符号要顺利实现相互指向,必须建构相同的语义所指,否则很容易产生语义变异。显然,文本作者(作为认知主体)清晰地意识到这个问题。为解决这个问题,在比较语言学视域下,文本通过欧洲各种语言的词源或词形关联,对"clan"进行语义修正,修辞建构了一个新的语义意象:"几个具有相同姓氏与宗教仪式的家庭居住在一起"。在对"宗族"语义分析时,虽然提出,既"无法找到几个义位之间的原初关联",也"无法找到附加于第一义位上的clan之意",[1]但通过参照德语相关语词的语义分析,文本重构了"族"的义位关联:以"(1)飞镖或箭杆的倒钩"为基本义,延伸出"(2)聚合、集中"语义,并在修辞语用中发展出了"(3)宗族、部落"与"(4)家族或具有相同姓氏的亲属关系"两个比喻义。从"族"与"stamm"的语义关联中,文本得出的人类学结论是"在人类的早期历史中,中国人与雅利安人就有了亲密联系"[2]。由此,文本建构了"宗族"的语义意象:一些相同姓氏并信奉相同祖先的家庭聚居联合

---

[1] Friend, Hilderic, "TSUNG-TSUH-CHI-LAI-LIH", *CR*, Jul.-Aug., 1878, p. 302.

[2] 同上文,第303页。

第二章　近代西方认知中的"中国社会":关键词"宗族"之广义修辞学阐释

体。通过两个文化概念的语义重构,文本建构了"clan-宗族"的跨文化概念关联。

在文本的话语层面,"clan-宗族"之间的语义差异似乎得到"圆满"解决。然而,通过文本细读,我们很容易发现,"clan"与"宗族"的词源考证过程实质是通过比较语言学的工具语言进行语义关联(如"种植树木"与"繁衍后代")、意象关联(如"倒钩"与"枝干")、逻辑关联(汉语"族"与德语"stamm")与词形关联(如"cin""cyn""kyn""gen""jan")的修辞建构过程。此外,文本标题"宗族之来历"实际修辞掩盖了文本实际进行的"clan"与"宗族"两种概念的词源探究与关联建构。换言之,文本与其说是对"宗族"的词源探究,毋宁说是对"clan"的词源学考证。

(二)"氏族-宗族":历史追溯与视域错位

《宗族之来历》第二部分追溯了"宗族的起源与发展"[①],主要包含两部分内容:(1)以西方社会形态变迁与"clan"(氏族)特征为主线,从人类学视角陈述了早期人类到父系社会初期的变迁过程,并简单叙述了早期父系社会的结构形态;(2)中国的社会形态变迁与现代"clan"(宗族)的制度特征,以中国的生活特征与汉字造型为依据,以西方社会形态变迁为参照,推测性陈述了中国的早期社会形态,并重点描述了现代"clan"(宗族)的制度特征,修辞建构了中国社会的认知门径。

文本强调,要探究"clan"的起源,必须回溯到最早的、权威的人类历史。中国、埃及、印度这些文明古国的早期历史记载并不可靠,是一种类似阿拉伯《一千零一夜》那样的神话传说,真正的权威历史必须回溯到《旧约》与"苏格兰盖尔人"的记载。经过对西方各国的历史梳理,文本认

---

① Friend, Hilderic, "TSUNG-TSUH-CHI-LAI-LIH", *CR*, Jul.-Aug., 1878, p. 303.

近代西方认知中的"中国形象":《教务杂志》关键词之广义修辞学阐释

为,"clan"(氏族)社会的基本形态特征是(1)同一个人的后代居住在一起,形成氏族或部落,以家长制方式管理;(2)几个家庭作为整体而迁徙,祖先的品格特征常常可以传承到许多代之后;(3)在早期父系社会,人们聚居一起,共同防卫与相互帮助,共同心愿被制定成公共法律,血亲关系发展为更多人的聚居,部落成员选举一个头领,接受其管理,也许更常态的是,公共法律转化为部落习俗。① 此外,文本引用《弗雷泽杂志》(*Fraser's Magazine*)刊登的研究报告强调,在印度人、阿拉伯人、凯尔特人与中国人的社会里,都发现了相同的早期社会特征:

> 早期原始人类聚居的第一纽带是血亲;种族社会逐渐从家庭发展过渡到早期父系社会形态。首领掌控无限权力,父亲对子女有生杀大权。在这种初期的社会形态里,在父亲死后,子孙并不分家,也许很多代后都仍然生活在一起。②

据此,文本强调,人类社会发展的第一步就是"脱离野蛮生活",而后才能进入"农牧社会",即从"野蛮的生活状态"发展到"社会形态"。③ 在简单陈述早期社会形态后,文本开始进入社会制度层面的描述。文本强调,氏族制度的内部结构与管理方式根据特定需要、不同阶层与发展阶段各不相同,以爪哇为例,他们选举头领,老年人组成议会,有公用土地,也或多或少地分配土地。

在开始中国"宗族"的历史认知前,文本特别强调,中国"宗族"大量领域有待认知。首先,以理雅各研究为依据,文本指出,公元前2000年以前,中国并不存在,其最早历史大概在公元前2000年至公元前1600年之

---

① Friend, Hilderic, "TSUNG-TSUH-CHI-LAI-LIH", *CR*, Jul.-Aug., 1878, pp. 303–304.
② Friend, Hilderic, "TSUNG-TSUH-CHI-LAI-LIH", *CR*, Jul.-Aug., 1878, p. 304.
③ Friend, Hilderic, "TSUNG-TSUH-CHI-LAI-LIH", *CR*, Jul.-Aug., 1878, p. 303.

第二章　近代西方认知中的"中国社会":关键词"宗族"之广义修辞学阐释

间。中国的屋顶呈帐篷形状,这是早期游牧生活的遗迹。此外,一些汉字结构显然与早期游牧生活有关,如"牛"出现在生活材料的量词"件"中,"羊"出现在"美"("羊大"为"美")、"善"("羊口"为"善")与"義"("我的羊")中,而"猪"出现在"家"字里。同时,文本亦提到,雅利安语中也有类似构字,其"星星"一词即是"天堂的羊",早期威尔士人与爱尔兰人也都有把"猪养在屋内"的习俗。文本据此推论,中国社会经历了"游牧→定居→宗族"的历史演进过程。据此,文本还想象性地描述了中国"氏族"的形成:

> 曾几何时,游牧人形成大家庭,有无数牛羊。像我们的亚伯拉罕那样,游牧人决定定居下来,不再到处搬迁帐篷或者随意睡在树荫下,整个家族居住在一起并注意防范其他游牧者。找到合适定居地后,开始分派工作,分配土地,每个家族成员回馈一些东西给家长。家长变成首领,建立长子继承制度。……当部落或氏族变得很大或人很多时,需要加强联系,族长或其长子在战争时期担任指挥官,和平时期担任仲裁者,他们获得土地上一部分收益。①

同时,根据理雅各所译之《孟子》,文本指出,孟子之前的时代,中国实行了"井田制",中间是"公田",公田周围的八块田地隶属于同一家族的八个家庭。文本认为,虽然其他民族也有早期父系社会形态,但都不像中国与凯尔特具有那样成熟的"氏族制度"。

文本认为,中国氏族的神秘力量是"孝道",这是强迫性质的后代对祖先的一种尊敬,也是家族凝聚的强大纽带。② 文本强调,祖先崇拜萦绕着后代们的未来生活,基于记忆与想象,祖先们的时代与经历激发后人

---

① Friend, Hilderic, "TSUNG-TSUH-CHI-LAI-LIH", *CR*, Sept.-Oct., 1878, pp. 380-381.

② Friend, Hilderic, "TSUNG-TSUH-CHI-LAI-LIH", *CR*, Sept.-Oct., 1878, p. 382.

近代西方认知中的"中国形象":《教务杂志》关键词之广义修辞学阐释

的强烈愿望。随着对祖先的崇敬,伦理道德演绎进化,祖先的一些训示逐渐演绎成为家族信条,成为后人从生活形式到生命灵魂都需遵守的家族律令。

在考察中国"宗族"现状时,文本认为,宗族形成的重要性主要体现在宗庙,宗庙保存族谱。在家庭里,父亲权力很大,对子女甚至有生杀大权。家庭之外,要求尊重长辈,有文化或功名的长辈常常被地方政府看做宗族代表,并在某种程度上对宗族行为负责。在中国,大部分人住在村里,很多地方没有地方官员,而由村民选出的族长负责。如果不遵守族规,根据情节严重程度,主要有"出族"与"革胙"两种惩罚方式。"出族"即"赶出聚居地,从族谱中划去名字"。"革胙"即"把不肖子孙的祭品从供桌上搬走,不允许祭拜祖先"。① 这是两种非常严重的惩罚。

在上文前后两个部分对"clan"的追溯中,存在明显的语义变异与视域变化。前者采用"clan"的"氏族"语义,对古代西方"氏族制度"进行人类学考察,而后者则依据"clan"的新建语义"宗族",对近代中国"宗族制度"进行社会学考察。在话语表面,都在进行"clan"的历史追溯,但前后的语义所指从"氏族"变异为"宗族",由此把"氏族社会"等同于"宗族社会"。不仅认知概念的语义产生变异,而且认知概念的视域亦发生改变。前者应用人类学视域,重点观察早期的社会形态演变,而后者在中国宗族认知时,认知主体转换成社会学视域,重点观察了近代中国的"宗族制度"的内部机制,包括宗族对伦理理念、父权制、妇女地位等的观察。在对中国宗族进行认知时,不仅不进行人类学考证,而且是以西方"氏族制度"的研究结果为参照,进行了想象性描述。

在话语建构中,文本作者把西方的研究与知识作为真理性认知,指

---

① Friend, Hilderic, "TSUNG-TSUH-CHI-LAI-LIH", *CR*, Sept. -Oct., 1878, p. 384.

第二章　近代西方认知中的"中国社会"：关键词"宗族"之广义修辞学阐释

导了"clan"的历史追溯。例如，"亚伯拉罕与雅各的家族，苏格兰盖尔人的部落，向我们呈现了社会与国家的最早形成方式"。① 这句话不仅确立了《旧约》与苏格兰的权威历史地位，而且语词的顺序结构本身蕴含并奠定了社会形态发展的基本认知：家族→部落→社会→国家。这个发展顺序实际主导了下文的论述结构。

"clan-宗族"，从翻译到符号替代，是跨文化认知中常发生的现象，但无论是源语与译入语的文化差异还是语义差异，在这种直接取代中都被一种"隐形修辞"所遮蔽，异域文化的认知亦因此而被"扭曲"。

（三）"宗族社会"："中国社会"的概念认知与意象建构

通过"宗族"的词源探究与历史溯源，认知主体不仅修辞建构了"宗族"的概念意象，而且建构了以"宗族"为关键词的中国社会概念系统，并据此修辞建构了有关中国社会的概念意象：宗族制社会。概念意象所特有修辞功能不仅催生了更多有关中国社会的认知幻象，而且对认知主体与接受主体产生深远影响，开启了一系列中国形象的修辞建构。

基于"宗族"的词源探究与历史溯源，认知主体引入诸多概念，建构"中国社会"的概念认知系统。这些概念是文本在多元学科视域的应用中分别引入的。主要学科视域包括比较语言学视域、历史学视域、人类学视域、社会学视域与伦理学视域。传播文本虽然只是粗略应用这些学科理论，但实际是在试图建构中国认知的西方方法论体系。在《教务杂志》许多主题认知文本中，这些学科理论亦成为中国认知的常用视域。

在"宗族"词源考证中，文本主要应用比较语言学方法，梳理了"clan"

---

① Friend, Hilderic, "TSUNG-TSUH-CHI-LAI-LIH", *CR*, Jul.-Aug., 1878, p. 303.

近代西方认知中的"中国形象":《教务杂志》关键词之广义修辞学阐释

在欧洲古代语言中的词形演变,如英语的"claim→clang→cland→clan",民族语言之间的词形关联,如"cin→cyn→kyn→gen→jan",民族语言之间的语义关联,如"clan→plant→planta",语词的起源关联,如"族→stamm"等。在历史学认知中,为呈现"宗族"的历史阶段,文本简述了社会形态的进化过程:原始游牧→农耕定居→氏族/宗族村落→部落联盟→早期父系社会→君主制社会。在人类学视域内,文本主要论述"宗族"的机制演化:同宗繁衍→血亲聚居→习俗制约→宗法管理→父权世袭。在社会学视域下,文本特别关注"宗族"所具有的类群特征中的多元共性,包括血缘认同、习俗认同、宗教认同、利益认同与住地认同。最后,文本应用近代西方的伦理学视域,观察"宗族"的人伦关系,特别指出,中国宗族体制的最大问题是:家族以祖先为信仰崇拜对象,老人拥有处理宗族事务的最高权力,父亲具有对子女的生杀予夺之权,妇女在生活、经济与宗教中地位卑下。为更清晰呈现文本所应用的认知视域与工具概念,特列表1:

表1 宗族认知的学科视域

学科视域	"宗族-社会"				
	1	2	3	4	5
A 历史学/社会进化	原始游牧	农耕定居	氏族/宗族村落	部落联盟	早期父系社会
B 人类学/机制演化	同宗繁衍	血亲聚居	习俗制约	宗法管理	父权世袭
C 社会学/类群共性	血缘认同	住地认同	习俗认同	利益认同	宗教认同
D 伦理学/人伦关系	祖先崇拜	男尊女卑	尊老佑弱	论资排辈	父权专制

在《宗族之来历》这一文本中,这些工具概念以纵向(A→D)、横向(1→5)或交叉(A1→D5)等多种视域组合及言说顺序,参与"宗族"认知的各种话语建构,共同呈现中国"宗族"的认知意象。

第二章　近代西方认知中的"中国社会"：关键词"宗族"之广义修辞学阐释

近代西方人文学科的这些工具概念不仅参与了"宗族"认知的话语建构，实际也成为认知中国社会时的概念系统，参与中国社会认知的话语建构。"中国社会是一个宗族制社会"不仅成为中国社会认知的概念意象，更成为中国社会认知话语的生成结构，蕴含了丰富多样的中国社会认知话语的生成可能性：

中国社会是 农耕定居，氏族/宗族村落，早期父系社会，同宗繁衍，血亲聚居，习俗制约，宗法管理，父权世袭，血缘认同，住地认同，习俗认同，利益认同，宗教认同，祖先崇拜，男尊女卑，尊老佑弱，论资排辈，父权专制 的社会。

基于"宗族"认知，认知主体亦进入中国社会其他主题的认知，如"祖先崇拜""父权专制""妇女地位""纳妾制"与"重男轻女"等中国社会的认知。在"宗族"的历史溯源时，文本亦提到，中国人把祖先遗像放在家中，以便随时敬奉祖先魂灵。特别强调，在家族中，父亲对妻子与子女有很大权力，"甚至可以为了还债或埋葬亲人而卖掉他们"①。此外，中国还具有严重的"重男轻女"现象。基于文本所建构的"宗族"认知的概念系统，这些中国的社会问题都可以追溯到"宗族"：强调血缘，必然强调祖先起源，也重视男性后代；重视男性后代，必然轻视妇女，建构"纳妾制度"的合法性。

根据历史溯源，文本实际上建构了一种对中国社会的认知幻象：中国的"宗族制度"相当于西方的"氏族制度"，是社会发展的早期形态，一种介于野蛮与文明之间的过渡形态。据此，中国社会被文本修辞呈现的

---

① Friend, Hilderic, "TSUNG-TSUH-CHI-LAI-LIH", *CR*, Sept.-Oct., 1878, p. 382.

意象是：停顿的历史进程，延续的氏族社会，野蛮的血亲伦理与原始的民族素质。基于这种认知幻象，以《教务杂志》为代表的西方认知主体一直竭力宣扬，西方现代文明与近代基督教伦理是改造中国社会的济世良方。

（四）作为修辞的视域：近代西方认知中的"宗族"

传播文本《宗族之来历》是典型的概念认知文本。认知主体从"宗族"概念入手，通过概念的词源探究，对概念语义进行了词源学意义的重新界定；通过现象的历史追溯，对宗族现象进行了社会学视域的重新认知。重新界定概念语义的实质是通过词源考察而进行的"语义变异"，对认知现象的重新认知实质是通过"视域变异"而进行修辞重构。据此所获的"科学"与"理性"认知，成为认知宗族及中国社会的真理性依据或参照，并以此评判中国的宗族现象，建构中国宗族概念的修辞语义，建构中国社会的概念认知与修辞幻象。

把西方的"clan"发展史（西方史）修辞化为世界的"clan"发展史（世界史），并据此进行中国"宗族"发展史认知。这种认知方式蕴含的逻辑是：西方即世界，西方认知即世界认知；西方认知即客观或真理性认知；西方既是认知主体又是参照系，不仅观照中国文化，修辞建构中国形象，而且亦以改造中国文化为终极目标。

宗族的词源学考证、历史学溯源与社会学观照，不仅带给了我们不一样的认知视域，亦带来了对中国社会的重新认知。毋庸置疑，认知视域的选择与认知对象息息相关，更与认知目的紧密相连。认知视域的选择，既可呈现更客观的认知对象，亦可建构更主观的认知幻象，既可呈现更全面的对象认知，亦可建构更片面的幻象认知。不同的视域呈现不同的认知与问题，亦引发不同的困惑与思考。所有的视域都有其认知优势，所有的视域也都有其局限。我们不必全盘接受或简单否定西方的对

第二章　近代西方认知中的"中国社会":关键词"宗族"之广义修辞学阐释

中国社会认知,但需经常更新视域以审视反思我们的自我认知,只有这样,才能具有更全面的文化自省意识,并不断革新我们的社会,发展我们的文化。

二、"宗族"的结构认知:传播文本的修辞建构

在跨文化认知活动中,认知主体的先见往往直接影响异域文化的认知,认知主体的文化或历史先见常常外显为主体的认知模式与逻辑范式。在主体的认知模式中,异域对象被重新归类与定义。在主体的逻辑范式中,认知对象的层级关系被重新确定与建构。在认知主体的先见视域下,异域文化的价值与存在被质疑与拷问。主体的认知模式与逻辑范式不仅决定了异域文化的认知解读与认知呈现,亦决定了传播文本与认知意象的修辞建构。认知模式与逻辑范式在异域意象的修辞建构中,随着认知文本的传播与接受,影响深远。

《教务宗族》中的《中国社会的核心》一文,主要由三个主题认知构成:"宗族"的内部结构认知,"宗族"的社会功能认知与"宗族"的宗教伦理认知。基于"宗族"的内部结构认知,文本阐释了"宗族"的社会功能,批判性分析了"宗族"的宗教伦理意义。文本典型呈现了西方主体的认知模式与认知逻辑,及其对中国社会认知活动的主导功能和对传播文本的修辞建构。

(一)"比萨斜塔":"宗族"的结构认知与意象建构

在认知主体看来,"宗族"既是一个稳定结构,又是一个畸形结构,宛如意大利的"比萨斜塔",弥久不倒。结构的稳定性源于内部结构的历史相承与宗法制约。在"宗族制度"下,"祖先/后代""家族/个体""男人/女人""父母/子女"与"丈夫/妻子"的结构关系代代流转,"/"的前者压榨后者,后者顺从前者。在认知主体看来,"宗族"总体结构的内在支撑是

近代西方认知中的"中国形象":《教务杂志》关键词之广义修辞学阐释

"族群"对"个体"的压榨与剥夺。结构的畸形性就在于这些二元对立结构的不平衡与强制维系。

认知文本主要从"宗族"的两性关系、经济关系与习俗伦理分析了"宗族"的结构稳定性。文本认为,"宗族"既强调两性关系的重要性,又不放纵两性关系。"宗族体制以为社会而非为个人目标控制性本能。婚姻生活的满意度并不仅取决于个体。"①这意味着,婚姻主体不能自己选择配偶,而需通过家族(或宗族),确切地说,要通过家族长辈的选择与考量。但文本亦强调,这种婚姻并非没有感情。男女双方在共同的家庭生活中,也一样可以有着很好的情感,满足男女婚姻的最重要条件"相伴终生"。同时,"包办婚姻"的表层形式中隐含的是"家族联姻",意味着男女双方都不能轻易悔婚或离婚,男子纳妾亦需家族长辈的许可,在某种程度上亦保证了男权社会中的女性地位。基于分析比较中西方的婚姻状况,文本认为,在宗族制度下,联姻取决于族群需要,而非个体意愿,婚姻的宗族意义大于个体意愿,所以婚姻稳定,离婚率低,家庭稳定。这是中国宗族制"包办婚姻"习俗的根本理念,也是宗族内部结构在漫长的历史长河中得以不断复制的重要原因。

在认知文本中,认知主体强调,宗族既是一个"社会单元",亦是一个"经济单元"。宗族在强调族群的社会存在意义时,亦强调自然资源与经济收益的共享,维系宗族整体的血缘延续。文本作者强调,中国宗族具有特别的"合作与分享"特征,"在宗族内部,既产生大量为了共同目的相互合作,也分享共同的经济资源"②。这种特征既有宗族意义,也具社会意义。宗族在调和经济关系的同时,也维系了群体的凝聚力与整体存在,具有社会伦理意义。当然,这种特征与中国传统农业的社会经济生

---

① Rawlinson, Frank, "The Social Heart of China", *CR*, Jul., 1926, p.502.
② 同上。

第二章　近代西方认知中的"中国社会"：关键词"宗族"之广义修辞学阐释

产方式相关。文本作者认为，"宗族的合作与分享实际上对于父母、宗族弱势成员具有保障作用"。① 文本强调，这是"宗族"与基督教原则的契合点，应该在中国社会的语境中加以改造，而非简单以西方社会体制取而代之。

认知文本认为，"宗庙""族谱"、宗族习俗与杰出成员是建构宗族成员的心理归属与身份认同的重要元素，亦是维持"宗族"结构稳定性的重要保证。"宗庙"所具有的"宗教迷信"功能，保证了"祖先崇拜"的延续与想象；"族谱"所具有的"组织管理"功能，既提供血缘的合法性保证，确认宗族成员的身份地位，又维系宗族内部的层次结构；"宗族习俗"不仅激发成员的宗族凝聚力，而且也在形式与心理上不断强化宗族成员的心理归属与身份认同；宗族杰出成员的示范功能，对于宗族成员的伦理提升与理想追求，亦有着强烈的刺激作用。文本强调，"宗族"所延续的"早期氏族社会"的很多理念与实践，"对于中国大众，尤其是农村民众，这种观念仍然居于统治地位"。②

文本主要从"个体-个体"关系、"族群-个体"关系中，阐释了宗族结构的畸形性。首先，"宗族"结构隐含大量的下位结构，如"家族-个体""祖先-后代""男人-女人""父母-子女""丈夫-妻子"等结构。这些下位结构中的相关二元并非一种平等关系，而是一种对立关系，是前者对后者的压制，而"宗族"则建构在"族群/个体"结构的基础上。

在"族群-个体"的关系认知中，文本认为，宗族作为一个"社会单元"，并未考虑"公共基金"与"个体需要"之间的关系，那些没有单独立户的夫妻往往没有独立的经济收入与支配，制造了"群体责任"与"个体独立"之间的不平衡。此外，一些弱小或懒惰的宗族成员"过度依赖"，使

---

① Rawlinson, Frank, "The Social Heart of China", *CR*, Jul., 1926, p. 502.
② Rawlinson, Frank, "The Social Heart of China", *CR*, Jul., 1926, p. 499.

近代西方认知中的"中国形象":《教务杂志》关键词之广义修辞学阐释

"合作与分享"的原则成为了宗族成员"依赖"或"利用"宗族群体的借口,这些成员往往更多考虑宗族可以为他们做什么,而非他们可以为宗族做什么。在此族群关系中,个体的积极性与独立性被"抑制"而非"释放",而道德天平则偏向"错误的一边"。① 认知文本认为,这种现象意味着"宗族责任的不公平分配",导致"责任的一边倒",并进而导致社会效率低下。

认知文本提出,"宗族体制的最大弱点就在于老人或父母的过度权力"。② 在"祖先-后代"与"父母-子女"的结构中,前者对后者有着绝对的权利,后者只能对前者亦步亦趋,不越雷池半步,虽然有助于宗族的稳定,但亦导致宗族生命力的缺乏,个体活力的缺失。文本主张,要从"老人"与"父母"手中夺取权力,以国家法律取代宗法家规,通过"矫正"这座"斜塔"才能获得社会的公平与正义。

文本认为,由于许多有价值的伦理概念未进入宗族生活,宗族并未给孩子们提供良好的人文环境。"理论上虽未规定妇女的低等地位,但在实际生活中男性对女性的居高临下态度将进入孩子的意识中。"③认知文本强调,宗族生活所禁止的"男女大防",违背了家庭的精神氛围,而在这种氛围中的孩子所开始的是一种"具有严重残缺的生活"。④ 这点显然是认知主体的误读,因为宗族并未严格控制家庭内男女的交往。

"中国的宗族体制是一个比萨斜塔。"⑤"比萨斜塔"是西方读者熟知的奇特建筑,作为喻体,赋予"宗族体制"的修辞认知语义:虽倾斜而不倒塌的一种奇异结构。"倾斜"表现于"宗族制"中的"族群-个体"关系,具体

---

① Rawlinson, Frank, "The Social Heart of China", *CR*, Jul., 1926, p. 504.
② 同上。
③ 同上文,第 510 页。
④ 同上。
⑤ 同上文,第 503 页。

第二章　近代西方认知中的"中国社会"：关键词"宗族"之广义修辞学阐释

表现在"集体利益-个体利益""集权-个体权力""父母-子女"等宗族内部的结构关系中。文本强调,孩子的权利需要得到更多关注,要有"伦理与宗教培养"①,宗族对子女的至高权力应交给国家,孩子必须在良好的卫生与伦理条件下生活。孩子不应被赋予社会-宗教功能,只有摆脱这两种功能,孩子才能成长为好的公民。文本认为,就整体制度而言,"宗族体制"的整体结构并未因"倾斜"而"倒塌",而是奇怪地仍然稳固。"比萨斜塔"成为"宗族"认知的一个修辞意象。

(二)"心脏脉动":"宗族-国家"的关联认知与意象建构

文本以一段隐喻话语开启了"宗族"的修辞认知:"宗族是中国社会的心脏。几个世纪来,一直稳健地跳动。通过它,中国各种充满活力的志趣、情感与忠诚都在跳动。从它所流出的忠诚几乎没有发生过任何偏差。"②宗族的"心脏"意象跃然纸上,不仅修辞呈现了"宗族"在中国社会的功能性地位,而且建构了一个以之为"心脏"并链接"志趣""情感"与"忠诚"等概念的系统结构,所建构之"心脏"意象亦参与传播文本的修辞建构。

通过"心脏"隐喻,文本既修辞建构了"宗族-国家"的二元依存关系,又建构了"宗族"与中国其他社会元素的系统性关联。文本认为,作为一个"社会结构"③或"社会单元"④而存在的"宗族",是中国社会的核心存在,在经济、政治与伦理诸方面,为整个社会提供系统动力与结构支撑。中国是一个倾向于以家族心理为基础所建构的国家,对于宗族成员,这种"家-国"关联心理,是"国家"心理归属的生成原因之一。这种解读不

---

① Rawlinson, Frank, "The Social Heart of China", *CR*, Jul., 1926, p.510.
② 同上文,第498页。
③ 同上。
④ 同上文,第499页。

仅为"宗族"注入了社会学语义,而且也使"宗族"从概念认知转向社会学认知。换言之,文本以社会学视域建构了"宗族-国家"关联性,揭示了两者之间的相互依存关系。根据文本认知,"宗族"的存在是与中国的农业社会传统息息相关,"宗族"作为一个社会单元,会与其他社会单元发生联系,也会对国家产生影响。相较"宗族","个体"的影响很弱,常常需通过"宗族"才可能产生较大的社会影响。

认知文本指出,在中国,"宗族关系与宗族管理在中国的社会生活中根深蒂固"①,"宗族关系"常会演绎为社会关系,成为社会成员的"国家意识"的生成基础,这是中国国家凝聚力的首要特征。宗族习俗常推衍为社会习俗,成为社会交往的礼仪性要求,而宗族伦理亦常转化为社会伦理。例如,宗族强调晚辈成员对长辈成员的照顾与尊敬,此一原则亦成为中国社会的通行准则。"宗族"管理的宗法理念成为了国家政治的基础理念,高度集中的宗法专制,催生了中国的皇权专制。

根据认知文本的说法,宗族"社会-宗教"功能的伦理化、宗族伦理的社会化、社会价值的宗族化等特征,既凸显了"宗族-国家"的二元依存,又强化了宗族的"中国社会核心"功能及地位。

在认知主体看来,近代中国的许多问题,主要根源在于"宗族-国家"的二元对立与矛盾冲突之中。这种对立矛盾,具体表现为"宗族意识-国家意识""宗法体制-国家法制""宗族关系-社会关系"等结构的二元要素之间的对立矛盾。文本认为,中国是一个倾向于以家族心理为基础所建构的国家。② 对宗族成员而言,"家"与"国"是不同的心理归属,先有"家"后才有"国",当"家"与"国"发生矛盾时,多数宗族成员的首选是"家","宗族忠诚"比"国家忠诚"更加重要。③ 在认知主体看来,社会成员的"宗

---

① Rawlinson, Frank, "The Social Heart of China", *CR*, Jul., 1926, p.502.
② 同上。
③ 同上文,第503页。

第二章　近代西方认知中的"中国社会"：关键词"宗族"之广义修辞学阐释

族意识"远大于"国家意识"，"宗族凝聚力"远强于"国家凝聚力"，正是这种社会成员的心理归属特征导致了中国社会意识的畸形结构：宗族高于国家。文本认为，这正是近代中国在面临西方列强时所存在的最大问题。我们今天也基本接受了这种认知，正是基于这种强烈的"宗族意识"传统，在中国，"血缘关系"重于"社会关系"，"血缘关系"重于"经济关系"，这既是社会生活的普遍行为准则，也是中国社会关系的重要特点，亦是许多社会问题的症结所在。这个特点至今依然，对中国的"现代国家"形成与发展产生深远影响。

认知主体也看到，"宗族体制的最大弱点就在于老人或父母拥有过度的权力"[①]，现代国家的建设首要从"老人"与"父母"手中夺取权力，才能建立社会的公平正义。换言之，在近代中国，宗法体制与国家法律之间的严重冲突，是阻碍近代中国向"现代国家"发展的一大障碍。同时，文本也认为，"宗族的合作与分享原则本可成为国家的建构基础"[②]，但由于宗族体制严格控制个体的自由，压制个体的创造力，阻碍个体的公民意识，实际上破坏了合格公民的再生产，阻碍了国家公民的素质提高与国家经济实力的增强。认知主体从现代国家的建构视域重新认知宗族体制，强调了宗族体制对国家建构的"破坏性"。结合文本发表的历史语境（1926年），认知主体显然具有明显的意义指向：如果要建立现代中国，必须摧毁宗族体制。

在西方主体的二元结构视域下，"宗族"与"国家"既是一种二元依存，更是一种二元对立。认知主体的结构认知与修辞建构告诉我们，"文明西方"的"国家/宗族"结构顺序，被"落后中国"的强势宗族制度逆转为"宗族/国家"的结构顺序，而这正是近代中国国家凝聚力衰微的症结所

---

① Rawlinson, Frank, "The Social Heart of China", *CR*, Jul., 1926, p.504.
② 同上。

在。西方主体的先见结构观照,认知文本的二元对立建构,栩栩如生地呈现了"宗族"的修辞意象:中国的社会"心脏",在"宗族/国家"结构的二元依存与对立中稳健地起搏脉动,从宗族的老祖先那里获得的原始动力,流转于"宗族-国家"的各种相依相存的关系中,艰难地调整宗族利益与国家利益的一致性,勉强地维系宗族成员与国家公民之间的一致性。然而,面临近代西方列强的挑战与欺凌,"文明社会"与"先进伦理"的进逼,这颗"心脏"显然再也无法支撑维系中国的"脉动"了。

(三)"病态畸形":"中国社会"的结构认知与意象建构

通过"宗族"的结构认知与"宗族-国家"的关联认知,认知主体不仅修辞建构了"宗族"的结构意象,而且基于"宗族"认知而进行了中国社会的结构认知,并据此修辞建构了中国社会的结构意象:"病态畸形的社会结构"。结构意象所特有的修辞认知与话语再生功能,不仅催生了更多中国社会的结构幻象,而且成为一种认知隐喻,潜行于跨文化传播的文本建构之中,对传播接受主体产生深远影响。

《中国的社会核心》一文,是西方主体基于"宗族"认知而进行的中国社会认知。或言之,认知主体以"宗族"为基点,试图通过重构中国社会的结构认知而修辞建构其认知意象。纵览文本,我们很容易发现,二元对立结构"明亮/黑暗"(bright/dark)①,既是文本表层的章节结构,亦是文本深层的修辞逻辑。认知主体以这个二元对立结构对中国社会进行了分类重构及逻辑演绎,"宗族制"非"明亮"即"黑暗","明亮"部分本质上是"基督徒的","黑暗"部分则是"中国本土的",需要引进基督教的相关内容对之进行"修正""改进"或"替换"。

认知文本指出,宗族制度的最大问题在于,"宗族"对"个体"自由与

---

① Rawlinson, Frank, "The Social Heart of China", *CR*, Jul., 1926, p.503.

第二章　近代西方认知中的"中国社会"：关键词"宗族"之广义修辞学阐释

创造力的控制与压抑，而这也是中国社会的最大问题。在认知主体的结构视域下，文本建构了中国社会的"病态畸形"的结构意象："宗族/国家"与"社会/个体"。前者强势，后者弱势，前者是结构的主要方面。换言之，在"宗族-国家"关系中，如前文所述，"宗族"强势于"国家"；在"社会-个体"关系中，社会亦是对个体自由与创造力进行压制的主体。根据文本认知，在近代中国社会中，个体自由被群体利益所捆绑，个体利益被群体需要所束缚，"个体意愿"与"群体利益"发生矛盾时，大多以"个体意愿"屈从"群体利益"为最终结果。在文本表层，认知主体肯定中国的宗族体制具有一定稳定性特征，但在文本深层，则在建构一种"个体被群体所绑架"的社会意象。修辞呈现的意象，隐约可见的结构，都在佐证西方认知的真正目的：通过认知中国文化，"基督教化"中国社会。"群体利益/个体意愿"，这个简单的深层结构，修辞建构了近代中国的一种社会心理形象：在宗族制社会中，个体压抑成为一种普遍的社会心态，所以中国社会与文化需要变革，需要基督教的"救赎"，需要西方文明的"拯救"。

"宗族"的认知结构与传播文本的深层结构融为一体，呈现了一个以对立结构为层级的逻辑演绎认知：核心制家庭/宗族制家庭→一夫一妻制家庭/一夫多妻制家庭→现代工业社会/原始农业社会→先进文明/落后文明→西方/中国。根据法国哲学家德里达的研究，这种非此即彼的深层二元结构几乎贯串西方的整个文明史，潜行于西方的各种价值观、伦理观与社会制度的方方面面。显然，在中国社会的西方认知中，这种深潜的"先见"结构也左右着他们的认知，主宰着异域形象的修辞建构。

在中西社会比较的视域中，传播文本亦建构了一系列对比结构，呈现了西方对中国社会的认知逻辑：核心制家庭/宗族制家庭→现代家庭/老式家庭→基督教社会/中国社会→西方/中国。在这些对比结构中，"/"左边是认知主体的参照系，"/"右边是认知对象。显然，这个传播文本亦是基于近代西方认知主体的"西方/中国→文明/野蛮→先进/落后"

的基本逻辑结构而演绎形成。纵览整个《教务杂志》传播文本，我们可以轻易发现这个结构及逻辑在不同认知语境中的不同呈现。这种深层逻辑，既主导认知话语的修辞技巧运用，又决定传播文本的修辞呈现建构。深层认知逻辑与文本修辞逻辑均受制于西方认知的主体先见与集体无意识。正是基于认知与传播的逻辑共通点，传播文本将与接受者的深层意识相衔接，获得顺利的传播接受。也正是由于这个原因，传播文本的修辞幻象被当成了认知"真相"而被接受，并参与修辞接受者的主体建构、参与西方的历史无意识建构。

（四）作为修辞的结构：近代西方认知中的"宗族"

在认知主体的二元对立结构"国家/宗族"中，"宗族"存在确定为一种"社会-宗教"存在，被认知为"中国社会的核心单元"。"国家/宗族"不仅是一种西方的二元对立结构，而且亦是一种西方的认知逻辑，是从"国家"层级俯视"宗族"存在的结构性逻辑。"国家/宗族"的结构性逻辑逆转了中国传统的"宗族/国家"结构，从而发现并质疑"宗族"的社会存在问题：宗族向心力破坏了国家凝聚力。

在认知主体的二元对立认知模式"个体/族群"中，"宗族"所强调的"父母-子女"层级关系被转化为"族群-个体"层级关系，并对"个体"与"族群"进行了存在价值与关联价值的拷问。"族群/个体"的认知模式不仅凸显了"宗族"的存在问题，而且也通过对宗族文化所强调的"族群/个体"结构的逆转，质疑并批判了中国传统社会的建构基础与文化彰显。在以"宗族"认知为代表的中国社会认知文本中，西方传统的二元对立结构不仅参与了文本的修辞建构，主导传播呈现的认知逻辑，而且在认知模式的应用中，悄然改变观照视域与参照系统，修辞建构关于中国社会的认知幻象。

在中国社会的认知中，西方主体以二元对立结构方式重构认知对

第二章　近代西方认知中的"中国社会"：关键词"宗族"之广义修辞学阐释

象,据此阐释与认知中国社会的诸般概念或现象。同时,认知主体亦以二元对立的结构方式参与文本建构,成为文本建构的修辞手段。参与修辞认知与文本建构的二元对立结构不仅包含了西方主体的文化历史先见,亦潜藏了西方主体的社会政治意图。

三、"宗族"的伦理批判：传播主体的精神建构

如果说在"宗族"的概念认知与结构认知中,认知主体主要是在比较语言学与社会学视域中进行了"宗族"重构,那么,当"宗族"被置于西方伦理学视域下时,认知主体显然是通过直击中国宗族的"伦理缺陷"而修辞建构及凸显西方伦理的"先进性"与西方文明的"高度"。在《中国的社会核心》一文中,认知主体认为,宗族伦理主要通过"塑造道德典范,效仿祖先品行"而建构①,"祖先为典,长辈为先"成为基本伦理准则,赋予宗族一种"社会-宗教"功能。在"宗族"认知中,传播文本引进了西方的"公平""正义""责任""民主""人性"等理念,从"社会建构""国家建构""伦理建构""个体自由"各个层面进行批判性阐释,修辞建构了一个西方认知中的中国社会的负面形象。通过改变伦理视域,引进西方价值参照,修辞建构"宗族"的伦理意象。从社会伦理与宗教伦理两种视域对"宗族"进行主体性批评,对"宗族"的利弊两方面进行评价,宣传西方认知主体的伦理观念,倡导西方认知主体的社会建构观念。

（一）"宗法人伦"："宗族"的社会伦理批判与意象建构

在传播文本中,"婚姻家庭"是"宗族"认知的焦点与阐释中心。文本陈述并分析了配偶寻觅、婚约订立、家庭生活、纳妾制度、重男轻女等与"宗族婚姻"主题相关的各种现象,主要从社会伦理的批评视角进行了

---

① Rawlinson, Frank, "The Social Heart of China", *CR*, Jul., 1926, p.503.

近代西方认知中的"中国形象":《教务杂志》关键词之广义修辞学阐释

"宗族"认知及呈现,修辞建构"宗法人伦"的伦理意象。

认知文本认为,中国宗族的伦理问题首先在于,青年男女在找寻配偶时,由父母或家族长辈主导,并以"家族利益"或"家族需要"取代"个体感情"为婚配的唯一考虑要素。针对中国的"娃娃亲"现象,文本批评认为,"受过教育并已心智成熟者才能订立婚约"①,而"娃娃亲"是一种完全建立在家族利益基础上的联姻行为,完全忽略了婚配关系的重点在于"相互陪伴"与"文化与精神的平等"。② 认知文本指出,由于男女教育发展不同,为"娃娃亲"配偶埋下了不平等种子,引发文化平等欲望与宗族愿望之间的矛盾。同时,认知文本强调指出,在宗族制度中,婚姻当事人完全失去话语权,"婚姻当事人的意见被完全忽视"③。认知文本认为,配偶选择中的"个体选择权是伦理发展的根本"④,是当事人的责任意识、独立担当能力等发展的基础,应倡导"婚姻自主"理念,把婚配当事人从"宗族制婚配"解放出来。

在"宗族"认知中,认知主体注意到中国的妇女地位问题,包括家庭地位与社会地位。在宗族制度下,妇女地位低下,人格意义遭忽略,普遍缺乏教育,没有独立的经济权利,甚至在祖先崇拜活动中都被排除在外,"在整个宗族系统中,妇女地位过分低下,只有性别功能被认可,其人格意义被功能意义所遮蔽"⑤。此外,在婚姻关系中,"男性当事人有时可以违背婚约,但女性的意见完全被拒绝"⑥。为此,认知文本强调指出,"宗族体制不仅阻碍了男性通过自主选择配偶并承担相关责任而发展个体的道德品格,更是严重阻碍女性的人格发展",直接导致了人格要求上的

---

① Rawlinson, Frank, "The Social Heart of China", *CR*, Jul., 1926, p.509.
② 同上文,第 508 页。
③ 同上文,第 505 页。
④ 同上。
⑤ 同上文,第 506 页。
⑥ 同上文,第 505 页。

第二章　近代西方认知中的"中国社会"：关键词"宗族"之广义修辞学阐释

男女双重标准问题。文本批评指出,"家庭是男女在满足性本能的同时履行所有相应责任的地方,……整个家庭应该是父母通过子女建构更好未来社会的地方"①,应该是培养合格社会公民的单元,就此而言,母亲的家务工作应该与任何其他职业相平等。

认知文本指出,中国一直过度重视宗族的后继存续问题,为此,中国社会不仅大大降低婚配年龄,而且导致了严重的"重男轻女"现象,同时也使"纳妾成为一种很容易接受的理由"②。就此而言,文本认为,"中国'宗族制'家庭可以理解为,在一个中心控制下,一些关联家庭生活在一起,在某种程度上,是一夫多妻制家庭。"③显然,中国"家庭"概念在"宗族"认知中被重新建构,"宗族制家庭"成为一种"一夫多妻制"的社会单元。如果说前文强调了"宗族"是中国社会的"心脏",那么在这里则分明地暗示了这颗"心脏"并不"健康",尤其是在"一夫一妻制"的文明社会参照下。为此,文本强调指出,"婚姻应执行严格的一夫一妻制,只有这样男女才能有真正道德上的平等"。④

通过"西方/中国"的"家庭"对比,传播文本凸显了中国宗族的伦理问题:(1)自主婚姻/包办婚姻;(2)成年择偶/低龄定亲;(3)一夫一妻/一夫多妻;(4)男女教育平等/男女教育不平等;(5)男女经济平等/男女经济不平等;(6)家庭自主权力/宗族决定权力;(7)家庭责任/宗族责任。认知主体希望,通过引进西方婚姻理念,中国的"宗族婚姻"在将来有一天可以变成男女的"自主婚姻",成为"破解中国宗族制"的策略之一。⑤ 据此而言,19世纪末20世纪初,大量西方爱情小说的译介和留学

---

① Rawlinson, Frank, "The Social Heart of China", *CR*, Jul., 1926, p.509.
② 同上文,第506页。
③ 同上文,第498页。
④ 同上文,第511页。
⑤ 同上文,第499页。

回国人员的文学创作,有意无意地在带进西方婚姻理念的同时,有效地实现了对中国"宗族制"的"破解",同时亦在事实上"破解"了基于"宗族"代代相承的诸多社会伦理与道德观念。

(二)"祖先崇拜":"宗族"的宗教伦理批判与意象建构

传统文化与传统社会礼仪中的宗教性是西方基督教认知的重中之重,这与其认知目的息息相关,亦由其认知先见所决定。浏览《教务杂志》及其他一些近代西方传播文本,我们发现,"祖先崇拜"是一个出现频率非常高的词,被普遍认为是基督教传播的最主要障碍。可以说,几乎所有的中国认知文本都或多或少地涉及对"祖先崇拜"的分析批评。在《中国的社会核心》一文中,文本通过婚姻礼仪与宗族习俗的宗教解读,从宗教伦理视角进入"宗族"认知。认知主体批评指出,"祖先崇拜"是"宗族体制"的一大弱点[1],旨在在生者(尤其是男性)与那些无"实质存在状态"者之间建立紧密联系,赋予宗族一种"社会-宗教"功能。[2] "祖先崇拜"成为宗族生活中的决定因素与宗族成员的共同纽带。

在婚俗礼仪的修辞解读中,文本认为,中国传统婚礼中的"拜天地",是源于男女婚配的宗教合法性需要。在"拜天地"的礼仪中,"一拜天地"强调了家庭组建与"至高权力"之间的某种合作关系[3],"二拜高堂"强调家族及祖先的认可,"夫妻对拜"强调宗族见证下的配偶关系确认。根据文本认知,"重男轻女"的动力亦源于"祖先崇拜",源于祭拜祖先时的"仪式需要"[4],而这个弱点则导致"纳妾制度"的合法性,并加重中国的人口问题。文本指出,近代西方的婚姻自主理念引发了中国人对家族包办婚

---

[1] Rawlinson, Frank, "The Social Heart of China", *CR*, Jul., 1926, p. 504.
[2] 同上文,第 501 页。
[3] 同上。
[4] 同上文,第 504 页。

第二章　近代西方认知中的"中国社会"：关键词"宗族"之广义修辞学阐释

姻的质疑,现代教育激发青年男女自主择偶的心理期待,这些都在"开始动摇宗族体制的伦理合法性,动摇宗族在择偶婚配方面的支配及控制"。①

就宗族的宗教性而言,文本认为,家庭关系源于普遍的"道",而非基于转瞬即逝的情感,正是这种深层的"社会-宗教"根源带来宗族结构的长久稳定。宗族通过宗庙聚会、族谱编修与祭祖活动,赋予祖先一种超自然的宗教地位,并通过"出族"与"革胙"等严厉惩罚强力维护宗法伦理。文本认为,宗族的这些宗教约束机制,基于维护宗族头领的宗教性权力,这种机制既不民主,也不长久,"不民主是因为宗族中某些成员的幸福具有高于其他成员幸福的价值,不长久是因为动力从一个首领流动到另一个首领"②。换言之,在认知主体看来,宗族的社会-宗教伦理实质是基于宗族头领利益而建构,以牺牲其他宗族成员利益为代价。这种"伦理缺陷"批评直接质疑了宗族体制的存在合法性。

针对宗族现状,文本指出,男女在教育与道德上必须平等,只有教育的平等,才能有道德的平等,也才能有宗族成员的伦理提高。文本特别指出:"对女性的教育应该适合她们的社会生活,要有如何为人母的内容。对男性的教育,也要有如何承担父亲责任的内容。"③同时强调,抚养孩子是父母的责任,生孩子应自愿,而非出于男性或社会的强迫。④ 认知文本认为,宗族伦理最大的问题在于忽略经济责任与道德责任之间的平衡,"除非人们切实履行自己的责任,否则无法衡量他们的道德责任"⑤。

纵览《教务杂志》,我们可以看到,祖先崇拜是西方认知的重中之重,

---

① Rawlinson, Frank, "The Social Heart of China", *CR*, Jul., 1926, p.499.
② 同上文,第504—505页。
③ 同上文,第511页。
④ 同上文,第512页。
⑤ 同上。

从不同视角解读祖先崇拜,既为寻找中国文化的问题所在,亦为建立基督教在中国的合法性与正义性。在宗族体制的认知中,祖先崇拜再次成为标靶,成为不言自明的问题所在。通过伦理视域,文本引进了西方的"民主"与"永恒"的理念,所隐藏的深层意蕴则是"通过赋予宗族某些基督教价值观来改造它"①,以西方社会制度替代宗族体制,以基督教替代祖先崇拜。正是基于这个认知目的,传播文本所呈现的认知过程,其实主要就是寻找中国宗族与基督教的连接点,以基督教价值观认知、观察、重构中国的宗族形象,进而改造中国社会。"祖先崇拜是宗族体制的弱点"②,这个简单的判断句,使祖先崇拜由一种文化现象成为一种贬义的文化属性。

(三)祖宗家法:"中国社会"的伦理批判与意象建构

在传播文本中,认知主体通过对宗族的伦理批判,进入了中国社会的伦理批判。以宗法人伦为切入口,开启中国社会的社会伦理批判;以祖先崇拜为批判对象,开启对中国社会的宗教伦理批判。在对中国社会的伦理批判中,认知主体不仅修辞建构了中国社会的伦理意象,而且建构并凸显西方社会的"先进伦理"与"高度文明",并强调指出,中国的社会改造首先应该是宗族改造,中国社会的文明发展必须基于基督教化。

宗族作为"中国的社会核心",为社会提供了以强调血缘人伦为基本特征的社会伦理。在社会生产活动、经济贸易活动以及政府管理活动中,宗族成为一种强大的身份标志,宗族血缘成为许多社会活动的选择原则,宗族辈分成为社会关系的建构参照。在认知主体看来,近代中国虽然在努力建构现代社会的核心家庭、公平法律、民主政治,但各种西方

---

① Rawlinson, Frank, "The Social Heart of China", *CR*, Jul., 1926, p. 498.
② 同上文,第504页。

第二章 近代西方认知中的"中国社会":关键词"宗族"之广义修辞学阐释

观念的传播与接受,不同程度上都遭到以宗族伦理为核心的社会理念的种种阻挠。认知主体发现,"在宗族系统内,行政权力集中,既有利于维护社会价值观,也有利于专制控制"①,而且这种专制作为理念及实践,复制并延伸到中国社会的方方面面,使整个中国社会呈现一种宗法人伦的基本特征。

传播文本以婚姻包办习俗为例,花费大量笔墨,着重批判宗族对个体自由的剥夺与压制,配偶选择方面的"话语权缺失"对个体人格发展的阻碍,进而导致社会伦理的"残缺与畸形"。中国社会各种"鄙陋"的现象,如早婚制、纳妾制、裹小脚、重男轻女、祖先崇拜、迷信风水等,究其根本,都是源于宗族体制的"畸形"结构,尤其是对个体自由的多重压制。至此,近代西方以个体为中心的价值伦理体系与传统中国以族群为中心的价值伦理体系发生全面碰撞。西方对中国社会的认知获得了中国青年知识分子的认可,这也许部分解释了,中国新文化运动中为什么出现了大量批判婚姻包办习俗的文学作品。

根据文本认知,祖先崇拜是一种源于原始氏族制度的"低级崇拜",是一种基于血缘及祖先的偶像崇拜。这种"死人崇拜"不仅禁锢了近代中国人的创造力,而且压制了他们对"自由""平等"与"民主"的追求,阻碍了中国人对基督教上帝的信奉与皈依。文本指出,祖先崇拜既是"比萨斜塔"式宗族结构的精神内核,而且也是这个"社会心脏"的动力源泉,据此衍生出中国社会的伦理规范与交际原则的修辞意象:祖宗家法。

文本认为,"除了过度重视宗族的权力集中,不够重视宗族与国家意识的关系之外,宗族体制的其他有价值的特征本质上都**是**(are)基督徒的特征"②。通过直接使用 be 动词,以基督教价值观为参照系,对"宗族"制

---

① Rawlinson, Frank, "The Social Heart of China", *CR*, Jul., 1926, p. 502.
② 同上文,第 503 页。

度进行价值认证。be 动词既可建构一种判定关系,亦可建构一种隐喻关系。无论哪一种关系建构,实质都建构了一种以"基督教"为参照,以"宗族制"为对象的认知关系。换言之,这种话语建构的是一种以西方价值观为参照,对中国社会进行价值判断的"主-客"关系。此外,宗族制的价值特征本质上是基督徒的,话语实际剥夺了宗族伦理的中国根源,而是通过主体认知直接"划归"到"西方根源"。话语建构的深层意指是,"社会伦理"或"个体道德"本质上是"西方社会"属性,"中国社会"无法自我生成,西方要帮助、改造中国社会,提升其文明程度。

从表层的"婚姻包办"到深层的"话语权缺失"与"个体自主障碍",西方主体在宗族制度的认知中,对中国社会进行了多视角多层面的伦理批判,西方的价值理念与宗教伦理逐渐显现,从异域文化的认知先见转化为对中国社会的改造主张,修辞建构了一个社会发展的真理性逻辑:西方社会模式取代中国社会的宗族制,西方的个体为中心的价值伦理取代中国的族群为中心的价值伦理,西方的基督教上帝崇拜取代中国的祖先崇拜。

异域文化的修辞认知过程成为西方逻辑的普世推广过程。在异域文化的修辞认知中,西方认知主体的价值伦理与社会理念获得普世性价值,成为真理性知识,成为批驳异域价值,臧否他者文化的"知识-权力"话语工具。这些修辞建构的"知识-权力"话语不仅影响西方读者对中国的认知,而且也深度影响了早期中国知识分子对中国的认知。通过认知中国宗族体制,破解中国宗族体制,改造中国社会,这是西方认知的真正目的所在,亦是其认知建构的原动力。

文本指出,在近代中国,宗族制家庭形式正逐渐被西方核心家庭形式所取代,个体亦从对宗族的紧密关联中脱离,转而寻求与其他非宗族成员的关联建立,这些都在逐渐改变中国的社会,同时亦面对各种社会重构的危机与机遇。就此而言,西方爱情小说在中国社会的现代建构中起了不可磨灭的作用。同时,我们也不得不承认,在某种程度上,就中国

第二章　近代西方认知中的"中国社会":关键词"宗族"之广义修辞学阐释

近代史而言,近代西方对中国社会的认知与改造是成功的,这种影响非常深远。

(四)伦理的意图:近代西方认知中的宗族

在对宗族的社会伦理批判中,文本指出,宗族对其"存续"的过度重视导致了早婚、重男轻女与纳妾现象。从宗族认知过渡到社会认知,并以关键词"宗族"为中心,构建了中国社会的认知系统:早婚、重男轻女、纳妾、裹小脚、祖先崇拜、妇女歧视、风水迷信。这个认知系统共同建构了中国社会的伦理幻象:"比萨斜塔"之畸形存在。传播文本呈现的宗族认知不断推进,从表层的婚姻干预与经济依赖,到深层的人性悖逆与伦理破坏。文本修辞建构的意象是:中国的这个"社会心脏"与"比萨斜塔",从表面到核心都呈"畸形",是通过抑制个体、扭曲伦理与剥夺理想而建立的落后机制。

近代西方对宗族体制的伦理批判,实质是工业社会对农业社会的伦理性批判。重视发挥个体积极性,保护个体独立性与利益,是西方近代资本主义发展的主要动力,也成为西方认知其他文化的价值参照。符合这种价值原则的异域文化就是"道德"的文化,与之相悖的则是"错误的一边"。以认知主体的伦理观念对中国的宗族及社会进行价值评判,虽然话语与文本修辞中呈现了种种的"客观""正义""公平"之言说,实质是以主体性评判取代异域文化认知,其结果既修辞强化了西方认知的主体性,又修辞建构了中国文化的"他者"性质。所以,再次证明,西方认知中的伦理判断其实是主体性的价值判断,认知话语大多数是福柯所称的"知识-权力"话语。正是这些饱含主体性价值判断的"知识-权力"话语,建构了认知对象的修辞意象,实现主客的视域融合,在视域的空间扩展与时间延伸中,影响接受主体的中国认知,渗透进西方社会与历史的集体无意识之中,并在若隐若现地影响当代西方的中国认知。

近代西方认知中的"中国形象"：《教务杂志》关键词之广义修辞学阐释

综上所述,西方认知主体强调,在中国的宗族制度认知中,他们看到的是族群对个体自由的剥夺,对个体利益的压榨,对个性发展的抑制。所以,中国社会的解放必须以"个体"的解放为前提,个体的解放则以宗族制度的摧毁为前提。不仅如此,现代社会的建构,民主国家的建构,基督教伦理的建构都应以宗族制度的摧毁为前提。只有摧毁宗族制度,中国才能抛弃"旧文明",建构"新文明"。至此,文本引进了西方的公平、正义、责任、民主、人性、伦理等理念,从社会建构、国家建构、伦理建构、个体自由、社会理想等诸方面对宗族制度进行了全方位的伦理批判。主体认知的全部先见视域成为真理性参照,成为异域认知的价值评判标准。从中国历史的发展语境可知,中国社会的西方认知不仅直接影响了传播文本的西方读者,而且也影响了那些接受西方教育的中国知识分子,影响了那些正在寻找中国出路的有志青年。

本章结语　修辞的焦虑：近代西方认知中的"中国社会"

在《教务杂志》对宗族的认知中,传播文本不仅呈现了从宗族延展到中国社会的西方认知,而且演绎了从宗族推演到中国社会的修辞建构,展现了从宗族衍生到中国社会的幻象生成。修辞不仅参与了"宗族""中国社会"等认知对象的语义重构、系统组构与意象建构,而且参与了认知对象的符号转移、话语阐释与文本建构。修辞不仅努力构建认知主体与客体对象的对话通道,而且意图实现客体对象、认知主体与接受主体三者之间的视域融合。

在《中国的社会核心》一文中,多数语境下,文本的认知论述或传播呈现只是模糊地使用"family"一词以意指中国的"宗族"。在英语中,"family"可意指家庭、家族、家属、子女、亲属等,"clan"则主要意指氏族与

第二章　近代西方认知中的"中国社会"：关键词"宗族"之广义修辞学阐释

宗族。在汉语中，"宗族"则指"拥有共同祖先的人群集合，通常在同一聚居地，形成大的聚落，属于现代意义上模糊的族群概念"，在小范围内，有时"宗族"与"家族"可以互相混淆使用。由于英汉两种语言及文化的差异性，"family""clan"与"宗族"都只有部分语义交集。文本在使用"family"时，多数语境下把第二义位变异为第一义位，意指"宗族"，但有时则变异为下位层级的"家族"，有时则恢复其第一义位"家庭"。固然，"宗族"认知包含了"家族""家庭"与"成员"等其他三个层级的认知，但更重要的原因是，这与西方文化的社会关系分类有关，或者说，这种语言符号现象与西方相对轻视血缘谱系的文化特征有关，此亦能从其简单而模糊的近亲称谓中获得佐证。"family"与"clan"在一个符号能指上凝聚了同一语域不同层级的所指，然而，在汉语中，"宗族""家族"与"家庭"具有显明的层级差别与血缘距离。"family"与"clan"的左右摇摆与含混杂用，同一语词的多元义位的存在，常导致意指含糊，极易误导西方读者的话语接受。

显然，作者也意识到"family"与"宗族"之间的语义不对称，在论述中，文本根据需要衍生了一些相关概念：clan family（宗族制家庭），small family（小家庭），separate family（单独家庭），modern family（现代家庭），old family（老式家庭）。文本认为，"只有通过取代宗族制家庭（clan family），基督教西方式家庭（Christian western family）才能建立起来"。① 在两种家庭形式的比较中，中西方之间的区别似在话语表层的限定词"基督教西方式"与"宗族制"，而实际上，"family"一词忽略了文化语义上的差异性，忽略了不同文化语域的不同所指。这些衍生概念虽然在部分话语中一定程度上明确了"family"的所指，弥补了语义所指模糊的缺陷，但通篇文本仍时时处于多元语义的意指模糊辐射下。认知主体虽

---

① Rawlinson, Frank, "The Social Heart of China", *CR*, Jul., 1926, p.499.

近代西方认知中的"中国形象":《教务杂志》关键词之广义修辞学阐释

然试图以其西方"family"为参照系来认知中国"宗族",但在语言的实际呈现时,其参照系则由于含混意指而无法确定,而据此所呈现的异域认知显然含混不清,但为其修辞建构"中国宗族"的认知幻象带来便利。无论是"中国宗族"的西方主体认知,还是"Chinese family"的西方主体接受,在跨文化传播中,既存在某种"认知呈现的焦虑",也引发"认知接受的焦虑",而这些"焦虑"最终汇聚成跨文化传播文本的"修辞焦虑":异域概念的语言语义、文化语义与社会语义的主体言说。

为了弥补概念的文化差异,为了修补"宗族"英译的缺憾,文本不得不在话语建构与文本组构中进行各种修辞干预,以期实现认知主体、接受主体与客体对象之间的对话。然而,这注定不可能是一种平等的对话。在异域文化的认知及呈现中,修辞的选择不仅包含视域的选择与逻辑的选择,而且包含伦理价值等参照系统的选择,一言以蔽之,修辞的选择实质是话语权的争夺。在西方对中国社会的认知过程中,"上帝/撒旦"的圣经原型,幻化成"西方/中国"的二元对立,"China is dragon"的概念隐喻,生成了有关中国社会的认知话语。西方的主体地位被强化,西方视域的权威地位被确立,西方的"中国认知"被修辞化为"知识"。

客体对象、认知主体与接受主体三者之间的视域融合注定无法一帆风顺,归属不同价值体系的概念与言说会不断发生冲突并寻求修辞的参与,而修辞的妥协性功能只能暂时实现三者之间的视域融合。修辞的选择与妥协,虽暂时掩盖相异文化的矛盾与意识形态的冲突,但"修辞的焦虑"将一直存在。认知主体的修辞选择与客体对象的本质真相之间存在着似通非通的桥梁,认知对象的修辞呈现与接受者之间亦横亘着或宽或窄的"沟渠"。在主体、对象与接受者上空游荡的"修辞焦虑",闪烁隐现于语词言说之间的修辞幻象,共同裹挟历史的话语与主体的先见,渗透进西方历史的集体无意识,在中西交往的时空两维中作用于相关主体的精神建构。

第三章　近代西方认知中的"中国伦理"：关键词"孝"的广义修辞学阐释

在近代西方的中国认知中,伦理认知是一个重要内容,是从社会现象认知走向深层文化认知的一个必经之道。纵览《教务杂志》,从1867年到1941年,伦理认知的文本刊载从未间断,尽管各个时期的认知具有不同侧重。经过系统梳理,我们发现,近代西方的中国伦理认知的主要路径是古代典籍的西式解读、关键概念的语义重构和概念系统的梳理建构。

在中国伦理的西方认知中,古代典籍主要包括《孝经》《孝经注疏》《孝经义疏》《御制孝经衍义》《大戴礼记》《礼记》《论语》《孟子》《二十四孝》等。在这些古代典籍的解读过程中,认知主体不仅翻译相关典籍文本,而且也翻译相关文本的重要注疏,尽力实现典籍的跨文化呈现。基于文本翻译,认知主体不仅进行古代典籍的文本释义,而且通过引进西方价值系统为参照,对典籍文本进行了分析评述,建构相对完善的典籍认知。在中国伦理的西方认知中,概念符号的阐释解读占据重要地位。其中,认知主体特别关注的概念符号包括孝、仁、忠、义、礼、智、信、勇、善、真、罪、逆等。在关键概念的认知过程中,认知主体不仅进行相关概念的语义词源解读,更强调进行文化与历史层面的解读。在伦理概念的解读中,不仅清晰可见认知主体所纳之参照视域,而且概念的修辞重构

近代西方认知中的"中国形象"：《教务杂志》关键词之广义修辞学阐释

过程亦隐约显现。在古代典籍的梳理解读与核心概念的修辞重构中，认知主体不仅引进近代西方的各种参照视域，而且辅之以西方的文化整体性、历史连续性、时空关联性等思维模式，建构典籍之间与概念之间的关联，并引进近代西方的核心伦理概念，建构中国伦理的认知系统。

在《教务杂志》所载的中国伦理认知文本中，德国汉学家恩斯特·福柏①的《孝的中国观念与实践之批判》（A Critique of the Chinese Notions and Practice of Filial Piety）是一篇118页的长文，连续登载9期（1878年第5期至1880年第1期，除1879年第5期7页版面外，其他各期都在10页以上版面），显见其重要性，亦系同类主题的最长文本。恩斯特·福柏的"孝"认知主要从两个路径进入：概念语义梳理与伦理实践反思。前者主要通过伦理典籍（如《孝经注疏》）的文本细读，后者则通过伦理典籍的规范制定、生活习俗的观察反思。认知文本以孔子之言为观念认知之最初依据："夫孝德之本也。"从此言中，认知主体发现，"孝"是中国伦理的认知关键词，是解读中国伦理的关键与根本，从"孝"的认知才能开启并进入真正"中国伦理"认知。

文本全文由《孝经注疏》""介绍事宜""曾子相关文章"与"四书论孝"四个部分组成。从标题字面看，我们可以得出一个简单判断，文本作者把"孝"作为一个普世性概念予以认知，而非一个特有的中国式概念，文本的问题缘起主要在于，中国对"孝"的理解与实践是有别于世界（尤其是西方世界）的普遍认知，而"中国式"的"孝"作为一个关键概念，成为中国伦理系统的逻辑起点与认知关键。为此，恩斯特·福柏系统解读、

---

① 恩斯特·福柏（Ernest Faber, 1839—1899），中文名"花之安"，著名汉学家与植物学家，1865年代表礼贤会到香港，后在广东内地传教。1880年与礼贤会脱离关系，独立传教。1885年加入同善会，翌年赴上海。1898年德国占领青岛后，移居青岛。次年死于青岛。著有《儒教汇纂》《中国宗教导论》《中国妇女的地位》《从历史角度看中国》等书。被誉为"19世纪最高深的汉学家"。

第三章　近代西方认知中的"中国伦理"：关键词"孝"的广义修辞学阐释

阐释与分析了《孝经注疏》与《御制孝经衍义》全文、《大戴礼记·曾子》前五篇、《孟子》与《监本礼记》的部分章节，试图通过"孝"的语义重构、衍义考察与理据探究，通过"孝"伦理的系统建构，以近代西方的伦理理念与实践为主要参照，修辞建构中国伦理的西方认知系统，批判性呈现并传播一个以"孝"为基本核心的中国伦理的修辞意象。

一、《孝经注疏》："孝"的概念释读与系统认知

德国汉学家恩斯特·福柏以其对中国文化的深刻了解而享誉晚清来华传教士以及近代西方的中国研究者之间。由于对中国语言的精通，他自如深入中国民间生活，周旋于各阶层社会活动，其对中国习俗的解读、对中国社会现象的剖析、对中国国民性的阐释，成为近代西方认知中国的重要来源之一。福柏之所以被誉为"19世纪最高深的汉学家"，主要原因是其对儒家典籍所进行的系统而细致的文本分析。在典籍的文本细读中，福柏认真梳理中国文化的各种核心概念，建立相关观念的认知系统，据此进行中西文化的深层比较。在众多古代典籍的解读中，发表于《教务杂志》1878年第5期与第6期的《孝经注疏》堪称是近代西方的认知文本典范之作。

福柏认为，《孝经注疏》是中国伦理认知的最佳典籍，也是解读同一主题其他典籍的根本，而借助《孝经注疏》，可以比较清晰地梳理或还原蕴藏于"模糊混杂"的典籍话语之中的伦理观念及实践规范。纵览认知文本，我们可以发现，《孝经注疏》十八章的基本释读框架是"孝"伦理的概念认知（《开宗明义章第一》—《三才章第七》），"孝"伦理的实践认知（《孝治章第八》—《五刑章第十一》）与"孝"伦理的教育认知（《广要道章第十二》—《丧亲章第十八》）。通过《孝经注疏》的释读与评论，认知文本修辞重构"孝"伦理的概念语义与概念系统，建构"孝"伦理的实践系统，呈现中国传统伦理的修辞意象。

(一)"孝"伦理的概念释读:语义指涉与义位顺序的修辞重构

在《孝经注疏》的释读与评论中,"孝"的概念语义主要基于其伦理语义的不同指涉而建构,包括家庭伦理语义、社会伦理语义、政治伦理语义与宗教伦理语义。这种伦理语义的指涉类分显然源于近代西方的伦理学研究分类。

可以说,"孝"的概念认知开端于"孝之始"与"孝始"的区别。认知文本认为,在"身体发肤受之父母不敢毁伤孝之始也"句中,"孝之始"是一种主体性行为①,即,"孝"作为主体,发端于对"身体发肤"的爱护;而在"夫孝始于事亲中于事君终于立身"句中,"孝始"则是客体性行为,即,"孝"作为客体,成为"事"的行为对象。显然,在西方认知中,认知文本的语句解读为"孝之始,于,身体发肤","事亲,始孝"。这种认知解读显然是一种语言误读。"孝之始"作为一个偏正式名词,可作一独立概念予以认知,而"孝始"则是基于破坏"孝,始于,事亲"的句法建构出来的一个概念。在这个误读下,"孝"被认知建构为兼具行为主体与行为客体双重语义语法特征的伦理概念,这种认知建构显然基于西方语言的句法分析习惯而来。笔者认为,这两句话的正确解读应是,"孝之始"的"孝"是伦理概念的逻辑起点,"孝始于事亲"的"孝"则应是伦理实践的行为起点。结合《孝经注疏》全文,"孝"既是规范性的伦理概念,亦是准则性的伦理实践。

福柏认为,在《天子章第二》中,"孝"的理念追溯可至"爱"与"敬",据此"孝"得到伦理化处理,成为一个伦理概念,并强调建构皇帝的伦理典范,排除其他外在形式。文本亦批评指出,中国的伦理典籍虽竭力强调

---

① Faber, Ernest, "A Critique of the Chinese Notions and Practice of Filial Piety", *CR*, Sept.-Oct., 1878, p. 332.

第三章　近代西方认知中的"中国伦理"：关键词"孝"的广义修辞学阐释

皇帝的伦理垂范，试图建立自上而下的伦理实践系统，但这种伦理理想在中国从未真正实现过。①"孝"通过"爱"与"敬"而获伦理化处理，这种观点显然源于西方基督教伦理的概念范畴。在西方基督教信仰中，"爱"与"敬"是要求信徒恪守的对上帝的两条基本伦理规范。但在古代中国，"爱"与"敬"并非宗教伦理的实践规范，而是人伦礼仪的内在要求。当然，认知文本也指出，古代中国的伦理典籍重视典范建构、重视实践自律，而这种伦理建构终究无法实现古代思想家的伦理社会理想。文本的观点亦暗示，这种伦理的建构特征导致中国法律体系的长期不完善，导致中国公民的法律意识薄弱。从中国古代典籍的伦理建构特征来观照并反思当代中国的法规制度建设，应是一个可以予以充分重视的参照视域。

福柏认为，《圣治章第九》把"圣徒"（Saint）当成"圣人"（Sage），把伦理典范转换成智性典范，显然把"圣徒"的伦理典范也当成"君子"的品德典范。认知主体认为，伦理与品德在中国文化中常被混淆，亦导致"圣徒"与"圣人"的混淆，导致宗教伦理与人性品德的混乱。认知文本指出，"孝"应与行为相联系，"爱"与"仁"（或"义""礼""智""信"）才是人性的自然生成，而"孝"并不是。②《孝经注疏》显然忽略了"人性"与"行为"之间的巨大差别。中国文化通过"神化父亲而累积人伦"，使"孝"成为一种"宗教情感"，"祭祀父亲"成为所有"迷信崇拜"中最为重要的活动，而其他"伦理情感都被排斥"。③ 对此，认知主体深感震撼。显然，西方的"伦理"与"品德"概念区分是导致这种解读的重要原因。在西方文化的语境中，伦理大多首先与宗教相关联，而品德则更多指涉个体的性格特征。

---

① Faber, Ernest, "A Critique of the Chinese Notions and Practice of Filial Piety", *CR*, Sept.-Oct., 1878, p.333.

② Faber, Ernest, "A Critique of the Chinese Notions and Practice of Filial Piety", *CR*, Nov.-Dec., 1878, p.401.

③ 同上文，第404页。

近代西方认知中的"中国形象":《教务杂志》关键词之广义修辞学阐释

在典籍的评述中,认知主体强调,"上天"应被看成"远祖","上帝"应是我们的"天父",是"God",这是"我们生命的真正来源"。① 为此,认知文本初步梳理了"孝"的"确切定义":

(1)"孝"是"天性",但非"人的天性";

(2)"孝"仅指涉"父-子"与"君-臣"之间的伦理活动,而不含其他伦理活动;

(3)"孝"的最主要伦理实践是"爱"与"敬",唯"父"可兼得,其余人可得"爱"或"敬",程度酌情调整;

(4)"孝"的观念与实践均未指涉"高级力量"(higher power,指基督上帝)。②

在《士章第五》的解读中,认知文本修辞建构了"孝"与"爱""敬"之间的概念关联。"孝"衍生出对亲属之"爱",对君主或上级之"敬"。据此,认知文本重构了"孝"的基本概念语义:"孝母"为"爱","孝君"为"敬","孝父"兼"敬"与"爱"。在"孝敬"父母中,中国伦理推衍出两种政治品德:忠诚与顺从。据此,依据"孝"的伦理客体,认知文本建构了"孝"的语义系统及其义位顺序:**孝**(父),**爱**(母),**敬**(君主),**顺**(长辈),**忠**(上级)。

在伦理典籍《孝经注疏》的认知中,以关键词"孝"为中心,认知文本引进近代西方伦理学的分类方法,根据"孝"的伦理语义指涉范畴,分解为家族伦理、社会伦理、政治伦理与宗教伦理,并依此把"孝"的语义指涉与义位顺序重构为"孝父悌兄""循古守礼""忠君顺主"与"祭祀祖先以谐和天地"等四个义位。据此,认知文本修辞建构了中国伦理的核心概念"孝"。

---

① Faber, Ernest, "A Critique of the Chinese Notions and Practice of Filial Piety", *CR*, Nov.-Dec., 1878, p. 405.

② 同上文,第404—405页。

第三章 近代西方认知中的"中国伦理":关键词"孝"的广义修辞学阐释

(二)"孝"伦理的系统认知:符号关联与伦理语域的修辞建构

依据认知文本,"孝"伦理主要建构家庭"父-子"与社会"君-臣"两个维度的伦理符号关联及所指系统。《孝经注疏》既根据"子"的社会阶层,制定不同的伦理义务,亦根据"父"的生存状况,规范"子"的孝行举止;既罗列"不孝"的行径表征,亦强化"孝"的特殊义务。在近代西方的系统视域下,《孝经注疏》在第二章至第六章中,依据"子"的社会阶层,制定五种"孝"的伦理义务,而在《纪孝行章》中,则根据"父"的五种生存境况制定"子"的五种"孝行"系统与三种"不孝"表征系统,同时,在《五刑章》中亦列举三种"不孝"行径。在认知主体看来,《孝经注疏》从"孝行"的实践主体("子")与伦理客体("父")两个维度建构中国的伦理实践系统。由此,认知主体修辞建构了《孝经注疏》的西方认知系统。

根据"子"的五种社会阶层,即天子、诸侯、卿大夫、士与庶民,《孝经注疏》分别制定相应"孝行"义务,即:"天子之孝"(道德垂范以尽孝)、"诸侯之孝"(戒骄自制以尽孝)、"卿大夫之孝"(循古守法以尽孝)、"士之孝"(敬爱父母与忠君顺上以尽孝)与"庶人之孝"(勤劳谨身以尽孝)。认知文本认为,《孝经注疏》所述"父"的五种生存境况,即"居""养""病""丧""祭",实际指涉人生五个阶段:强壮时、老年时、生病时、死亡时、成为灵魂时。[1] 与此相对,"子"应有五种伦理义务:"敬""乐""忧""哀""严"。同时,《纪孝行章第十》列出三种"孝"的否定性规定:"居上不骄""为下不乱"与"在丑不争";《五刑章第十一》则列出三种"不孝"的定义:"要君者无上""非圣人者无法""非孝者无亲"。

基于典籍的文本释读,认知主体对《孝经注疏》进行逐章评述,既开

---

[1] Faber, Ernest, "A Critique of the Chinese Notions and Practice of Filial Piety", *CR*, Nov.-Dec., 1878, p.406.

近代西方认知中的"中国形象":《教务杂志》关键词之广义修辞学阐释

拓典籍的伦理阐释空间,亦修辞建构相关伦理符号的符指语义,据此进行典籍的修辞认知与伦理批评。总体而言,认知文本认为,《孝经注疏》虽制定不同的孝行,但是"各个阶层的孝行本质一样,相异之处在于不同环境的不同孝行形式"①。伦理的实践系统虽建构于不同维度,但俱以"父-子"血缘关系为逻辑起点建构中国伦理之实践系统。

福柏认为,出于统治者的政治需要,在《庶人章第六》中,普通百姓的日常生产劳动被符号化为"庶人之孝",这是一种非常特别的伦理转化现象。认知文本亦发现,《庶人章第六》提出的"谨身节用"以尽"人子之孝",即保护身体免受伤害与危险才能尽人子之孝②,这与后文提出的"忠""勇"显然产生实践施行上的矛盾,若人人"谨身节用",将致无人报国尽忠。

在《孝治章第八》中,福柏看到,《孝经注疏》所倡"孝治"的实质是,从"孝"衍生出"敬"与"爱",以"敬""爱"之情征服人心,从而每个社会主体心甘情愿服从政治统治。认知文本指出,"孝治"实践并非把"孝"外化为法律或礼仪规章,而是内化为"敬""爱"之情。当然,文本亦批评指出,《孝治章第八》所言"灾害不生,祸乱不作"实是对实践伦理的一种迷信,因为"自然并不因伦理而灾害不生"。③ 在《孝治章第八》解读中,认知主体无意之中揭示了潜藏于伦理建构的深层"硬伤":情感内化有余,形式外化不足。换言之,在中国社会的发展过程中,法律体系的不完善、欠发达或许与伦理建构的形式特征息息相关。没有具体的法律制约,"伦理的情感内化"很难真正实现社会个体的道德自律,无法"真正净化这个国

---

① Faber, Ernest, "A Critique of the Chinese Notions and Practice of Filial Piety", *CR*, Sept.-Oct., 1878, p. 339.
② 同上。
③ 同上文,第 343 页。

第三章　近代西方认知中的"中国伦理":关键词"孝"的广义修辞学阐释

度"。①

福柏认为,《五刑章第十一》所列"无上""无法"与"无亲",这三种"不孝行径"实非"犯罪行为",更倾向"粗心傲慢"所致"自大、自以为是、自爱"的心理倾向。② 把心理倾向当成社会与政治混乱的根本原因,认知主体对此颇不以为然,并批评指出,也许正是由于心理活动的伦理化规约及其深远影响,使得"批评政府部门、圣人教义或家族习俗"被视为"等同背叛罪行",中国的诸多优秀学者亦"缺乏批评之胆略"。③ 同时,认知文本亦指出,伦理符号"孝"的生成意指"忠君顺上",使后代中国人成为"脆弱的一代",且往往无法提出成熟的意见。同时,认知文本指出,"中国人具有很强的外在表现欲,今天的祖先崇拜几乎完全缺失伦理意义",而更多是"形式意义"。④

认知文本指出,在中国伦理系统中,"谏诤之孝"是一种很特别的伦理实践。《谏诤章第十五》难能可贵地提出"父"与"君"并非真理的最高权威,当他们有错误时,"子"与"臣"应谏诤,而不应盲从。但认知文本也指出,既然"父"与"君"不是真理的最高权威,那么谁才是?"子"与"臣"的谏诤理据何在?《谏诤章第十五》虽提出"子"与"臣"应据"义"而谏,但并未提出"义"的权威来源。文本强调,这是离"基督上帝"最近的一次认知,可惜《谏诤章第十五》只指出"义"出自于"子"与"臣"的主观认知,而非受"上帝"启发。⑤ 此处的典籍解读显然是据基督教视域为参照。不仅在《孝经注疏》中,在其他各种典籍中亦多见这种参照视域的显现及类似

---

① Faber, Ernest, "A Critique of the Chinese Notions and Practice of Filial Piety", *CR*, Sept.-Oct., 1878, p.343.
② Faber, Ernest, "A Critique of the Chinese Notions and Practice of Filial Piety", *CR*, Nov.-Dec., 1878, p.407.
③ 同上。
④ 同上文,第406页。
⑤ 同上文,第412页。

批评话语,彰显中国文化与基督教文化这种"虽近在咫尺而未至通透"的遗憾!此外,认知文本指出,《谏诤章第十五》与《孝经》前文有明显矛盾,前文一直强调"父"与"君"的绝对权威,"子"与"臣"的无条件服从。在《谏诤章第十五》中,认知文本探讨了"孝"与"义"及"仁"的符号关联,继续建构"孝"伦理的符号系统:孝、爱、敬、忠、顺、仁、义。

综上分析,我们发现,福柏通过《孝经注疏》的文本释读,试图通过梳理"子"的伦理规约,修辞建构以"子-父"为核心的家庭伦理系统,据此进而建立"臣"的伦理规约,修辞建构以"臣-君"为核心的政治伦理系统。"父-子"与"君-臣"两对社会角色的符号关联,在认知文本的系统建构中,重构为"子-父"与"臣-君"两对伦理角色的符号关联,由此建立"孝"伦理的二维语域:家庭血缘与社会政治。前者强调家庭血缘的伦理关系,后者建构社会政治的伦理关系。前者是伦理认知的基础,后者是伦理认知的延展。换言之,中国伦理的本质是血亲伦理,而社会伦理则是血亲伦理的修辞性生成与扩展。这也许可以解释,中国社会交往中喜欢通过"称兄道弟"而把社会关系"血亲化",通过"觥筹交错"而把社会关系"家庭化",并进而建立社会个体之间的相互信任与归属认同,至今如此。

(三)"孝"伦理的意象呈现:文本逻辑与结构范式的修辞误读

《孝经注疏》的认知文本包含了一明一暗两个释读结构:以典籍释读的文本呈现为明,以伦理系统的结构呈现为暗。在典籍释读及其跨文化呈现中,我们可以看到,诸多"误读"掺杂其间,或主导认知话语的生成,或支撑认知文本的建构。视域错位、观照冲突、价值取向与认知动因,不仅合力生成"文化误读",而且悄然置换"伦理范式"。在认知文本的典籍阐释中,我们发现,"误读"非仅源于主体的认知不足,更多时候是缘于主体的建构需要:基督教伦理的普适化。当"误读"不再是认知的结果,而

第三章　近代西方认知中的"中国伦理"：关键词"孝"的广义修辞学阐释

成为阐释的起点时，"误读"不再仅是"错误信息"，而是成为一种跨文化传播的修辞手段，成为近代西方逐步实现西方价值普世化的重要言说工具。在明暗二维的阐释认知与修辞误读中，恩斯特·福柏的认知文本建构并传播"孝"伦理的修辞意象：世俗伦理的功利诉求，无法承继的宗教绝望。

1. 文本呈现与逻辑重构

恩斯特·福柏的《孝经注疏》研究文本由四个部分组成，即中文原文、原文英译、原著注疏的部分英译与作者评论。这不仅是认知主体的典籍研究之文本结构，而且也是许多《教务杂志》中国认知文本的结构形式。从文本修辞的视角来看，这种结构形式呈现了一种修辞意象：异域认知的科学性与严谨性。认知主体以文本形式的"科学与严谨"试图修辞喻示认知内容的"客观与真实"，喻示认知主体的"科学与严谨"态度。这种结构形式既符合接受过西方近代科学"洗礼"的文本读者的期待视野，亦符合西方主体性思想长期"浸淫"的文本读者的"先见视域"。从修辞接受的视角来看，文本的"理想读者"应是同时具有中英文语言能力的人。作为一种面向西方读者的英文刊物，《教务杂志》的目标读者显然只是精通英文的人，而非中英双语精通者。据此，大多数目标读者将以认知文本的英文内容为认知介体，原文与译文的结构完整性因此将被碎片化，英语译文的客观性与真实性成为无本之末，而只有"作者评论"部分才成为目标读者获取认知意象的真正介体。因此，认知文本的理想读者与传播刊物的目标读者之间的不一致，不仅阻碍了认知文本结构形式的修辞功能实现，也阻碍了认知文本信息内容的修辞传达。换言之，文本修辞的形式完整绝非意味文本修辞的功能完整，而文本修辞的功能"残缺"则必然导致认知内容的传达"残缺"。对于大多数目标读者而言，恩斯特·福柏的《孝经注疏》认知文本在内容上是"残缺"的，或只能依靠碎片读解并辅之以修辞想象，才能构建《孝经注疏》

近代西方认知中的"中国形象":《教务杂志》关键词之广义修辞学阐释

的"完整意象"。

在《孝经注疏》的阐释评述中,认知文本解构典籍的原文章节,修辞重构典籍文本的逻辑结构。在认知文本的阐释呈现中,《天子章第二》《诸侯章第三》《卿大夫章第四》《士章第五》《庶人章第六》与《纪孝行章第十》《五刑章第十一》《谏诤章第十五》主要建构"孝"伦理的实践系统,《孝治章第八》《圣治章第九》《三才章第七》建构"孝"伦理的概念系统,《广要道章第十二》《广至德章第十三》《广扬名章第十四》建构"孝"伦理的概念关联系统,《感应章第十六》《事君章第十七》《丧亲章第十八》建构"孝"伦理的形式转化系统。于是,在传播文本的认知呈现中,"孝"伦理的逻辑组成实际包含四个部分。(1)"孝"的实践伦理系统:"子"的不同社会阶层与"父"的不同生存境况;(2)"孝"伦理的概念系统:"孝-爱-敬-忠-顺"与"孝-仁-义-理-信";(3)"孝"伦理的关联概念系统:"孝-道","孝-德"与"孝-名";(4)"孝"伦理的形式转化:品行转化(谏诤之孝),宗教转化(祖先崇拜),政治转化(入世忠君)与习俗转化(丧祭礼仪)。通过伦理典籍的逻辑重构,认知文本呈现了"孝"伦理的文化特征:以"血缘关系"为核心价值的世俗伦理,以"子""臣"为核心主体的实践伦理。在认知主体看来,因为缺乏对终极真理的伦理追求,这种伦理只能处于停滞状态,无法自身进化到高级的宗教伦理。由于过度强调"子"与"臣"的伦理责任,排除"父"与"君"的伦理要求,使这种"自下而上"的实践伦理,极易沦落为一种"形式主义伦理",停留于理想之状态。

2. 以古讽今与范式转换

在《诸侯章第三》的释读中,认知文本指出,诸侯腐败的主因在于他们高高在上的"骄傲"与丰富物资的"奢侈"。这种"骄"与"奢"应通过伦理自律予以节制。认知文本强调,《诸侯章第三》并未指出这些行为与孝之间的关联,只是标题使用"诸侯之孝"而已。对此,认知主体猜测,"中国人认为过世的父母有能力干预后代的财富或灾难,诸侯必须节制其骄

第三章　近代西方认知中的"中国伦理"：关键词"孝"的广义修辞学阐释

奢,否则父母会蒙羞"①,诸侯会遭惩罚,因此提出"诸侯之孝"。综合恩斯特·福柏的其他晚清认知文本,我们似可作一大胆推测,认知主体注意到晚清统治者的伦理堕落及各种社会问题,借鉴中国文本的以古讽今修辞手法,据此反观典籍,从而在《孝经》解读中提出具有时代意义的观点,甚至对今天的社会依然有其反思借鉴意义。文本亦尖锐指出,诸侯对"骄""奢"的节制,非因"孝"而自生伦理自律,而是因畏惧祖先干预其财富与灾难而被迫自我强制。在《孝经注疏》的文本解读中,认知主体一再强调,"孝"伦理并非通过真正提高人们的伦理意识而实现伦理理想,而是通过迷信或物质威胁而进行伦理绑架。虽然认知文本有意无意以基督教伦理为参照视域,然而,我们亦不妨借鉴这种视域或观点进行中国伦理传统的反思,或可基于古代伦理典籍的重新阐释,生发具有现代意义的中国新伦理。

在《卿大夫章第四》解读中,认知文本并不着眼于《孝经》对"卿大夫"的具体言行规范,而是批评指出,中国社会的致命弱点是：循古例,守旧法。如其所言,"各时代各民族的下层人有一通病,善喜模仿高贵者之形象。然而,在中国,甚至言行都喜模仿古代圣人,导致中国社会的发展停滞"②。因为"循古例",中国人无法根据社会变化而变革求新,因为"守旧法",中国人不愿依据历史发展而探索创新。在《卿大夫章第四》的话语解读中,认知主体显然并不着眼于《孝经注疏》的传统阐释,而是以其近代西方的发展思维进行重新解读。对认知主体而言,典籍研究不应限于对中国伦理思想的追根溯源,而应立足于对近代中国社会状况的文化反思。立足近代中国的历史现状,从古代典籍中探究近代中国的社会病因,据此批判性反思中国的文化传统,就此而言,恩斯特·福柏实可称文

---

① Faber, Ernest, "A Critique of the Chinese Notions and Practice of Filial Piety", *CR*, Sept.-Oct., 1878, p.334.
② 同上文,第335页。

化批评的开拓先锋,难怪被誉为"19世纪最高深的汉学家"。这种古代典籍的阐释视角,迥异于清代流行的训诂之法,为精通英文的晚清知识分子开启了一种别有洞天的阐释空间。

在《三才章第七》的释读中,认知文本把"天""地""人"分别解读为"天之经＝国家规章""地之义＝国家权力""民之行＝百姓行为"①。同时,认知文本强调,"一个好的政府规章应按天行之道制定,……国家权力应是宽大慷慨,像大地生产万物一样,符合自然之道"②。认知主体亦赞同《孝经》所倡,"人民的行为不应通过外力强制,而应使他们自愿遵循宇宙之正道"③,因此,政府的首要职责是树立"个体典范"以教育人民。为此,认知文本修辞重构了《三才章第七》所隐含的伦理教育观念：(1)树立个体典范；(2)以"孝行"待亲；(3)呈现道德行为,避免争执,建立社会的和谐平静。认知文本认为,《三才章第七》最重要的思想是,使"宇宙之道"通过"人格化"成为伦理主体,成为统治阶级意志的传递中介,而不倡导统治意志直接转化成法律并强制执行。认知文本认为,《三才章第七》提供了"国家-政府的基本原则",据此奠定的原则深远而真实。这种"三才"释读显然是近代西方资本主义"三权理念"的跨文化修辞呈现,据此,认知主体完成了近代西方伦理对中国伦理的范式转换,而且埋下伏笔,若把"heaven"(天)改成"God"(上帝),新的意义生成系统即可轻易建构,中国的伦理系统亦可轻易转换成基督教伦理系统。

(四)"孝"伦理的实践质疑：道德垂范与美德扬名的修辞解构

在《孝经注疏》的释读评论中,认知主体发现,中国的"孝"伦理讲究

---

① Faber, Ernest, "A Critique of the Chinese Notions and Practice of Filial Piety", *CR*, Sept.-Oct., 1878, p.341.
② 同上。
③ 同上文,第342页。

第三章　近代西方认知中的"中国伦理"：关键词"孝"的广义修辞学阐释

"入世忠君"，社会地位与世俗位置越高越好。"孝"伦理的最主要世俗特征是：以"古法圣人"为伦理正义之来源，以"扬名后世"为伦理追求之归属。

在《广至德章第十三》释读中，认知文本认为，《孝经》虽以"圣人垂范"为"孝道之源"，实质把"为人子、为人弟、为人臣"的"孝、悌、忠"等"日常义务"上升为"伦理美德"，混淆"义务"与"伦理"的本质区别，在"日常义务"的"伦理化"过程中，降低了"伦理"的行为要求。文本批评指出，"行孝于内其化自流于外"虽强调圣人的道德垂范意义，但显然"过度强调了美德的影响作用"。① 认知文本指出，在中国的社会历史发展中，我们总能发现，民众对"罪""激情"与"自私自利"等一直持有反对之声，"中国历史有足够多的证据"证明中国典籍"高估了道德典范的影响作用"。②

在《广扬名章第十四》释读中，认知文本认为，《孝经》在此清晰表述了儒家学者的伦理目的：扬名后世。据此，文本批评指出，许多很有德行的人一辈子过着穷困潦倒的生活，并未获得《孝经》作者的认可。文本指出，"虽然我们并不赞成以扬名后世为伦理目标，但必须承认，尽孝尽忠是一种获取名誉的方式，因为我们常常忽略自己身边的责任义务"，然而，实际上只有极少有名之士以这种"最荣誉的方式"获得荣誉。③

针对"孝"伦理的世俗本质，认知文本强调指出，所有人类福祉都需"高等力量"的佑护，"幸福源泉在于天地之灵"。④ 然而，在认知主体看来，《感应章第十六》虽强调"祖先魂灵的佑护"，试图建构"孝"的宗教伦理意义，但"祖先魂灵"却似乎担当了天地神灵与活人之间的"介体"。中

---

① Faber, Ernest, "A Critique of the Chinese Notions and Practice of Filial Piety", *CR*, Nov.-Dec., 1878, p.410.
② 同上。
③ 同上文,第411页。
④ 同上文,第414页。

国人不相信天父,无法直接获取上帝的启示与祝福,于是转向崇拜"死人",这是祖先崇拜的真正原因。文本批评指出,在中国文化里,似乎预设了所有祖先魂灵的自由而幸福的状态,并无任何一个祖先因其生前恶行而遭受惩罚,显然这是一种存在伦理矛盾的想象或幻觉。在祖先崇拜中,祖先的品行被完美化,地位被神化。近代西方常常通过抨击这些伦理矛盾而攻击中国的传统文化及祖先崇拜。

在《丧亲章第十八》释读中,文本批评指出,"中国人尽管相信父母去世后会转化成魂灵永远存在,但这些魂灵只能享用后代的祭祀,此外并无任何其他的归属,因此,中国的丧亲哀痛是一种绝望的哀痛"。①《丧亲章第十八》与《孝治章第八》都未指出人死后的存在状态与存在位置,在中国文化中,父母死后,既不在天堂,亦不在地狱,而是在某个介于两者之间的中间状态,更像古希腊的"爱丽舍乐园"。文本指出,表面上,子女为父母寻找一个合适的墓地是一种"尽孝"的表现,但因为好的墓地更多是强调风水,强调对后代的影响,所以,这种"孝行"实际是一种自私自利的行为。此外,文本也指出,中国人祭祀祖先时,祭品的重要性似乎并不在"缅怀先祖",而是在于参加者的"口腹之需","祖先只能闻闻味道"而已。② 在《孝经注疏》的解读批评中,认知文本以基督教伦理为参照视域,呈现了一种"宗教绝望与世俗功利"的中国伦理意象。

二、《曾子》:"孝道"的理据认知与"孝行"的系统建构

认知文本的研究对象主要是《曾子》前五章与《大戴礼记补注》,均出自《皇清经解》。与前文《孝经注疏》的释读模式相同,《曾子》的释读包括原文引载、典籍英译、注疏英释与作者评述四个部分。《曾子》五章即《大

---

① Faber, Ernest, "A Critique of the Chinese Notions and Practice of Filial Piety", *CR*, Nov.-Dec., 1878, p.417.
② 同上文,第418页。

第三章 近代西方认知中的"中国伦理":关键词"孝"的广义修辞学阐释

戴礼记》第49章至第53章,各章标题系曾子门人所加。《大戴礼记补注》系孔广森(1752—1786)所撰,是对北周(557—581)卢仆射所注《大戴礼记》的补注。恩斯特·福柏误以"卢仆射"为经学家卢辩(字景宣,曾任"右仆射")之名。"注疏英释"主要以孔广森注疏为主,间或添加认知主体与其他典籍的释解。"作者评述"是"曾子伦理"认知呈现的最主要部分。在这里,认知主体不仅陈述其观点看法,而且引进西方基督教伦理观念,形成文本表层与深层的二维比较,既呈现中国伦理认知,又凸显基督教伦理优势,使文化比较成为认知文本的主要修辞建构方式。

(一) 典籍释读的标点断句与修辞认知

认知文本指出,"中国批评家似乎都认为,这十章系曾子亲自撰写"[1],若实为"亲自撰写",那么《曾子》第一到第五章则表述了曾子的伦理思想。此处"似乎"之语,实际表述了认知主体的质疑,成为后文分析中的假设,亦隐含"孝"伦理的理据"不确性"。以此"似乎"之语,为"孝"伦理的修辞性解构埋下一个前提伏笔。在认知文本的《曾子》释读中,我们发现,主要存在两个问题:一是标点断句,二是释读翻译。标点断句与释读翻译都直接呈现对曾子伦理的认知,影响接受主体的认知接受。

标点断句,是古代典籍释读认知的基本问题。在释读的五章中,只有《曾子立事》章以标点断句,其他四章未断。现已无从知晓《曾子》释读的标点断句是恩斯特·福柏所为,还是借鉴同时期其他研究者所为。但就释读翻译而言,这种标点断句直接影响了认知主体的曾子伦理认知。经比较,认知文本的原著引文与现行刊行本《大戴礼记补注》(孔广森,中华书局,2013年)的标点分句主要有四处不同。考虑到字数不多,为说明

---

[1] Faber, Ernest, "A Critique of the Chinese Notions and Practice of Filial Piety", *CR*, Jan.-Feb., 1879, p.11.

近代西方认知中的"中国形象":《教务杂志》关键词之广义修辞学阐释

释读差异问题,特抄录如下(福柏所引文以"CR"为记,现行刊本文以"XK"为记),并予以简析:

XK 1:君子既学之,患其不博也;既博之,患其不习也;既习之,患其无知也;既知之,患其不能行也;既能行之,贵其能让也。君子之学,致此五者而已矣。①

CR 1:<u>君子既学之患,其不博也,既博之患,其不习也,既习之患,其无知也,既知之患,其不能行也,既能行之,贵其能让也,君子之学,致此五者而已矣。</u>②

例1的断句关键在于"患"字。在XK1中,以"患"为动词,强调"君子之学"的五种要求,即"学""博""习""知""行"。以"患"为逻辑递进条件,强调"君子之学"应避免"不博""不习""不知""不能行""不能让"。此断句,既强调"君子之学"的肯定性要求,又强调其否定性要求,是一种双向强调。在CR1中,以"患"为名词,只强调"君子之学"的否定性要求,即"不博""不习""不知""不能行""不能让"。从整段结尾句"君子之学,致此五者而已矣"来看,肯定性要求应是重点所在。

XK2:君子博学而孱守之,微言而笃行之,行必先人,言必后人,君子终身守此悒悒。③

CR 2:<u>君子博学,而孱守之微,言而笃行之,行必先人,言必后人,君子终身,守此悒悒。</u>④

在例2句中,根据XK2的断句,曾子此语应理解为,君子博学,但应谨慎守专,少说话,但应专心施行。在这里,"而"具逻辑递进之构句功

---

① 孔广森:《大戴礼记补注》,中华书局,2013年,第85页。
② Faber, Ernest, "A Critique of the Chinese Notions and Practice of Filial Piety", *CR*, Jan.-Feb., 1879, p.12.
③ 孔广森:《大戴礼记补注》,中华书局,2013年,第85页。
④ Faber, Ernest, "A Critique of the Chinese Notions and Practice of Filial Piety", *CR*, Jan.-Feb., 1879, p.12.

第三章　近代西方认知中的"中国伦理"：关键词"孝"的广义修辞学阐释

能,因此话语的意指重点在于"屡守之"与"笃行之",此亦是比"博学"与"微言"更高的品行要求。在 CR2 中,认知文本的英文解读是:"君子学习广博并观察细微;君子言语与行为都率直客观。"①此断句释读,显然都以"君子博学"为主体,以"而"建立并列关系,话语的意指在"博学""屡守之微""言"与"笃行",并无突出意指。

　　XK3:行无求数有名;事无求数有成。身言之,后人扬之;身行之,后人秉之。②

　　CR 3:行无求数,有名事无求数,有成身言之,后人扬之,身行之,后人秉之。③

在 XK3 中,此语应解读为,行动不求立即有名声,做事不求立即成功。自身说了话,为后人所称颂;自身做了事,为后人所秉持。话语强调君子在行为方面不追求立即成效,而是追求长久的名声,是对"君子之名"的阐释。在 CR3 中,认知文本的英文翻译是:"在行动中,不立即追求名声;在做事中,不匆忙寻求完美。说完后,人们会传诵;他做完后,人们会去模仿。"④话语强调君子在行为上不应匆忙,因为名声自会传播。

　　XK4:君子不绝小,不珍微也,行自微也不微人。人知之则愿也,人不知,苟吾自知也。⑤

　　CR 4 君子不绝,小不珍微也,行自微,也不微,人人知之,则愿也,人不知,苟吾自知也,君子终身守此勿勿也。⑥

---

① Faber, Ernest, "A Critique of the Chinese Notions and Practice of Filial Piety", *CR*, Jan.-Feb., 1879, p.12.
② 孔广森:《大戴礼记补注》,中华书局,2013 年,第 85—86 页。
③ Faber, Ernest, "A Critique of the Chinese Notions and Practice of Filial Piety", *CR*, Jan.-Feb., 1879, p.13.
④ 同上。
⑤ 孔广森:《大戴礼记补注》,中华书局,2013 年,第 85 页。
⑥ Faber, Ernest, "A Critique of the Chinese Notions and Practice of Filial Piety", *CR*, Jan.-Feb., 1879, p.13.

近代西方认知中的"中国形象":《教务杂志》关键词之广义修辞学阐释

在 XK4 中,此语应解读为,君子不因善事微小而不做,隐匿自己善行但不隐匿别人善行。别人知道你的善行,就随别人所愿;如果别人不知道你的善行,那就只要自己知道就行了。话语的强调意指在于"君子行善不绝微小"。在 CR4 中,认知文本的英文翻译是:"君子既不破坏也不杜绝小事(也不去证明)。在实践时,他以自认微小,而不认为他人微小。如果他人理解,那是他的愿望,如果他人不理解,我只要自己理解。"① 显然,CR4 的解读强调君子自我认可之事,而 XK4 则强调善事与善行,两者的解读焦点不同。

除标点断句问题外,认知文本中亦存在部分英语误译的问题。如对《曾子本孝》的释读中,"孝子之使人也,不敢肆行,不敢自专也。父死,三年不敢改父之道。又能事父之朋友,又能率朋友以助敬也",认知文本的英语解读是:"儿子要保持对父母的依赖;没有父母同意他不能做任何决定,而且要把荣耀归于父母。"② 这明显是一种文化误读,把"孝子"修辞建构成一种"既不能独立亦无法做决定的无能儿子"的形象。

通过以上比较分析,我们发现,典籍古文的标点断句是导致近代西方溯源认知的最大障碍。在中国古文模糊的释读中,认知主体往往更易倾向选择自己的主体文化视角而进行主体性认知,如例 2 的释读:"君子学习广博并观察细微;君子言语与行为都率直客观。"如果删除"君子",显然更像圣经对基督徒的要求,与后文中的"改造中国伦理"观念相一致。

(二)"孝道"的理据认知与伦理批评

认知文本认为,《曾子立事》章主要论述"君子之道",强调个体修养

---

① Faber, Ernest, "A Critique of the Chinese Notions and Practice of Filial Piety", *CR*, Jan.-Feb., 1879, p. 13.
② Faber, Ernest, "A Critique of the Chinese Notions and Practice of Filial Piety", *CR*, May-June, 1879, p. 165.

第三章　近代西方认知中的"中国伦理":关键词"孝"的广义修辞学阐释

的种种注意事项。虽然既未谈论"孝行"规约,亦未论述"孝"伦理的分类定义,然而,就其内容的本质而言,这是《曾子》十篇的基本核心,亦是曾子伦理的理据所在。在《曾子立事》中,认知主体主要关注"孝道"的伦理理据,并以基督教伦理为参照,对"孝"伦理进行了理据批评。

1. "孝道"的理据认知

认知主体认为,《曾子立事》章呈现了曾子伦理思想的基本框架,伦理论述极佳,但完全是一种理想伦理,而非实践伦理。曾子特别强调个体内心本性的道德提升,要求人们"超越其本性",使自己成为"心与身以及周围所有一切的主人"。① 就此,认知文本认为,这些伦理内容显然源自人类的伦理想象,是一种缺乏造物主启示与恩典的自我道德提升。在认知主体看来,《曾子立事》章的基本文本特点是:(1)人类理想伦理的最佳表述;(2)文句朴实,道理平实,伦理命题重要,伦理观照获普遍认知;(3)强调个体道德思想的决定作用,提倡通过增加个体道德修养提升个体道德表现,间接批评曾子之前的伦理形式主义倾向。为强化曾子伦理的特点,认知文本专门以脚注形式阐释这种认知:

> 孔子与儒家学派提倡博学,但强调学有所用,即学习内容的社会实践价值;他们从不提倡纯粹的学习或者科学研究,但鼓励普通人要多学习,尤其是政府官员,这或许可称为一种政治伦理。但《曾子》提倡个体的伦理修养,在《曾子立事》中,我们可以了解这个特点。②

在这段脚注中,认知主体强调了儒家伦理的两个特点:(1)重视学习的实际价值,不重视科研;(2)重视政治伦理,而忽略个体修养。据此,认知文

---

① Faber, Ernest, "A Critique of the Chinese Notions and Practice of Filial Piety", *CR*, Mar.-Apr., 1879, p.94.

② Faber, Ernest, "A Critique of the Chinese Notions and Practice of Filial Piety", *CR*, Jan.-Feb., 1879, p.12.

近代西方认知中的"中国形象":《教务杂志》关键词之广义修辞学阐释

本再次凸显了《曾子》的独特伦理价值:强调个体的伦理修养与学习精神。

认知文本认为,曾子并未像孔子其他弟子那样着眼关注"孝"的传统形式或纯粹的外在表现,而特别强调个体心灵的道德升华,强调伦理行为应是高尚心灵的自然外显。在认知主体看来,这正是"孝道"的理据所在,是曾子伦理的独特之处与价值所在。然而,认知文本强调,离开基督上帝的"神启"与"恩典",人无法摆脱自己与生俱来的"原罪",亦无法"超越本性"。认知文本指出,作为一种世俗伦理,"孝"伦理具有可贵的"人文力量",有助于帮助大众"脱离物质崇拜的泥沼"。"孝"伦理反对物质主义,但又避免走向道家的"精神极端",亦远离佛教的"抽象极端"。据此,儒教可以成为基督教的"最有价值的同盟"[①],以共同面对物质主义与无神论对人类的侵袭。

2. "孝道"的伦理批评

在曾子伦理的认知中,认知文本引进基督教伦理,以之为参照,针对曾子的伦理理据,进行了多视角的分析与批评。认知文本指出,"孝"伦理的起源机制在于人的"自然本性"的自我提升要求,这种伦理基础不仅薄弱,而且实际是"违背人性"的,是一种"理想伦理",而真正的伦理基础应是"造物主",即"上帝"。因此,基督教"通过使人回归其起源、回归良好品德及能力之源头",提供更深厚的伦理生成基础,这样开出的"道德之花"与结出的"道德之果"都远高于纯粹基于自然人性而获得的"最好伦理"。[②]

认知文本指出,曾子伦理虽然很好,但只停留于典籍文本,而非铭刻

[①] Faber, Ernest, "A Critique of the Chinese Notions and Practice of Filial Piety", *CR*, Mar.-Apr., 1879, p. 94.

[②] 同上文,第93页。

第三章　近代西方认知中的"中国伦理":关键词"孝"的广义修辞学阐释

在人们心里,是没有生命的伦理理想。基督教伦理教义则比这种"异教徒"的伦理教义高贵得多,因为基督徒的伦理行为所展现的是"一种新的生活""一种对堕落人性的胜利""一种天国圣性的证明"与"一种上帝子民的行为"。① 据此,我们亦可知,西方基督教伦理的功能期待是,改变我们人性的"堕落本质",给人性增添"天国圣性",其伦理的逻辑出发点是"人性本恶",即"原罪"。中国传统伦理则常常强调恢复自然人性,剔除社会赋予人性的机巧功利之心,其出发点是"人性本善"。

在《曾子立事》章的释读中,认知文本不仅比较了中国"孝"伦理与西方基督教伦理的区别,而且深入到伦理的起源问题。在认知主体看来,中国"孝"伦理生成于"自然人性"的自我提升要求,而基督教伦理则源于造物主,基督教伦理显然比中国"孝"伦理具有更深厚的基础与实践可能性。正是在与曾子伦理的比较认知中,认知文本突出呈现了基督教伦理的先进性、实践性与宗教神圣性。

(三)"孝行"的规约认知与系统建构

如果说《曾子立事》章主要论述了"孝道"理据,那么《曾子》的第二至第五章则陈述了"孝行"的规约系统。前者聚焦于伦理的理论建构,后者侧重于行为规约的系统建构:"忠""爱""礼""敬""规劝"。

1. "孝行"的规约认知

在《曾子本孝》章中,认知文本主要关注曾子"孝行"规约的核心概念:"忠"。"忠者其孝之本也",曾子以"忠"为伦理核心,重新梳理并建构所有重要的伦理概念,包括仁、义、礼、智、信。曾子伦理以"忠"作为首要与最重要的伦理标准,考察与检验伦理个体的"孝行"。认知文本指出,

---

① Faber, Ernest, "A Critique of the Chinese Notions and Practice of Filial Piety", *CR*, Mar.-Apr., 1879, p. 94.

近代西方认知中的"中国形象":《教务杂志》关键词之广义修辞学阐释

《曾子》大部分内容虽然只是一些拼贴或零散的句子,但细察之下,仍可看出一些端倪,"实践图谱隐约可见"。① 认知主体指出,曾子并未给出"忠"的文献学阐释,而是通过强调以下日常语境,试图予以伦理语义的自证自明:

(1) 年轻时的行为与言语,如"不登高,不履危,卑亦弗凭;不苟笑,不苟訾,隐不命,临不指"。

(2) 居家与出外时的行为,如"居易以俟命,不兴险行以徼幸","险途隘巷,不求先焉,以爱其身,以不敢忘其亲也"。

(3) 受雇与雇人时的行为,如"出门而使,不以或为父母忧也","孝子之使人也,不敢肆行,不敢自专也"。

(4) 孝行的阶段性表现:①伦理追求、顺从与节制,如"以正致谏""以德从命";②认可更高权威,如"能事父之朋友";③在父母生、老、死的各个阶段都能尽孝,如"生则有义以辅之,死则哀以莅焉,祭则莅之以敬"。②

在认知主体看来,"忠"作为"孝之本",实质强调"孝子"的各种言语行为要以"父母"为念。显然,在曾子伦理中,"忠"与"孝"是同一行为的两面,"忠"为本,"孝"为形,内心为"忠",外显为"孝"。"忠孝"是曾子之"孝"的完整语义,而非后世常言的"忠孝不能两全"。在日常生活语境陈述中,"忠"的伦理语义并未能真正自证自明,此一呈现再次证明了中国伦理概念的模糊性。

认知文本认为,《曾子本孝》强调"忠",其实即"爱",是伦理动力。③ 没有"爱",不可能有"孝行"。从"忠为孝之本"中,认知主体推衍出

---

① Faber, Ernest, "A Critique of the Chinese Notions and Practice of Filial Piety", *CR*, May-June, 1879, p.166.
② 同上。
③ 同上文,第169页。

第三章　近代西方认知中的"中国伦理"：关键词"孝"的广义修辞学阐释

"爱为孝动力",一种典型的西方基督教伦理的推衍方式。在"居易以俟命"的释读中,"俟命"被修辞解读为"听天任命也"。① 认知主体似乎有意把"天"纳入"孝行"的规约系统。这个修辞解读似乎暗示,"孝"伦理的理据本源并非纯粹"人自性",而亦具有"天自性",如同基督教伦理的"上帝生成性",只是被后世儒家学者所忽略。

2. "孝行"的系统建构

认知文本认为,《曾子立孝》特别强调"礼"的调节功能。"礼"在"孝"的言语与教导中都具有重要作用。"敬"是"礼"的构成要素,"爱"是"忠"的本质特征,而"敬"与"爱"相容于"礼"。若无"礼",则"忠"与"爱"都将失去伦理价值②,这正是孔子与儒家高度重视"礼"的原因。认知主体认为,与孔子不同,曾子主要强调了"礼"的伦理意义,而子张与子夏则完全走向了形式主义。至此,认知文本建构了曾子"孝行"的规约系统："忠"——孝行之本,"爱"——孝行之动力,"礼"——孝行之调节。

认知文本指出,《曾子大孝》建构了详细的"孝行"规约系统,主要包括三种"孝行"、五种"不孝",并以"孝"为核心重构了九个伦理概念。三种"孝行"是：(1)尊亲；(2)不辱；(3)能养。以"能养"为基本,以"尊亲"为圆满,从中衍生出对父母尽孝的五种状态："养""敬""安""久""卒"。曾子特别强调,奉养父母不仅应提供物质保障与行为帮助,更重要是奉献"孝心",蓄"敬""爱"于"孝行"之中。五种"不孝"行径是："不庄""不忠""不敬""不信""不勇"。如果"孝子"有这五种"不孝"行径,那么很容易招致灾难,伤害自身,让父母蒙羞。另外,认知文本发现,曾子重构了主要的伦理概念,认为"仁、义、忠、信、礼、行、强、乐、刑"都应以"孝"为核心,这些伦理行为是"孝行"的外在实现。

---

① Faber, Ernest, "A Critique of the Chinese Notions and Practice of Filial Piety", *CR*, May-June, 1879, p. 164.
② 同上文,第169页。

认知文本发现,《曾子大孝》章提到:"不为诸侯牺牲生命或毁损身体是正当的,为公共事务而受到伤害或陷入危险也是不孝,都应谴责。"①这与《孝经》显然有矛盾:一方面要求对"国君"尽"忠",另一方面强调爱惜身体。显然,如果过分爱惜身体,就没有人为国尽力了。认知文本认为,也许正因如此,《曾子》十篇没有被汉朝儒家学者编撰进《礼记》,因为他们感觉到了这些"教义"所具有的公共伦理破坏性。认知文本特别指出,《曾子大孝》章中的"草木以时伐焉,禽兽以时杀焉"显然并未被中国人接受,否则中国的山林就不会到处满目疮痍了,"衷心希望中国人在尽孝时,多关注森林与绿化"②。

在《曾子事父母》章,认知文本指出,这章的标题应改为《曾子事父兄》,因为文本里面并无论述"事母",而有很多内容论述"事兄"与"事弟"。认知主体认为,《曾子事父母》章两个特点,一是论述"规劝之道",二是论述"兄弟之道"。在谈论"规劝之道"时,曾子不仅建构了"顺从"与"规劝"之间的关联,而且也提到规劝的限制性规约,包括重复规劝的次数。同时,典籍亦指出"规劝"最重要目的是,使父母远离邪恶,而非为"达善",所以为人之子在规劝之后,不要争执,更不要在父母面前显示优越性。

(四)作为修辞的比较:"孝"的理据认知与基督教的伦理彰显

恩斯特·福柏的《曾子》研究,表面上是对"孝"伦理的理据溯源,但实际是"孝"伦理与基督教伦理的跨文化比较。在"作者评述"部分,认知主体大量引进基督教伦理的价值观念,使曾子伦理的"孝道"与"孝行"认知完全置于基督教伦理视域下。在认知文本中,"我们"与"他们"、"基督

---

① Faber, Ernest, "A Critique of the Chinese Notions and Practice of Filial Piety", *CR*, May-June, 1879, p. 174.
② 同上。

第三章 近代西方认知中的"中国伦理":关键词"孝"的广义修辞学阐释

徒"与"中国人"等字眼经常成对出现于句中,并不试图掩饰"孝"伦理认知的主体性意识。相反,认知文本似乎有意识地强化认知对象的客体性,建构中国伦理的他者性。

认知主体认为,近代科学具有明显的反基督精神与无神论特征,而且它会以自己的方式一步一步进入中国,大部分中国人将高兴地接受无神论观点,"中国的伦理状况会变得比现在更糟糕"①。近代科学具有的伦理破坏性是基督教伦理与"孝"伦理所共同面对的,因此,如果基督教伦理与"孝"伦理结为同盟,将是一个值得赞赏的观点,尤其在目前中国面临危机时。在曾子伦理的认知中,认知主体隐约提出了"科学与伦理的二律背反"问题,虽然这是站在基督教立场所表达的担忧,但实际是一种非常有前瞻性的思考。认知主体的这个识见,充分说明他对"孝"伦理的认知绝非停留于文本表面所显示的典籍分析与历史溯源。在认知过程中,一方面试图改造中国伦理,使中国伦理基督教化,另一方面也在思考对抗近代科学的反基督精神与无神论观念。就此而言,认知主体的《曾子》研究具有双重的认知目的。

在评述中,认知主体不仅陈述"孝"伦理的理据认知,亦具建构接受主体的修辞意识,在认知文本的许多地方与接受主体展开了"直接对话"。认知主体指出,虽然《曾子》表述了高尚的伦理自律要求,但基督徒传教士应特别注意自己的日常行为,应在"异教徒"中国人面前展现更高尚的基督教伦理,因为"中国人会根据自己的真、善、义的观念进行判断",会认真观察基督徒的一言一行。当然,这也是基督徒"呈现高贵的基督教伦理品质的好机会"②,呈现上帝"恩宠"的好机会。认知文本提醒,在中国要时刻维护"耶稣仆人"的形象,这样才能承受中国最严厉的

---

① Faber, Ernest, "A Critique of the Chinese Notions and Practice of Filial Piety", *CR*, Mar.-Apr., 1879, p. 95.
② 同上。

伦理批评。

认知文本指出,必须尽最大努力破除中国人的"傲慢"与"自负",应该把他们所信奉的经典的"无效与缺陷之处"呈现给他们看,应该启蒙他们的思想以根除那些根深蒂固的迷信。① 为此,认知主体建议,中国伦理的改造,必须"去除中国伦理的理想形式,以基督教为基础构筑更高的堡垒,增加永生与幸福的信条"②。在批判"孝"的伦理理据与"孝行"系统中,认知文本凸显了基督教伦理理据的文化先进性与宗教神圣性,从而彰显了西方基督教伦理。这实际是近代西方中国伦理认知的根本目的:以基督教伦理为武器,启蒙与改造中国伦理的价值观。

三、"孝"的合法性质疑:典籍文本的消解与观念体系的颠覆

在长文《孝的中国观念与实践之批判》中,德国汉学家恩斯特·福柏在系统完整地分析了《孝经注疏》之后,开始进入"相关背景介绍"(Some Introductory Matter)部分,以《孝经义疏》与《御制孝经衍义》等典籍文本为梳理对象。此时,除简单介绍典籍的章节大意与主题内容等外,认知文本注意力聚焦于关键词"孝",包括概念语义的历时变化、伦理体系的逻辑结构、实践系统的功能批评等。显而易见,认知文本的字里行间充斥种种中国伦理认知的修辞性推衍,话里话外充满了主体视域对中国伦理"合法性"的质疑。当我们深入认知文本的修辞建构,揭开认知文本的"合法性"质疑面纱,我们可以看到,近代西方的中国伦理认知的真正动力源泉:近代西方不断增强的主体意识与基督教价值观的"普适性"自信。

---

① Faber, Ernest, "A Critique of the Chinese Notions and Practice of Filial Piety", *CR*, Mar.-Apr., 1879, p. 94.
② 同上文,第95页。

第三章 近代西方认知中的"中国伦理":关键词"孝"的广义修辞学阐释

(一)典籍文本的历史合法性消解

在"相关背景介绍"部分,恩斯特·福柏首先表述对典籍文本《孝经》的起源承继之疑,继而呈现了"孝"的多元语义现象与伦理原则的神话起源假说。通过质疑伦理典籍的存在历史、核心概念的伦理语义与基本观念的超验来源,认知文本试图消解典籍文本的历史合法性,从而消解"孝"伦理的存在合法性。

1. 典籍文本的起源承继与经典消解

认知文本一开始,首先提出《孝经》的作者之谜:"关于《孝经》的作者,中国研究者之间有不同看法。通常曾子被认为是文本作者,孔子被认为是内容作者。"①接着,认知文本指出,关于文本作者有种种争议,汉代虽有11种不同文本谈论《孝经》,但并无一记载孔子时代至汉朝的阐释者,"授受无绪"成为《孝经》与其他许多典籍的共同特征。而后,认知文本指出,根据文献记载,现存流行的《孝经》实际有两个版本,即今文本与古文本,前者源于颜芝,后者源自刘炫。两个版本一直争论不休,《隋书》认为古文本是伪作,今文本共1903字,古文本共1872字,不同之处近400字。综上,认知文本实际呈现了《孝经》的三个存在合法性问题:典籍作者无定,承继"授受无绪",版本真伪难辨。

福柏认为,"典籍传承的缺损致使一些批评者质疑《孝经》的权威性",②但他也无足够证据判断《孝经》作者,不过他倾向于认为是孔子与曾子之外的其他人。《孝经》作者的悬而未决,历史承继的"授受无绪",流行版本的真伪难辨,均非小事,实际上使这部伦理典籍成为一个既无"起源",又缺"过程",亦无"现状"的"三无"文本,其"经典性"被彻底消

---

① Faber, Ernest, "A Critique of the Chinese Notions and Practice of Filial Piety", *CR*, Jan.-Feb., 1879, p.1.
② 同上。

解。认知文本的质疑话语,不仅提出了典籍文本的历史起源问题、历史传承问题与历史存在问题,而且引发了"孝"伦理的历史合法性问题。当最核心、最权威的典籍本身的历史存在成为一个悬疑时,中国伦理的历史合法性也必然是一种悬疑。认知文本所呈现的"典籍之疑"修辞建构了一种中国伦理的认知意象:"摇摇欲坠"或"莫须有"基石上的伦理"大厦"。

在认知文本的研读中,笔者发现,认知主体的历史质疑绝非知识性疑问,而是一种文化性拷问,既以质疑建构认知对象的修辞意象,亦以质疑参与认知文本的建构铺陈。当质疑成为异域文化的认知起点时,认知主体不仅开启了异域认知的想象视窗,为认知主体的修辞建构提供了潜在可能,而且为主体文化开启了填补空间,为认知主体的先见视域创造了与认知对象的链接可能。在近代西方的中国认知中,质疑不仅是异域认知的开启,更多时候则成为认知概念的衍义生成起点,成为认知文本的修辞建构方式。

2. 概念语义的多元存在与权威消解

除了质疑《孝经》典籍的起源承继,认知文本梳理多种相关文本,通过呈现关键词"孝"的多元语义,修辞性地质疑"孝"的符号所指,从而企图消解"孝"的符号能指。

首先,认知文本选择性引摘了《孝经义疏》(阮福)中"孝"的语义考证:(1)《说文》中,"孝"指"善事父母,承老之子";(2)《尔雅》中,"孝"指"善待父母者";(3)《孝经》中,"孝"即"畜＝养"[①];(4)《大戴礼》中,"孝"乃"德之始"也,其后为"弟""信""忠"[②]。通过"孝"的语义考证,与前文《孝经》的概念呈现一起,认知文本似乎有意修辞建构一种"流动性概念"意

[①] Faber, Ernest, "A Critique of the Chinese Notions and Practice of Filial Piety", *CR*, Jan.-Feb., 1879, p.3.
[②] 同上文,第4页。

第三章　近代西方认知中的"中国伦理"：关键词"孝"的广义修辞学阐释

象,呈现语义、义位与所指的"流动性",呈现概念的历时"流动"(各个时代不同语义认知)与空间"流动"(各个领域不同语义呈现)状态。在伦理概念的多元语义"并存"中,"孝"伦理的权威性实际被悄然消解。根据认知文本的概念语义阐释,认知接受主体亦无从知晓"孝"的正确或权威语义。

据认知文本统计分析,《孝经》使用语词"不敢"共 9 次,强调保存个体身体,并以之为"孝"的核心内容;使用"敬"字共 22 次,该词源于"苟""支""警"等,其认知语义出自"夙夜警戒曰敬"句,强调内心深处"不敢怠逸放纵也",而非通常所解的"心中恭敬之义"。文本亦指出,孔子强调"庶人之孝不过谨身节用以养父母而已",孟子则认为"仁之实事亲也","五种不孝"实指"皆言不顾父母之义"。① 这些分析实际都在试图表述,核心概念"孝"与"敬"在起源上并不具有统一确定的伦理语义,《御制孝经衍义》等书所释的概念语义实际是后代注疏增补所生成之"衍义",近代中国格外强调的"孝"伦理实质是后代因政治需要而精心建构的一种"修辞幻象"。

3. 伦理核心的超验生成与理性消解

在呈现了伦理概念的多元语义后,认知文本亦特别探究了"孝"的伦理观念的历史起源。为此,认知文本引载了《皇清经解》中的词源考证:(1)"孝"字初次出现于《尧书》,据说舜曾言"克谐以孝",即以孝道维持与其父母弟的和谐,这是最早的文字记载;(2)"孝"字据说形成于黄帝时期,但在尧舜时期变得更重要,成为一个基本观念。认知主体认为,《皇清经解》这种考证实际是为了说明,早在中华民族形成之初,"孝"已经成为一个基本理念。然而,根据西方的中国历史认知(第四章详述),中国的"三皇五帝"与"尧舜禹"时代其实是一个神话时代,并不是真正的历史时代。因

---

① Faber, Ernest, "A Critique of the Chinese Notions and Practice of Filial Piety", *CR*, Jan.-Feb., 1879, p.4.

此,"孝"伦理的源远流长与天经地义,实际是中国人通过各种"不可考证"的"神话"与后代诸多学者的注疏增补所进行的历时性修辞建构。

认知文本引证"孝"的观念起源,并非仅为批判"孝"观念在发生起源意义上的"神话色彩",而实际是为呈现中国伦理的"超验生成"问题,从而彰显基督教伦理的宗教优越性。在近代西方的伦理认知中,宗教既是伦理行为的逻辑起点,亦是个体存在的伦理归属。宗教是伦理密不可分的言说语境与价值归属。当恩斯特·福柏在中国古代的伦理典籍中寻找"孝"伦理的宗教语境时,既无法找到伦理观念的宗教起源,亦无法找到伦理价值的宗教归依,以及世俗的"父"与"君",以及基于"血缘偏见"的"死人崇拜"。我们发现,在认知主体看来,没有宗教支撑是"孝"伦理最大的"存在合法性"问题,无论是社会净化价值还是个体灵魂归依,"孝"既无法提供其实践功能的证明,亦无法提供概念体系的逻辑。在"孝"伦理的近代西方认知中,认知主体的伦理观照习惯不仅支撑着对异域伦理的主体评价,而且亦决定客体伦理的价值消弭与主体伦理的自我彰显。在认知文本中,恩斯特·福柏实际通过修辞建构一种中国伦理的"历史虚无"幻象而消解中国伦理的历史合法性。据此,基督教伦理的主体性获得空前的彰显与自信。

(二) 观念体系的逻辑合法性颠覆

"孝"伦理是指以"孝"为关键词,由一系列核心伦理概念及其相互关联的概念所建构的伦理系统。在近代西方观照视域下,认知主体认为,中国伦理的各种概念具有语义交叉与分界模糊的缺陷,概念的系统关联具有明显逻辑缺陷。对于认知主体而言,"孝"伦理的观念系统千疮百孔,摇摇欲坠,濒临倾覆。认知主体认为,"孝"伦理观念系统的最主要问题在于系统建构的逻辑起点与因果归属,而这些问题,只有通过引进基督教伦理才能予以挽救。

第三章　近代西方认知中的"中国伦理"：关键词"孝"的广义修辞学阐释

1. 核心概念的关联缺陷与逻辑颠覆

在中国文化的近代西方认知中，认知主体常常通过重构中国概念的逻辑关联而进行认知对象的意象建构。在恩斯特·福柏的典籍释读中，中国社会生活的各个方面都纳入了"孝"的伦理规约，而"孝"与"仁"成为最重要的基础性及生成性概念，即以这两个概念为核心，建构所有的伦理典籍与伦理系统。在认知主体看来，"敬父母、事天地、法祖宗"①不仅是中国伦理的基本规约，也呈现了"孝"伦理的逻辑推衍顺序。在这种逻辑推衍下，中国社会的各阶层各领域各种关系都进入"孝"的伦理系统中。"孝"的"事亲"规范延展成了"孝"的伦理系统，从而构建整个中国伦理。在认知主体看来，以《御制孝经衍义》为代表，伦理典籍文本主要通过两个维度来建构"孝"的伦理系统："衍至德之义"，推衍发展最高道德的意义，以建构"仁、义、礼、智、信"的概念系统；"衍要道之义"，扩大"要道"的意义，"收集五种品德以规范各种关系的语录"，以规约父子、君臣、兄弟、夫妇、朋友、师弟子之间的伦理关系，如针对"父子关系"的"仁义礼智信"语录，针对"君臣关系"的"仁义礼智信"语录等。认知文本指出，"至德"与"要道"均指"孝"，前指"孝行"，后指"孝道"。

然而，认知文本又相继指出，"吾志在春秋行在孝经"(《白虎通》)、"庶人之孝不过谨身节用以养父母而已"(《孝经》)、"仁，衍至德之义"(《御制孝经衍义》)，这些经典表述不仅未厘清"孝"与"仁"之间的概念关联，而且在概念的逻辑关联上益发含混不清。认知文本认为，关于"孝"与"仁"的关系，孟子的论述比孔子更完善清晰。孔子所说的"孝悌为仁之本"观点，在《孟子》中，发展为"仁之实事亲是也""亲亲仁也"与"未有仁而遗其亲者也"。但是在比较孔孟两人的论述时，认知主体指出，"孝"

---

① Faber, Ernest, "A Critique of the Chinese Notions and Practice of Filial Piety", *CR*, Jan.-Feb., 1879, p.7.

近代西方认知中的"中国形象":《教务杂志》关键词之广义修辞学阐释

与"仁"何者为本的问题,他们两人明显存有争议,后代儒家学者也都纠缠不清。

在追溯"孝"伦理的概念语义与概念系统时,认知文本认为,中国古代思想家提供了一个模糊而混乱的概念系统,既无法厘清"孝"的确切语义,又无法建构"孝"的概念系统。在《孝经注疏》、《曾子》十篇、《论语》、《孟子》等典籍中,"孝"的概念语义与伦理意义不断扩大,几乎涵盖社会生活的所有方面。同样,认知主体也根本无法厘清并建构中国的伦理概念系统,亦无法确定"孝"与"仁""义""礼""智""信""勇""德"诸概念之间的关系。文本指出,自孔孟始,后代学者无法厘清"孝"与"仁"的关系。比如,毛西河在《圣门释非录》中认为,"仁之本"非意指"行仁之始",而是指"孝悌",即"孝悌"为"仁之本",而非"仁"为"孝悌之本"。程子认为,"仁"是"性","孝"是"用","孝"于父母是归于本性,而"仁"则是对待他人。另外,认知文本认为,中国人在使用"仁"的时候也是非常模糊的,如"仁义"中的"仁"是个体私德,而"仁民"中的"仁"则是社会公德;"孝德之本"中的"孝"是品德根源,而"孝道"中的"孝"则是一种品德。最后,认知主体提出了一种"最令人满意的解决方案",为中国伦理的两个核心概念建构一种清晰的关系:"孝"指自然职责,"仁"指自愿职责。[①]

针对以《御制孝经衍义》为代表的大量注疏性文本,认知主体提出尖锐批评,认为:"这些令人尊敬的头脑只是把一个句子放在另一个句子后面,很多情况下,是一些注释的摘抄,或者编撰者的添加,没有一句是经过自己消化的。"[②]显然,批评并不仅就文本特征而言。认知文本的许多地方都出现了对中国人"循古例守旧法"的思维习惯进行批评的类似话

---

① Faber, Ernest, "A Critique of the Chinese Notions and Practice of Filial Piety", *CR*, Sept.-Oct., 1879, pp. 324–325.

② Faber, Ernest, "A Critique of the Chinese Notions and Practice of Filial Piety", *CR*, Jan.-Feb., 1879, p. 10.

第三章　近代西方认知中的"中国伦理"：关键词"孝"的广义修辞学阐释

语。认知文本认为,"孝"伦理过分强调对"父"与"君"的"顺"与"忠",必然致使后代丧失独立性,既不敢提出不同意见,又缺乏成熟独立的思想,而近代中国的状况与"孝"伦理的长期控制休戚相关。

2. 观念体系的宗教缺陷与结构颠覆

纵览《教务杂志》,基督教传教士总在试图以"基督教天父"取代中国的"祖先"。认知文本指出,像《御制孝经衍义》编撰者这样的著名翰林,他们竭尽全力从中国典籍中寻找最精华部分,只是在努力企图"推翻基督教教义"。① 福柏认为,"爱"与"敬"的伦理原则在基督徒土地上起了更完美作用,因为"爱"与"敬"的对象不是父母,而应是"永生的上帝、造物主、救世主、圣主"。② 认知文本解释道:

> 要使爱与敬成为家庭生活与社会生活的有效原则,对象必须是无所不知者,否则他就会被欺骗,产生不道德影响,就像我们在中国人那里看到的那样。他必须无处不在——接近万物,无时无刻,无处不在,连绵不断。他必须无所不能,万物主宰,否则我们无法得到保佑祝福。似乎很奇怪,中国人没有发觉他们系统的缺点。但不可否认的是,他们就是没有发觉,甚至在优越的基督教教义面前。③

在"孝"伦理的认知中,认知主体认为,"孝"伦理系统建构的逻辑起点是"事亲",即"对父亲的爱与敬"。据此,如果更换"爱"与"敬"的对象就可以把"孝"伦理改造成基督教伦理,解决中国伦理的各种根本问题。为此,认知文本规划了孝道伦理的基督教改造路径:"事亲"→"侍主"。只要把"事亲"变成"侍奉上帝","仁义礼智信"各种伦理道德都可以在基

---

① Faber, Ernest, "A Critique of the Chinese Notions and Practice of Filial Piety", *CR*, Jan.-Feb., 1879, p. 9.
② 同上。
③ 同上。

近代西方认知中的"中国形象":《教务杂志》关键词之广义修辞学阐释

督教上帝那里找到其起点与归属。

认知文本把孟子的"仁之于父子也……命也有性焉,君子不谓命也"译为"Humanity between father and son … is appointment (destiny), and has nature; the superior man will not call it destiny"。① 这个英译其实强调,孟子有意回避"仁"的"命运"(造物主)起源,而把"仁"的起源归于"君子"。另外,福柏认为:"孟子似乎有意避而不用'孝',这个符号显现父子自然关系的伦理性,但'仁'则指明父子关系的伦理性取决于个体的自由选择。"②

认知文本认为,在《御制孝经衍义》这样的伦理文本中,他们"可以找到与基督教义相冲突的根源"③。福柏说:"我自己,当然还有其他的传教士,都有许多这样的经历,如果中国人在基督教教义中感到压力时,都会在孝道义理中寻求庇护所。"④认知文本既试图寻找"孝"伦理与基督教伦理的冲突根源,同时也暗示他们的认知目的是基督教传教。福柏说:"我应该证明,中国人对基督教的排斥,不是源于宗教与伦理的原因,而是源于政治原因,尽管宗教与伦理相互联系。"⑤这是文本最清晰的认知目标表述。根据认知主体的研究分析,基督教伦理与"孝"伦理在文化上并不矛盾,它们具有相互交融的可能性,中国人可以通过基督教伦理改造"孝"伦理,而且可以借助基督教伦理弥补"孝"伦理的各种弊端,近代西方在华传教的重重困难实际源于晚清政府的政治原因。

---

① Faber, Ernest, "A Critique of the Chinese Notions and Practice of Filial Piety", *CR*, Sept.-Oct., 1879, p. 324.
② Faber, Ernest, "A Critique of the Chinese Notions and Practice of Filial Piety", *CR*, Jan.-Feb., 1879, p. 9.
③ 同上。
④ 同上。
⑤ 同上。

第三章　近代西方认知中的"中国伦理"：关键词"孝"的广义修辞学阐释

（三）实践系统的功能合法性解构

在近代西方的认知中，"孝"伦理是一种实践伦理，不仅规约家庭伦理关系，也规约社会伦理关系，亦强调个体道德自律。根据孔子、曾子等伦理学家的伦理设计，社会各阶层皆以"孝"为根本行为准则，认真履行各自"敬父母""事天地""法祖宗"诸伦理义务。认知主体认为，从中国的社会历史来看，伦理的实践系统一直只是处于理想状态，既未对社会起到伦理净化的作用，亦未对个体提供伦理自律的最佳归属。

1. 个体自律的规约缺陷与意义解构

根据近代西方对伦理的功能期待，实践伦理首先应能激发个体的道德自律意识，以个体灵魂的净化为终极目标，在提升个体道德认知的同时，亦有益于提升团体与社会的整体伦理水平。通过对《曾子》《荀子》等典籍的批判性解读，认知主体直接指出，"孝"伦理的最大缺点是把"至善"作为个体的最高目标，以获得名誉或名望作为伦理实践的唯一回报，即"成就美德"。① 在认知主体看来，"孝"伦理的这个基本"教义"存在诸多矛盾问题。以名誉或名望作为个体自律的伦理回报，实际为个体的道德自律设定了一个世俗性归属，以伦理行为换取世俗功名，本质上并未提升个体的道德意识。在认知主体看来，"孝"伦理的个体规约存在严重缺陷，导致中国漫长历史中国民伦理素质的停滞不前，是近代中国社会伦理状况的一个重要诱因。

在《荀子》研读中，认知文本指出，"子道篇"与"宥坐篇"表述了与孔孟不一样的伦理实践思想，"入孝出弟，人之小行也；上顺下笃，人之中行也；从道不从君，从义不从父，人之大行也"，实际就"孝"伦理的实践原则

---

① Faber, Ernest, "A Critique of the Chinese Notions and Practice of Filial Piety", *CR*, July-Aug., 1879, p.252.

近代西方认知中的"中国形象":《教务杂志》关键词之广义修辞学阐释

呈现了"确切而经典的论述"①,并强化了伦理个体的自我意识。认知主体认为,在荀子"从道不从君,从义不从父"的论述中,"能够发现一个有骨气的人,一个有道德与智慧力量的学者"。② 对荀子而言,父母与国君并非最高权威,只有"永恒的真理律令与正义"才是真正的最高权威。荀子提出,对父母的情感不能盲目,任何情况下都要坚持"敬""义""爱",并强调:

> 孝子所以不从命有三:从命则亲危,不从命则亲安,孝子不从命乃衷;从命则亲辱,不从命则亲荣,孝子不从命乃义;从命则禽兽,不从命则修饰,孝子不从命乃敬。③

认知主体特别赞赏荀子在"孝"伦理实践中的"三不从"原则,据此进而强调,"基督徒还应考虑到,上帝显现的旨意,我们自己的灵魂,父母的永远幸福"④。在此,我们很容易看出,认知文本通过批评儒家"荣耀归于个体"的思想,传播基督教"荣耀归于上帝"的信条,倡导以"基督上帝"作为个体道德自律的最高归依。

2. 社会净化的功能缺陷与价值解构

在认知主体看来,中国社会的文明程度并未因其所提倡的"孝"伦理而得以提升,整个社会仍陷于低俗迷信的原初状态,尤其是"纳妾制"的盛行和对"死人鬼魂"的迷信。

认知文本认为,中国的伦理典籍《礼记》虽包含大量有价值的细节陈述,呈现古代中国的家庭生活场景,但这些详细的家庭生活细节其实

---

① Faber, Ernest, "A Critique of the Chinese Notions and Practice of Filial Piety", *CR*, July-Aug., 1879, p. 252.
② 同上。
③《荀子·子道》。
④ Faber, Ernest, "A Critique of the Chinese Notions and Practice of Filial Piety", *CR*, July-Aug., 1879, p. 252.

第三章　近代西方认知中的"中国伦理":关键词"孝"的广义修辞学阐释

只是社会习俗,而不应归属伦理范畴,然而在古代中国,不知什么原因,"这些都被当成伦理"①。福柏认为,这是《礼记》与《曾子》之间的最大区别。认知文本指出,在这些详细记录中,没有找到关于女性教育的内容,女性的婚姻幸福全在于公婆喜好,公婆意见足以决定婚姻成败。认知文本强调,在《礼记》中,所有关于女性的论述几乎都只围绕在传宗接代的方面。

认知文本指出,孟子强调"不孝有三,无后为大",而"无后为大"实际取意于"不娶无子绝先祖祀"句。认知主体认为,这个伦理规约实际强调年轻人的婚姻目的并非为自己幸福,而是为了祖先与父母的"福祉"。孟子强调"后代"而非"婚姻",导致很多"社会罪恶"的产生。当"后代"成为"目的"与"伦理责任"时,婚姻成为了一种工具性手段,绝非"两个异性个体之间的情感结合与灵魂融合",而妇女成为了一种实实在在的生育工具。② 如果这个"工具"没有实现"目的",婚姻破裂成为一种理所当然。认知文本批判指出,正是在这个思想的影响下,在中国社会,"没有孩子的妻子应被休掉"成为一种正当的伦理条约,男子纳妾则由此被赋予了伦理合法性。③

认知文本认为,《礼记·祭义》篇中包含了另一种"孝经",只是更加"哲理化"。为此,认知文本特别摘引其中一段:

> 宰我曰:"吾闻鬼神之名,不知其所谓。"子曰:"气也者,神之盛也。魄也者,鬼之盛也。合鬼与神,教之至也。"

认知文本的解读是:人死亡之后,不仅身体会腐烂,而且魂与灵会分离,

---

① Faber, Ernest, "A Critique of the Chinese Notions and Practice of Filial Piety", *CR*, Nov.-Dec., 1879, p.426.
② Faber, Ernest, "A Critique of the Chinese Notions and Practice of Filial Piety", *CR*, Sept.-Oct., 1878, p.338.
③ 同上。

并且去往不同的地方,只有在后代祭祀时,祖先的魂与灵才能因祭品而合二为一。就此,认知主体说:"我从来没有碰到过这样的理论。"①此外,福柏还从《礼记》中释读出另一奇怪的理论:

> 祭之日,入室,僾然必有见乎其位;周还出户,肃然必有闻乎其容声;出户而听,忾然必有闻乎其叹息之声。

在这段话中,认知文本的解读是:在祭祀之日,逝者会重新回到生者周围。虽然没有详细描述,但显然"逝者"被认为是"宇宙介体",带给后代祝福并保佑后代的财产。此外,认知文本指出,《礼记·祭义》包含大量的"自然神灵崇拜",如太阳、月亮、山川、河流、土地、稻谷、其他的古人。

在认知文本的典籍释读中,认知主体显然试图呈现一种意象:"孝"伦理的社会净化功能存在严重缺陷,作为中国社会的主流伦理其实并无实践价值。

(四)作为修辞的"质疑","孝"伦理的合法性消弭与基督教伦理的主体性彰显

在《孝经义疏》与《御制孝经衍义》等文本的释读中,基于对伦理典籍的历时认知、观念体系的逻辑分析、实践系统的功能批判,恩斯特·福柏对"孝"伦理的"存在合法性"提出了西方式的质疑。在伦理典籍的释读中,认知文本主要以概念语义的历时推衍为释读手段,质疑核心概念的历史合法性,从而试图消解典籍文本的存在合法性。在观念体系的分析中,认知文本通过凸显儒家知识分子的历时性认知冲突而凸显伦理体系的逻辑矛盾,试图以此颠覆伦理体系的逻辑合法性。在伦理

---

① Faber, Ernest, "A Critique of the Chinese Notions and Practice of Filial Piety", *CR*, Jan.-Feb., 1879, p. 11.

第三章　近代西方认知中的"中国伦理"：关键词"孝"的广义修辞学阐释

实践的批判中，认知文本主要以近代西方的伦理目的论观照中国伦理的历史表现，从个体道德自律与社会伦理净化两个维度上进行"孝"伦理的价值解构，试图通过"虚无化"中国伦理的实践效能，解构实践系统的功能合法性。

在广义修辞学的视域下，"质疑"成为文本建构的逻辑起点，成为认知呈现的修辞要素，从《孝经》作者的历史悬疑开始，以点带面，推动了整个文本的逻辑建构。在这个近代西方的"孝"伦理认知文本中，"质疑"绝非异域认知中的知识性疑惑，更多时候则是认知主体的文化性拷问。在"孝"伦理的典籍文本、观念体系与实践系统的问题呈现中，"质疑"试图修辞性消弭"孝"伦理的存在合法性。

如果说在认知文本的表层建构中，"质疑"修辞性地消解了中国伦理的存在合法性，那么在文本深层，"质疑"则成为彰显近代西方基督教伦理的先进性与文明性的重要手段。在"质疑"中，认知对象的客体性被悄然建构，中国伦理的他者性被隐蔽确立。在"拷问"中，近代西方的主体性被悄然增强，基督教伦理的裁判权被俨然树立。在认知主体的"质疑"与"拷问"中，基督教伦理的价值观念不断得到强化彰显，中国伦理的"异教徒意象"亦被修辞建构。在近代西方的中国认知建构中，"质疑"犹如一个游魂，穿行在话语之间，游荡于文本内外，成为宗教传播与政治施压的一种重要修辞，至今依然。

近代西方质疑"孝"伦理的存在合法性，不仅直接影响西方的中国认知，亦对中国近代知识分子产生重要影响。"五四"时期各种反封建口号，如"打倒孔家店""不做封建主义孝子贤孙"等观念，应与这种"孝"伦理的西方认知存在或多或少的意识关联。

本章结语　意图谬见：近代西方认知中的"中国伦理"

1. 中国伦理的符号重构与文本解构

在《孝的中国观念与实践之批判》中，恩斯特·福柏的中国伦理认知，既基于伦理符号"孝"的修辞重构，亦源于"孝"伦理的系统建构，既专注于"孝道"的伦理逻辑，亦试图梳理"孝行"的规约系统。在中国伦理的跨文化认知中，"孝"的符号能指被转换为"孝道"（Filial Piety），符号的核心意指则从"至善之本"重构为"顺父忠君之人伦"。此外，其他伦理概念亦随着"孝"的符号重构而重构，如"仁"（humanity）、"敬"（reverence）、"义"（righteousness）等。

在"孝"伦理的认知中，认知文本不仅重构伦理符号，而且也质疑中国伦理典籍的存在合法性。在文本细读与修辞诗学的批评中，认知文本有意识凸显伦理典籍的诸多问题：作者的不确定性、文本的碎片化、概念的模糊性、伦理系统的凌乱无绪、实践规约的矛盾冲突。这些问题的文本呈现，在试图解构典籍文本的同时，亦在修辞建构中国伦理意象：虚构与扭曲的伦理幻象。

基于伦理符号的重构与伦理典籍的解构性阅读，认知文本对中国伦理进行了全方位的宗教批判。无论是"孝"伦理的权威典籍《孝经》，还是伦理理据的陈述经典《曾子》，对于认知主体而言，"父"成为了伦理逻辑的起点与归属，而这也决定了"孝"伦理的世俗人伦属性。在认知主体的伦理视域中，基督教伦理在逻辑起点与道德归属上都远远高于中国伦理，因为他们的伦理源于"上帝"的恩典与神启，伦理实践的最高目标是"荣耀上帝"。正是在基督教伦理的观照下，认知文本对中国伦理进行了严厉批判。

第三章 近代西方认知中的"中国伦理":关键词"孝"的广义修辞学阐释

2. 近代西方的认知视域与意图谬见

近代西方认知中的中国伦理,无论是伦理典籍的文本释读,还是伦理内容的概念呈现,都取决于认知视域的观照与梳理。认知视域不仅是认知主体的观照视域,也是认知对象的参照视域。认知主体以西方基督教伦理为观照视域,凸显中国伦理的"先天不足"与"系统矛盾",以基督教伦理的宗教神性为价值参照,批评中国伦理的"世俗人伦"本质。在"扬西抑中"的先见视域中,竭力贬抑中国伦理的人伦道德建构,张扬基督教伦理的宗教道德诉求。根据伽达默尔的哲学阐释学观点,异域文化的认知过程,是认知主体与认知客体的视域融合过程。然而,我们发现,近代西方的先见视域,经过认知文本的修辞建构,逐渐演绎呈现为高于中国伦理的价值评判体系,两种文化的认知交际过程,成为主体文化对客体对象的价值评判过程。

近代西方认知中的中国伦理,不仅取决于主体的认知视域,而且亦与主体的认知意图息息相关。在《孝经注疏》的概念释读与系统认知中,认知文本着意建构了中国伦理的"宗教绝望与世俗功利"意象;在《曾子》的理据认知中,认知文本努力凸显基督教伦理的"文化先进性"与"宗教神圣性";而在《孝经义疏》与《御制孝经衍义》等文本的释读中,认知文本则对"孝"伦理提出了"存在合法性"质疑。这些修辞认知与认知文本一起,清晰地传达了中国伦理的认知意图:中国伦理的基督教改造。

3. 作为修辞的意图:基督教伦理的主体性建构

在广义修辞学视域下,恩斯特·福柏的认知意图不仅成为认知对象的价值参照,建构客体幻象的呈现语境,而且成为一种修辞,直接参与跨文化认知的文本建构,参与基督教伦理的主体性建构。

首先,认知意图决定了认知对象的选择,从而建构异域认知的基本内容。《孝经注疏》与《曾子》成为伦理认知的首选,完全符合认知主体的

近代西方认知中的"中国形象":《教务杂志》关键词之广义修辞学阐释

文本解构意图。认知主体若能解构最经典最权威的原典,就能解构所有以之为推衍起点的文本,一种"擒贼先擒王"的文本解构策略。其次,认知意图决定了认知视域的选择,从而建构认知对象的呈现图谱。在认知文本中,基督教伦理作为认知视域及价值参照,对中国伦理进行全方位评估,符合者为"长处",不符者为"缺陷",依此建构中国伦理的呈现图谱。最后,认知意图决定文本逻辑的选择,从而建构认知文本的铺陈结构。在认知文本中,我们很容易发现,"西方文明高于中国文明"绝不仅是一种认知假设,实际上是作为一种"知识-权力"而运用的。"中国伦理的基督教化"必须以基督教伦理优越于中国伦理为前提,为此,认知文本采用的基本逻辑是"西方/中国↔基督教伦理/孝伦理"。在认知文本中,有时候以前者为前提推导出后者,有时候则以后者为前提推导出前者。然而,无论逻辑的推导方向如何,最终结论都服务于认知意图的"正当性"与"必然性"。

认知意图不仅参与认知文本的修辞建构,而且参与基督教伦理的主体性建构。认知主体认为,"上帝"是伦理规约的起点与归属。中国伦理以"孝"为"至善",其起点与归属都在"父",基督教伦理以"义"为"道德",其起点与归属都在"上帝"。因此,中国伦理是一种"低级伦理",基督教伦理是一种"高级伦理",是人类社会的最高伦理形态。不仅如此,在伦理的多维比较中,认知文本努力呈现并强调:基督教伦理源于上帝的神圣性,中国伦理源于古老的神话虚构;基督教伦理创建了西方文化的先进性,中国伦理滞留于宗族文化的原始性;基督教伦理促进了西方的现代经济,中国伦理保护了中国的农耕经济;基督教伦理激发西方文化的"高度文明",中国伦理无奈于中国文化的封建野蛮。在多维多元的伦理比较中,认知文本修辞建构了基督教伦理的主体性,并把中国伦理修辞建构为一种"劣质""无效"而"理想化"的他者伦理。

正是在跨文化认知中,近代西方获得了与古老中国文明的比较机

第三章　近代西方认知中的"中国伦理"：关键词"孝"的广义修辞学阐释

会,获得了在更大地域空间、更长历史时间相比较的机会。在这种跨文化认知的比较中,认知主体努力建构自身文化的意义生长空间,拓展自身文化的价值适应空间。在西方文化传播中,认知主体的价值及意义体现亦借机拓展为"普适性"与"普世性"的价值体系,影响深远。

第四章 近代西方认知中的"中国宗教"：关键词"儒教"的广义修辞学阐释

在《教务杂志》中，儒家思想是西方认知中国的重中之重，是深层次认知并建构中国形象的重要介体。刊物不仅登载为数甚多的阐释文章，亦有大量英译儒家典籍。在该刊所载大量的儒家介绍及阐释文本中，谢颂羔①的《儒家文明》(The Confucian Civilization)是不多见的长文，连续登载7期(1923年10月—1924年4月，前5期各9页版面，第6期8页版面，第7期4页版面，全文共57页)，足见儒家认知的重要性。谢虽为中国牧师，但生于基督教家庭，在美接受神学教育，其阐释视角与认知范式实与西人无异。全文连载刊登，足证其认知及观点符合刊物宗旨。文本开篇明言，"试图建构儒家的伦理与宗教教育理论"②。换言之，"儒家文明"大标题下，文本实质关注儒家的"伦理"与"宗教"。这与刊物宗旨有重要关系，亦与西方一贯以"伦理"与"宗教"为其"文明"认知范式息息相关。文本亦强调，"儒家文明"是一种"建构性"文本。本章拟应用广义修辞学理论，观察该刊相关文本，聚焦儒家概念与思想的西方认知，分析其

---

① 谢颂羔(Z. K. Zia, 1895—1972)，浙江宁波人，生于基督教家庭。1917年毕业于苏州东吴大学，1918年赴美修习神学，1921年受封为牧师，1922年在波士顿大学获硕士学位，主要著作有《儒家文明》《游美故事》《艾迪集》《九楼随笔》。

② Zia, Z. K., "The Confucian Civilization", CR, Oct., 1923, p. 575.

第四章　近代西方认知中的"中国宗教"：关键词"儒教"的广义修辞学阐释

间的语义变异与幻象建构，试图据此探窥异域文化的修辞认知与幻象建构的发生机制。

一、儒家概念：语义变异与系统变构

《儒家文明》一文并未以"仁"为核心、以"仁义礼智信"为概念系统，按中国传统认知呈现儒家思想，而是重构一个以"天"为核心、以"天道仁中庸"为概念系统，符合西方认知范式的儒教学说。如文本开篇所称，"首先让我们分析作为一种宗教的儒家思想"。[①] 这个明晰的认知动因既成为传播建构的逻辑起点，也决定文本组织的范式选择：基督教宗教与伦理标准。诚然，认知对象的目标预设，为分析儒家的概念语义变异提供了便利。

（一）儒家概念的修辞解读

在《教务杂志》中，有大量关于概念"天"的阐释文章。"天"既被当成中国信仰的核心概念，亦被当作儒教认知的关键词。根据笔者对《教务杂志》的整体研读，"天"的概念释义主要基于认知主体对《史记》与《诗经》等古代典籍的释读。[②] 在传播文本中，这一概念认知的基本逻辑是：因为"天""会走、会看、会听"，所以"天是一个不具形状的人格神"，因此以"天"为核心概念的儒家思想是一种"宗教"。中国典籍中用以比喻"天无处不在"的修辞义被变异为"天"的概念义。"天"的概念认知与语义变异几乎被该刊所有相关文本采用，并据此释读中国伦理思想与道德习俗。

---

① Zia, Z. K., "The Confucian Civilization", *CR*, Oct., 1923, p. 575.
② Tsu, Y. Y., "The Confucian God-Idea", *CR*, May, 1919, pp. 295-296; Zia, Z. K., "The Confucian Civilization", *CR*, Nov., 1923, pp. 652-654.

近代西方认知中的"中国形象":《教务杂志》关键词之广义修辞学阐释

据谢文引述,西方理论家理雅各①、翟理思②与罗约翰③都认为,"中国人在5000年前是一神教的",因其信奉"天无二日,民无二主"。当然,"God的唯一称呼即上帝,中国人为不直呼其名而使用'天'来替代","儒家只代表一个'道',这意味着它只相信一个 God"。④ 据此推断,中国人一直都信奉 God。只是随着公元62年佛教传入,原来的一神教思想开始被遮蔽。文本进一步论证,孔子从未否定 God 的存在,God 的存在对孔子而言是理所当然。

谢文认为,"道"是研究孔子的关键。"道"包括两方面:"天道"或"天"(客观性),"人道"(主观性)。孔子所强调的"仁"是指"人道"。但是,"仁"并非"神授",而是孔子"把它从地上抬高到了天上"⑤,并以"仁"作"测量杆",以判断"君子"与"政府"的道德水平。文中指出:

> "仁"是孔子的基石,可指任何东西,但是没有一个(英语)术语可以表示"仁"的全部。……孔子的"仁"理念近似于保罗在《哥林多前书》第13章所用的"love"。但孔子的"仁"缺乏信仰与希望的含

---

① 理雅各(James Legge, 1815—1897),近代英国著名汉学家。生于苏格兰。1839年受伦敦布道会的派遣去马六甲,任英华书院院长。1844年随该院迁香港,继续主持院务。1853年,由该院印刷所印行的《遐迩贯珍》创刊,1855年继麦都思、奚礼尔之后担任该刊主编,并开始翻译和注释"四书五经",其间多得王韬的帮助。1854—1858年间,洪仁玕曾在香港伦敦会工作与其共事。1873年回国。他是第一个系统研究、翻译中国古代经典的人,从1861年到1886年的25年间,将"四书""五经"等中国主要典籍全部译出,著作在西方汉学界占有重要地位。他与法国学者顾赛芬、德国学者卫礼贤并称汉籍欧译三大师。
② 翟理思(Herbert Allen Giles, 1845—1935),近代英国著名汉学家,曾在中国多地的英国领事馆任职,历时25年。1897年,当选剑桥大学第二任汉学教授,其《中国文学史》《华英字典》影响深远。
③ 罗约翰(John Ross, 1842—1915),苏格兰长老会牧师,1872年受苏格兰长老会差派至中国传教,1888年筹建东关教堂大礼拜堂,成立"东关教会",为当时东北最大基督教堂。
④ Zia, Z. K., "The Confucian Civilization", *CR*, Nov., 1923, pp. 654-655.
⑤ Zia, Z. K., "The Confucian Civilization", *CR*, Dec., 1923, p. 722.

第四章　近代西方认知中的"中国宗教":关键词"儒教"的广义修辞学阐释

义。……正是这种缺陷使孔子只是一个纯粹的"道德学家",孔子的"爱"也只是"人之爱",而非"上帝之爱"。……孔子所达到的高度也只是基督教的起始阶段。……孔子教了我们如何生活,但并未教我们如何生活得有信仰与希望。①

文本认为,"道教与儒教是真正的中国本土宗教",区别只在于,"孔子建议人们'敬鬼神'而'远之'。老子只说'敬鬼神',但没有加上'而远之'"。道教的"道"与儒家的"道"不同,前者是"无为",而后者则是"仁",即"爱"。②

关于儒家的重要概念"中庸",谢文认为,这个概念是孔子社会思想的核心,是其教育理论的重点,也是孔子"求稳"策略的概念体现。谢评述道:

"中庸"是儒家的格言。应用在社会生活中,"中庸"意指过一种"正常生活"。"正常生活"意味什么?首先,是指一种道德生活。……正常即道德。因此,过一种"正常生活"意谓遵从主人,孝顺父母,忠诚朋友,行为勇敢但不鲁莽,工作勤恳但不匆忙,生活平静但不卑贱。"中庸"即"道"。……其次,"正常生活"是指遵循原则的生活;……再次,"正常生活"是指过一种遵循自然之道的生活。③

(二) 儒家概念的语义变异

在以上儒家概念认知中,我们发现,这些概念认知与中国传统认知相较,语义发生了严重变异。这些语义变异,既有认知主体的修辞演绎,也有西方逻辑的推演生成,更有文化误读的强行植入。下面简析《儒家文明》一文对"天""道""仁""中庸"概念的语义变异。

---

① Zia, Z. K., "The Confucian Civilization", *CR*, Dec., 1923, p. 726.
② Zia, Z. K., "The Confucian Civilization", *CR*, Nov., 1923, p. 656.
③ Zia, Z. K., "The Confucian Civilization", *CR*, Dec., 1923, p. 726.

近代西方认知中的"中国形象":《教务杂志》关键词之广义修辞学阐释

概念语义变异通常始于概念英译。几乎所有该刊的文本,都把中国典籍或社会生活中的"神"与"上帝"译成"God",只在很少地方译成"god"或"gods"。在英语世界,"god"与"God"具有巨大差别,"God"专指基督教上帝。此文本中,"天"与"上帝"均译为"God",通过英译而强行植入的概念语义不仅变异了中国概念,而且变异了概念的文化属性。谢文宣称,这种翻译"目的是使儒家更像一个宗教"。① 然而,此译实质为相关主题文本的论断提供了一个修辞性逻辑起点:古代中国信奉基督教,但后来迷失,导致文明状态的停滞与落后。此翻译亦影响了中国话语,现代中国人习惯用"上帝"专指基督教的"God",而"上帝"的汉语原义几乎杳无踪迹。在《教务杂志》传播话语中,"天/上帝=God"成为一个基本认知。

在分析儒家信仰时,谢文论述道:"儒家只代表一个'道',意味着只信仰一个God,……中国宗教的核心即'道'或'普遍性',而非万物有灵论。"② 显然,"道"的概念语义亦被重构。此语中,无需论证或过渡,只用一个"意味着"(which means),"God"直接成为"道"的自然义;同时,"God"通过"道"与"普遍性"成为中国的"宗教核心"。文本另列举"天道""人道""霸道""王道"③,这些词汇成为"道"的语境义源。谢文认为,儒家因只重视"人道",所以处于宗教低级阶段,孔子及其追随者都未推行"天道",未归依"God",这是儒家最大缺陷。"道=God"成为传播话语所传递的另一个儒家概念认知。

在评论谢无量④《孔子》与理雅各英译的《论语》时,文本对"仁"进行

---

① Zia, Z. K., "The Confucian Civilization", CR, Nov., 1923, p. 651.
② 同上文,第655页。
③ Zia, Z. K., "The Confucian Civilization", CR, Dec., 1923, p. 723.
④ 谢无量(1884—1964),四川乐至人,近代著名学者、诗人、书法家。民国初期在孙中山大本营任孙中山秘书长、参议长、黄埔军校教官等职。之后从事教育和著述,曾在国内多所大学任教。中华人民共和国成立后,历任川西博物馆馆长、中国人民大学教授、中央文史馆副馆长。

第四章　近代西方认知中的"中国宗教"：关键词"儒教"的广义修辞学阐释

了概念语义重构。文本认为,《孔子》把"仁"的概念语义归结为：(1)惠泽;(2)笃厚;(3)慈爱;(4)忠恕;(5)克己。① 这种语义释解是保守而含混的。通过"仁",孔子提倡一种"爱"(love),但"只是人之爱,而非上帝之爱,是一种缺陷之爱"。在评述英译《论语》时,谢文指出,译本未用某个固定词汇来译"仁",而据不同语境译成：perfect virtue(完美德行)、virtuous(道德的)、goodness(善良)、benevolence(仁慈)与 love(爱)。换言之,理雅各在翻译中赋予"仁"的概念语义包括：(1)完美德行;(2)道德的;(3)善良;(4)仁慈;(5)爱。文本认为,理雅各的英译法不妥,应统一用"Jen"表述,以保持概念完整。② 理雅各虽注重概念的语境意义,但实际消解了这个概念。然而,在谢文以"Jen"为译名时,实际创造了一个与"Jew"词形相似的跨文化符号。当"Jen/Jew"与"儒家/旧约"之间形成对应时,则在形式上传递了"儒家经典即中国《旧约》"这一认知幻象。"仁 = Jen = love"成为"仁"的概念认知。

在分析孔子社会学思想时,谢文重点释读了"中庸"的概念。根据上文所引,"正常生活"成为"中庸"的解释义,"道德生活"成为延伸义。据此,我们可以比较清晰地看到"中庸"概念语义的重构过程：(1)中庸≈/ = 正常生活≈/ = 道德生活;(2)中庸：忠于主人、孝顺父母、忠于朋友、勇气、勤劳、平静;(3)中庸 = 道。文本认为,正因为中国人遵循"中庸之道",他们不喜欢改变生活、技术改革、开山采矿。然而,根据这个概念语义,传播话语实际传递的隐含信息是：在中国,大部分人无法过"正常生活",而是在过一种"非道德生活",这是一个"非道德""非正常"的国家。了解儒家思想等于了解中国,这是许多西方人普遍认同的观念。如果儒家倡导一种"正常""道德"生活,那么,据此逻辑,中国就是一个"非

---

① Zia, Z. K., "The Confucian Civilization", *CR*, Dec., 1923, pp. 725 – 726.
② 同上文,第 721—723 页。

正常""非道德"的国家。虽然文中还有其他种种阐释,但基本认知则是,孔子提倡"中庸"是为提倡"信仰"。据此,"正常"与"道德"成为"中庸"概念认知的基本语义建构。

(三)儒家概念的系统变构

根据索绪尔观点,语言符号的存在是一种系统存在,在与系统中其他符号的区别中生成意义。① 异域认知在跨文化转移中生成跨文化符号,符号既与主体文化系统产生关联,又与异域文化系统保持关联,并在两种文化系统的冲突或交际中生成新的所指。儒家概念的重构并非一种独立建构与存在,而是一种同时与主客文化相链接的系统建构与存在。文本表层的中国儒家概念,则在文本深层变构成一套西方儒家概念。概念系统既受儒家典籍文本误读支撑,又与儒家概念的重构语义关联。以下简析"天""道""仁""中庸"概念的系统建构。

前文提到,《教务杂志》常把古代典籍中的"天"与"上帝"译成"God"。不仅如此,其他许多传播文本的典籍解读亦作相同阐释,如:(1)"礼神谓祭天也",天即神,神即 God,所以儒家的"天"即基督教的"God"②;(2)古文献中的"昊天上帝""明昭上帝""荡荡上帝""皇矣上帝"等称号,皆为"天"的别称,"上帝"即基督教"God",所以"天"即基督教"God"③;(3)中国人的"天"或"上帝"等同于基督教的"神",犹太人的"耶和华"④。这些传播话语通过"等同于""相当于""即"等字眼直接进行"天"的概念变异。概念变异不仅产生认知变异,而且建构与西方文化系统的链接。由此,

---

① Saussure, F. de., *Course in General Linguistics*, trans. Roy Harris, Foreign Language Teaching and Research Press, 2001, p.67.
② Rawlinson, Frank, "Some Chinese Ideas of God", *CR*, Aug., 1919, p.545.
③ 同上文,第 547 页。
④ Tsu, Y. Y., "The Confucian God-Idea", *CR*, May, 1919, pp.295-296.

第四章 近代西方认知中的"中国宗教":关键词"儒教"的广义修辞学阐释

对接受者而言,文本建构并传递的概念关联是"天 = 上帝 = God"。

在《儒家文明》中,作者认为,"道"包含"天道"与"人道","天道"指向"天父之大爱"①,而"人道"则指"人之爱",即"仁"。这样,"道"以新语义进入西方文化系统:天 = 上帝 = 天道 = God。而在"仁 = Jen = Love"概念关联中,"仁"则借助新语义"人之爱"隐含的二元对立结构进入西方文化系统:天道(God)/人道(仁)↔上帝之爱/人之爱。

为分析"中庸"概念的系统建构,笔者先回译一段谢文所引理雅各的《中庸》(The Golden Mean)英译:"当高兴、愤怒、悲伤与快乐没有表现时,它们处于一种不偏不倚的状态;当这些情感都表现出来且表现有度时,它们叫做和谐。不偏不倚是世界的开始,而和谐是世界之道的实现。"②英译隐含的语义变异:(1)中庸 = mean(均衡) = harmony(和谐);(2)"不偏不倚"是"天之道","和谐"是"人之道"。换言之,"中庸"强调的"和谐"即"人之道"。据此,"中庸"借助"人之道"隐含的二元对立结构进入西方文化系统:God/中庸↔不偏不倚/和谐↔天之道/人之道。如前所述,概念重构的"中庸"以"道德生活"为其基本语义,而此亦隐含一个二元对立结构:God/中庸↔宗教生活/道德生活。

儒家概念通过语义变异或系统关联,既或隐或显地指向"天",进入以"天"为中心的概念系统,又或曲或直地指向"God",进入以"God"为中心的认知系统,实现儒家概念的主客文化的双向关联建构。概念的变异语义与隐含结构一起指向儒教的西方认知:"上帝"的缺位是以"仁"为核心的儒家思想的最大问题,中国应发展儒家已有一定认识但未充分发展的以"天"为核心概念的"天道",让基督教的"爱"取代"仁",弥补"中庸"

---

① Zia, Z. K., "The Confucian Civilization", *CR*, Mar., 1924, p. 165.
② Zia, Z. K., "The Confucian Civilization", *CR*, Feb., 1924, pp. 95.《中庸》原文:喜怒哀乐之未发,谓之中;发而皆中节,谓之和。中也者,天下之大本也;和也者,天下之达道也。

之不足。

综上所析,我们发现,儒家概念的跨文化认知实际是一种概念重构,内通过语义变异,外通过系统变构,语义变异与系统变构同步进行。语义变异过程亦是系统变构过程,最终完成修辞认知之建构。儒家概念的语义重构,最终目标是建构一种儒教的西方认知,传播谢文的文本题旨:以基督教取代儒教,是中国得救之道,亦为可行之道。

二、儒家典籍:文本误读与修辞重构

在异域文化的认知过程中,认知主体往往会强调其认知源于异域典籍的研读,似乎在暗示:典籍的阅读与典籍本身一样真实而权威。哈罗德·布鲁姆则认为:"一部诗的历史就是诗人中的强者为了廓清自己的想象空间而相互'误读'对方的诗的历史。"[①]虽然他是在诗歌研究的语境中提出,但其间的真知灼见显然也适用于异域文化认知中的典籍研究语境。传播文本《儒家文明》宣称,儒家思想的传播建构主要基于古代典籍的文本释读[②]与现代西方学者的批判性研究[③]。据笔者观察,其典籍释读的逻辑起点显然基于以下观点:

> 儒家思想的主要来源是"四书五经"。它们是中国人的真正的《旧约》。一些热情的中国人把"四书五经"称为"中国圣经",这种称谓并无任何不当之处。[④]

这个运用隐喻而建构的修辞话语成为西方对儒家典籍的认知基础,亦成为儒家思想评析的逻辑起点。此喻或隐或显,参与整个传播文本的建构,成为传播文本的中心意旨。当然,在文本论述中,此隐喻话语始终未

---

① [美]哈罗德·布鲁姆:《影响的焦虑》,徐文博译,江苏教育出版社,2006年,第5页。
② Zia, Z. K., "The Confucian Civilization", *CR*, Oct., 1923, pp. 579–583.
③ Zia, Z. K., "The Confucian Civilization", *CR*, Nov., 1923, pp. 648–650.
④ Zia, Z. K., "The Confucian Civilization", *CR*, Oct., 1923, p. 579.

第四章　近代西方认知中的"中国宗教":关键词"儒教"的广义修辞学阐释

还原其修辞性真相而加以说明,而是作为一种事实性认知或知识性认知而行文,修辞认知最终演绎成为智性认知。对传播接受主体而言,这个修辞认知就是事实认知,并据此获取或修正他们的儒教知识,建构"儒家典籍即中国《旧约》"之修辞幻象。

(一) 儒家典籍的文本误读

1. "五经"的修辞释读

《教务杂志》所载儒教主题文本,几乎都以"五经"解读为首要。谢颂羔的《儒家文明》也不例外。他强调,研究"五经"需特别注意:"五经"为孔子所编而非其所撰,"五经"需以现代方法重新审视,需"高级考证"与文本分析。他认为,"五经"主要特点是:《易经》意蕴含混,虽论道但未能近"上帝之真";《礼经》虽录存古代风俗、传统与体制,但残缺不全,需重新编订;《书经》记载中国传统,赋予"敬畏意识",引导"天帝崇拜";《诗经》以古人之纯朴美丽,提倡欣赏纯洁,警示远离低俗;《春秋》强调忠诚主人。谢文提醒,"五经"一直被当成绝对正确之权威,但在批判性研究中,我们"应无所畏惧",因为我们的研究不是为了追寻传统,而是"感于真理之爱"。① 据此,寻找"真理"成为"五经"释读的认知动因,"真理之爱"则成为典籍释读的先见视域。②

在文本中,作者主要评述《易经》与《礼经》两书。他认为,《易经》"神秘莫测",其"基本系统就是破折号的不同排列"③,但这些符号意指含混因而理解困难,以至孔子自己也希望"寿命若能延长,将花50年研究易

---

① Zia, Z. K., "The Confucian Civilization", *CR*, Oct., 1923, p.581.
② [德]汉斯-格奥尔格·伽达默尔:《真理与方法》,洪汉鼎译,上海译文出版社,1999年,第391页。
③ Zia, Z. K., "The Confucian Civilization", *CR*, Oct., 1923, p.579.

近代西方认知中的"中国形象":《教务杂志》关键词之广义修辞学阐释

经"。① 此为"五十而学易"之释读。文本认为,《易经》面对复杂生活,"强调中庸之道与彻底公平","赞颂虚心接受而不自满"。② 这是《易经》两个最重要原则。作者强调,《礼》就像《旧约全书》中的《利未记》,是古代的行为准则公告。《礼》的主要内容包括"敬畏意识""和谐意识""劳动意识""纪律意识"与"顺从意识"。其中,"敬畏意识"的培养具有宗教教育意义,其他主要是伦理教育内容。

2. "四书"的修辞释读

文本《儒家文明》认为,"四书"实质可以分成两对:《论语》与《孟子》相当于《马太福音》与《使徒行传》,《大学》与《中庸》类似于《约翰福音》。前者提供儒家思想的总体原则:"仁"(或"爱")与"正义";后者陈述儒家的"高等教育原则"③:《大学》即"高等教育",《中庸》即"中庸之道",儒家教育理论的基本原则。

在《论语》释读中,谢文主要聚焦于孔子的宗教观点,认为孔子强调:"给鬼神一个社会地位,但不要与他们建立个体联系。"④显然,此是"敬鬼神而远之"的修辞释读。据此,谢文认为,孔子重视宗教的仪式性、外在性与社会性,但未传授与上帝交流、启示、信念与希望等宗教理念,未包含罪得赦免、新生、信仰转变等宗教内容。文本作者认为,孔子拒绝谈论鬼神,建议人们"敬而远之",实际是一种"求稳"的生存策略。儒家典籍的意义缝隙获得基督教逻辑的意义填补,从而使儒家典籍生成基督教的释读意义。

谢文认为,《大学》中与教育价值相关的主要内容是:提倡全民教育,强调个体素质提高应为教育根本,重视环境影响、心灵修养,追求智慧与

---

① Zia, Z. K., "The Confucian Civilization", *CR*, Oct., 1923, pp. 579 – 580.
② 同上文,第580页。
③ 同上文,第582页。
④ Zia, Z. K., "The Confucian Civilization", *CR*, Mar., 1924, p. 160.

第四章　近代西方认知中的"中国宗教"：关键词"儒教"的广义修辞学阐释

至善,强调环境与内在生命的相互认知。然而,谢文认为,《大学》中所强调的"止于至善"则是儒家思想的严重缺陷,这既源于对无知世界的恐惧,亦出自儒家"自甘堕落"与"不知进取"的思想。文本评论道:"当一个人达到至善,他可以停止,也最好停止。这是因为儒家'中庸之道'的介入。孔子的理论是一种永恒'求稳'的理论。孔子不知道他信仰的是哪一种神,因此他达到至善后停止了。他教育学生追求至善,但应'止于至善',没有鼓励他们归依至善的 God。这是孔子的最大缺陷。也许他自己也知道。"①作者进一步强调,孔子教育理论的本质是伦理性而非宗教性,孔子的伦理与宗教教育理论虽有中心原则,但缺乏中心目的,他"需要多活一些年才能认识上帝。他虽发现仁,但没有把仁归于上帝"。②

谢颂羔认为,《中庸》开篇所言"上帝旨意叫本性,遵循本性即是道,与道一致即为教育"③,此为儒家对教育的定义。显然,此是"天命之谓性,率性之谓道,修道之谓教"的基督教式释读。根据《中庸》第一部分(从"天命之谓性"至"万物育焉"止)英译,谢文认为,孔子追随者所制定的教育理论主要包括:(1)"与道一致即是教育。教育不只提供信息,而且提供真理并实践";(2)"教育必须遵从上帝旨意";(3)认识人的诚实;(4)把生活看成一个过程;(5)提倡控制情感的表达;(6)中庸之道在教育中起着重要作用;(7)重视个体,世间万物存在皆有普遍意义。④ 笔者认为,文本的《中庸》释读实质传播其认知逻辑:上帝,即自然,即道。据此,"天"或"道"变异为基督教"God",而《中庸》亦理所当然变异为"中国《旧约》的《约翰福音》"。

---

① Zia, Z. K., "The Confucian Civilization", *CR*, Feb., 1924, p. 100.
② 同上。
③ 同上文,第95页。
④ 同上文,第96页。

(二)儒家典籍的认知重构

在文本的典籍释读中,我们发现,认知主体试图通过修辞使儒家典籍"游离"中国文化的认知语境,重构儒家典籍的基督教认知。通过"'四书五经'是中国的《旧约》"①这种"X≈/=Y"的隐喻言说,西方读者似乎获取了儒家典籍认知。这也似乎印证了哈罗德·布鲁姆的观点:"比喻是一个故意的错误,是偏离文若其义的字面意义,游离开了它的正当场所。"②在《儒家文明》文本中,儒家典籍通过类似隐喻被修辞重构为如下认知:

(1)"四书五经"≈/=《旧约》

(2)《论语》+《孟子》≈/=《马太福音》+《使徒行传》

(3)《大学》+《中庸》≈/=《约翰福音》

(4)儒家学者≈/=法利赛人与文士

(5)《礼》≈/=《利未记》

"'四书五经'是中国的《旧约》",这个简单隐喻,虽有助于传播主体认知隐喻本体"四书五经",但同时也通过喻体悄然改变认知对象的本质特征。这种修辞话语蕴含了两种解读可能:(1)"四书五经"在中国的地位相当于《旧约》在犹太人中的地位,其宗教性作用相当于《旧约》对犹太人的作用;(2)"四书五经"在中国的地位相当于《旧约》曾经在西方的地位,其宗教性作用相当于《旧约》曾经对西方人的作用。对于信奉宣传新教的《教务杂志》传播主体(作者与读者)而言,不言而喻,"四书五经"与《旧约》一样,都应以基督教《新约》取代。

在文本表层,"'四书五经'是中国的《旧约》"只是一种隐喻言说,但

---

① Zia, Z. K., "The Confucian Civilization", CR, Oct., 1923, p.579.
② [美]哈罗德·布鲁姆:《误读图示》,朱立元、陈克明译,天津人民出版社,2008年,第93页。

第四章　近代西方认知中的"中国宗教"：关键词"儒教"的广义修辞学阐释

在整个文本的言说中，这个隐喻逐渐演绎成为一种事实描述。换言之，"X≈/＝Y"由表层隐喻经演绎而变异成文本的深层逻辑。于是，"天"与"上帝"译成基督教"God"，"仁"译成"Love"，"儒家学者"成为"中国的法利赛人与文士"①，而最终结果则是，"四书五经≈/＝中国《旧约》"成为一种事实认知。文本从整体到部分都在建构或强化这种认知幻象。同时，我们也很容易找到文本隐含或隐藏的种种二元对立：《新约》/《旧约》→《新约》/四书五经→基督教/儒教→现代道德/过时伦理→上帝/迷途羔羊→西方/中国。这些二元对立摆放一起，非常清晰地呈现了儒教的认知逻辑、认知意图与幻象建构。

基于隐喻建构的认知逻辑，作者直接批评道，由于孔子的守旧，儒家的守旧，他们至今仍自夸"中国《旧约》"，而"中国《新约》"则从未出现，中国的"法利赛人与文士"从未遭拿撒勒的耶稣的"训诫"。② 儒家经典已经"过时"，基督教《新约》才是中国所需要的。儒家典籍的修辞释读，表层是文本误读，而深层则在意图重构。以文本误读实现意图重构，以意图重构反证文本误读，最终完成修辞解读之建构。

哈罗德·布鲁姆认为，阅读只是一种"延迟"行为，文本意义只是意义偏转的结果。③ 儒家典籍的修辞释读呈现了认知主体在先见视域下的修辞认知过程。儒家典籍的基督教式评述与儒家典籍的变异释读，为儒家核心概念的语义重构提供了关联语境，创造了语义变异的可能性。当《论语》与《孟子》被认知为中国的《马太福音》与《使徒行传》，《大学》与《中庸》被认知为中国的《约翰福音》时，认知主体与异域对象之间的语境藩篱不仅获得某种程度的突破，"四书"的文本性质也在传播主体的认知

---

① Zia, Z. K., "The Confucian Civilization", *CR*, Jan., 1924, p.17.
② 同上。
③ [美]哈罗德·布鲁姆：《误读图示》，朱立元、陈克明译，天津人民出版社，2008年，第3页。

中产生变异：儒家典籍变异为儒教经典。

三、儒家思想：修辞认知与幻象建构

在儒家思想的跨文化传播中，修辞不仅参与概念的语义变异，而且参与儒学的修辞幻象建构。如果说儒教的跨文化认知与传播，以概念的语义变异为过程，那么儒学的幻象建构则是目的。异域认知受制于主体的先见视域与意识形态，而认知幻象则通过修辞话语的形式与内容两个层面来建构。

（一）儒家思想的修辞认知

谢文第一章第一节指出，"孔子经受了历史的包装与消解"，孔子所著是"修复性作品"，充满"错误与碎片"。① 这似乎暗示一种可能性："孔子学说"是"想象性存在"而非"历史性真实"。同时，这也为文本的儒家认知提供了逻辑起点：儒家概念语义变异的逻辑可能，儒家思想重新认知的逻辑必然。为此，文本特别强调，儒家的典籍与概念具有中国古代文本的共有特征：含混（vagueness）。并列举诸多"历史事实"证明儒学的"含混"特征。

文本引述理雅各观点，认为"儒学并非起源于孔子"，孔子只是儒学思想的代表。② 理雅各强调，"孔子学说"与"儒学思想"有区别，"儒学思想"范围要大得多，在特征与实质上，相当于美国的常用术语"美国精神"（Americanism）。③ 然而，在中国，由于缺乏宗教伦理与真正的上帝代言，儒家伦理与宗教理论因缺乏"普遍接受的立足点"而表述含混。

谢文认为，在中国历史上，没有人具有清晰的"上帝"概念，中国人过

---

① Zia, Z. K. "The Confucian Civilization", *CR*, Oct., 1923, p.575.
② Zia, Z. K. "The Confucian Civilization", *CR*, Nov., 1923, p.650.
③ 同上文，第651页。

第四章　近代西方认知中的"中国宗教":关键词"儒教"的广义修辞学阐释

去更关注"道",而儒家问题在于"缺乏神学家与宗教先知",没有耶稣为中国人清晰显现 God 的神迹。①他强调,虽然孔子信奉古代信仰,提到祷告、崇拜、命运等词,也相信 God 与圣眷,"就信奉 God 而言,他并未(也不曾企图)创造新内容"②。他认为,儒家学者的最大错误在于,他们不仅把孔子当成政治学、教育学、古代典籍权威,而且也把孔子当成"宗教巨人、神学及宗教权威"。③谢文认为,儒家思想中所具有的宗教要素被孔子及其门徒的伦理思想遮蔽,因而显得含混。儒家的真正缺点是其保守性,部分原因应归咎于孔子本人,部分原因归咎于孔子追随者。为此,他特别强调说:"我们必须坚持孔子要对这种含混性负责。如果孔子了解'God'多一点点,中国历史将完全不同,也许令人振奋得多。"④

(二) 儒学幻象的形式建构

在《儒家文明》的不同部分,我们都可发现一些修辞话语,以不同话语形式建构儒学"含混"的认知幻象。现试析文本第一章第一节的部分话语,以呈现儒学"含混"幻象的建构过程。为便于呈现原文话语特征,语料汉译保留部分英语词汇:

> ……我们现在所拥有的儒家典籍都是修订(restored)本,里面存在错误(mistakes),且只是一些碎片(fragments)。后世的大量文本使漫长中国历史更显(be doubled)朦胧(obscurity)。孔子教义的一些碎片实际迷失于(are lost in)历代(subsequent generations)追随者的评注汪洋(the oceans of commentaries)之中。为适应不同皇帝及政权需要,每个朝代都有各不相同的儒学阐释(different

---

① Zia, Z. K., "The Confucian Civilization", *CR*, Nov., 1923, p.654.
② 同上文,第652页。
③ Zia, Z. K., "The Confucian Civilization", *CR*, Jan., 1924, p.16.
④ Zia, Z. K., "The Confucian Civilization", *CR*, Nov., 1923, p.652.

interpretations)。而更糟糕(worse)的是,缺乏(be lack of)典型范例(eminent exponents)。……大量儒家学者缺乏阐释孔子教义的综合方法(synthetic approach)。当我们盯着(peer into)成千上万文章时,我们眼睛变得含混不清(be blurred)。这些文章根本无法(fail to)提供准确(accurate)、系统(systematic)的儒学阐释。中文的语言(language)特征再次加剧(be trebled)其含混性。我们知道,中文简明(terseness),有时根本无法(fail to)表述完整意义(senses)。许多中文术语由修辞性语词(modifying words)组成,且语词往往具有多种意义。在一些地方,同样语词甚至具有完全相反解释。表意含混的句子不仅是由于语言的简明扼要(inadequacy),而且还因为这些句子的诗性想象(poetic imagination)与东方象征(Oriental symbolism)。①

在文本表层,以名词、动词与形容词三类词性不同的语词建构了儒学"含混"的幻象,而相同词性的语词则在情感色彩与语义意象上相互关联与支持,从不同视角强化幻象,如名词"不足"(inadequacy)与"扼要"(terseness),动词"迷失"与"使……含混不清",形容词"精确的"与"系统的"。不同词性的语词在语法与逻辑上通过形式组合与语义补充,共同建构儒学"含混"的幻象,如"诗性想象""东方象征"。在文本深层,名词主要以"内/外"结构模式,从内容与形式两个维度建构儒家典籍"含混"幻象,如:错误/碎片,意义/语词;形容词主要以"时间/空间"结构模式,从历时/共时两个维度突出儒学的"含混"幻象,如:<u>漫长</u>历史/<u>广阔</u>领域,<u>后面</u>历代/<u>汪洋</u>般评注;动词大多具否定性含义,客观上制造了认知对象的负面意象,如:"无法"(fail to)、"缺乏"(lack)、"承受"(suffer in)等。具体可参见表2:

---

① Zia, Z. K., "The Confucian Civilization", *CR*, Oct., 1923, pp. 575–576.

第四章 近代西方认知中的"中国宗教":关键词"儒教"的广义修辞学阐释

表2 儒学幻象的形式建构

名词	形容词	动词
错误/碎片 ＝内容特征/形式特征	漫长/广阔 ＝时间/空间	contain(包含)
评注/阐释 ＝内容特征/形式特征	后面的/汪洋般 ＝时间/空间 准确的/系统的 ＝点/面	be lost in(迷失) fail to(无法) be blurred(含混不清)
意义/语词 ＝内容特征/形式特征	更多的/修饰的 ＝内容特征/形式特征	suffer in(承受)
想象/象征 ＝内容特征/形式特征	诗性的/东方的 ＝内容特征/形式特征	suffer in(承受)
范例/方法 ＝内容特征/形式特征	典型的/综合的 ＝内容特征/形式特征	lack(缺乏)

(三) 儒学幻象的内容建构

纵览《儒家文明》传播文本,我们发现,除形式建构外,儒学幻象通过修辞话语的内容得以建构。以上文"儒学幻象的形式建构"所引为例,以认知对象为中心,主要通过呈现对象的认知特征与认知判断,共同传递儒学"含混"的幻象。

修辞话语主要从认知对象的四个视点进行幻象建构:典籍的文本特征、典籍的话语特征、概念的语词特征与儒学的本土研究特征。首先,认知特征呈现:(1)典籍文本:修订、错误、碎片;(2)典籍话语:简明、扼要;(3)概念语词:多义、修饰;(4)儒学本土研究:缺乏典型范例、综合研究方法。其次,认知判断呈现:(1)典籍文本:评注甚多、阐释相异;(2)典籍话语:无法表述完整意义;(3)概念语词:诗性想象、东方象征;(4)儒学本土研究:缺乏准确与系统的儒学阐释。认知对象、认知特征与认知判断不仅共同建构儒学幻象,而且建构了认知特征与认知判断之间的因果逻辑,强化修辞认知合理性。参见表3:

表3 儒学幻象的内容建构

认知对象	认知特征	认知判断
典籍的文本特征	修订-错误-碎片	评注汪洋-阐释相异
典籍的话语特征	简明-扼要	无法表述完整意义
概念的语词特征	多义-修饰	诗性想象-东方象征
学者与文章	缺乏典型范例-综合研究	缺乏准确与系统的儒学阐释

本章结语 幻象建构:"儒教"认知的修辞动力

通过对《儒家文明》的文本分析,我们初步了解到,在近代西方的跨文化传播中,异域概念的重构通过语义变异而进行,概念重构还需变构其概念系统,语义变异与语境重构相辅相成;异域客体的修辞认知往往是一种幻象建构,传播话语在形式与内容层面建构认知幻象。

文本副标题"儒家伦理与道德教育理论及其对中国未来文明的承载"①,说明该文本探讨儒家文明主题虽然表面上阐释批评伦理与道德教育两方面内容,而其真正落足点或参照点则在儒家理论对中国未来文明的作用或意义。就此而言,我们可以更好理解文本反复强调儒家思想的含混性、滞后性的深层原因,就是为了强调基督教对中国未来文明的意义及其对儒家文明的替代作用。虽未以文字形式表述文本,但字里行间弥漫此意蕴。同时,"基督教取代儒家文明是世界文明发展的必然,同时也是中国社会发展的必然"成为概念语义的认知及变异动力,儒家经典的评判伦理,修辞话语的言说逻辑,修辞文本的建构逻辑。至此,我们理

---

① Zia, Z. K., "The Confucian Civilization", *CR*, Oct., 1923, p. 575.

第四章　近代西方认知中的"中国宗教":关键词"儒教"的广义修辞学阐释

解到,文本开篇所言的"儒家理论建构",实质是一种基于认知主体意识形态目的的修辞性建构。认知文本虽然宣称"从中国人观点,用西方科学方法"①,然而通篇所显,实际是以基督教及西方意识形态立场与视域构建儒教的传播话语。

---

① Zia, Z. K., "The Confucian Civilization", *CR*, Nov., 1923, p.650.

第五章 近代西方认知中的"中国历史"：
关键词"黑暗"的广义修辞学阐释

在《教务杂志》的认知文本中，中国历史是一个重要主题。这一主题或以历史认知的专题形式进行叙述，或掺杂于其他主题予以呈现。恩斯特·福柏在《历史视域下的中国》（China in the Light of History）一文中强调，历史认知比空间认知更具深刻性。他指出，以前西方的中国认知大部分都是旅行游记，以《马可·波罗游记》为最典型，西方必须克服"游记"认知的肤浅，而应在历史纵轴上加深对中国的认知。①

研究近代西方的中国历史认知，我们可以发现，这些传播文本不仅呈现了种种对中国历史的修辞认知，而且蕴含了认知主体的深层历史观：历史是一种文本建构。正是基于"历史的文本性"观念，认知主体质疑中国古代典籍的历史记载，质疑中国历史文本的合法性，倡导中国历史的重新撰写，并试图引进近代西方的历史撰写原则。为此，美国历史学家赖德烈②在《传教士在中国历史撰写中的作用》（The Function of the

---

① Faber, Ernest, "China in the Light of History", *CR*, Apr., 1896, p. 170.
② 赖德烈（Kenneth Scott Latourette, 1884—1968），美国中国学严格意义上的开创人之一。早年师从耶鲁大学远东史专家卫斐列教授，曾两次来华考察，出版了一系列中国学著作，促成了远东协会等美国重要中国学研究机构的成立。他也是中美关系史专家、教会史研究专家。

第五章　近代西方认知中的"中国历史"：关键词"黑暗"的广义修辞学阐释

Missionary in the Writing of Chinese History)一文中不仅提出了系统的历史撰写原则，而且使用大量的"must"，以强势语气通贯全文，修辞建构西方主体参与中国历史撰写的重要性与必然性①，试图基于"历史的文本性"原则，重构近代西方的中国历史文本。赖德烈强调，西方历史学家"必须"充当阐释者，把中国历史阐释给其他西方人，"每个在中国工作的西方人都需要了解这个国家，包括它的制度、传统、思维方法；必须从历史视域进入中国认知"②。

在广义修辞学视域下，我们发现，这些中国历史的文本建构实践，其实潜藏了一种更深层的历史观：历史是一种修辞建构。近代西方的中国历史认知，实际是中国历史的修辞重构，既包括历史碎片的选择组构与历史个案的伦理意象，亦涵盖历史事件的意义生成与历史关联的修辞推演。在近代西方的中国历史认知中，恩斯特·福柏的《周朝的兴起》(The Rise of the Chou Dynasty)、梅子明③的《中国历史上的神迹》(Providential Indications in Chinese History)等，充分利用"历史的修辞性"原则重构了中国历史。经过一系列的修辞建构，中国历史不仅呈现了崭新的面貌，而且似在言说"想象中国"的故事。在我们看来，许多"史例"似不再与中国相关，或者只是显现"似是而非之中国"。

正是基于"历史的文本性"与"历史的修辞性"，赖德烈提出了中国历史的重构三原则：(1)重写中国历史，必须由西方"领导、阐释、记录"；(2)重写中国历史，必须把西方纳入比较视域；(3)重写中国历史，才能重写世界历史，重写人类历史。在《教务杂志》的历史认知文本中，近代西

---

① Latourette, Kenneth S., "The Function of the Missionary in the Writing of Chinese History", *CR*, Dec., 1916, p. 822.
② 同上。
③ 梅威良(William Scott Ament, 1851—1909)，字子明，美国公理会来华传教士，1877年来华传教。

近代西方认知中的"中国形象":《教务杂志》关键词之广义修辞学阐释

方的历史专家们"编写""阐释"或"记录"了中国历史,同时呈现了他们的认知原则与策略。这些历史专家不仅修辞建构中国历史的"野蛮"意象,而且据此修辞重构了西方历史的"文明"意象。无论是何种形式的历史认知,我们似乎总能在这些文本中发现显明的西方特征:以西方文化为参照范式,修辞性重构异域对象,主体性批判异域文化。

一、"中国历史"的文本重构:历史的文本性与修辞策略

纵览《教务杂志》的中国历史认知文本,认知对象虽各有侧重,但认知呈现基本包含三个方面:合法性质疑,修辞性重构,主题性生成。认知文本或重其一,或论其二,或聚其三。"合法性质疑"主要针对中国典籍的历史记载,包括《尚书》《孟子》《史记》等,或疑所记,或责所呈,或究其意象。"修辞性重构"承续前者,因疑其所记,所以强调更换话语主体,重编重写中国历史;因责其所呈,所以广增社会、经济、人文、伦理诸主题视域,并以西方文化为价值参照,重构历史文本,重新呈现中国历史;因究其意象,所以引进近代西方的历史范式,重组历史碎片,重建中国历史之整体性。"主题性生成"则基于认知意图,修辞建构文本主题,潜行"西方/中国"文化对比结构,生成"不忠、不善、不义"之中国历史意象。此等意象不仅深潜为文本建构之逻辑起点,亦是文本建构之修辞意图,逻辑与修辞相互倚重,共同服务于近代西方之认知意图。

在《教务杂志》中,中国历史的文本重构,主要通过对史例的重新组构、重新阐释与价值重估而形成,其间关涉组构的逻辑、阐释的视域与价值的参照。历史重构不仅涉及史例的选择,亦涉及组构的逻辑;阐释视域既应顾及历时性视域,亦引纳共时性视域,方可拓展阐释空间,增添阐释内容;价值重估则取决于认知主体的先见视域与参照系统的选择取舍。在广义修辞学视域下,组构逻辑、阐释视域与价值参照都与修辞意图息息相关,并作为修辞手段参与文本建构,"客体化"中国历史,以西

第五章　近代西方认知中的"中国历史":关键词"黑暗"的广义修辞学阐释

文化为主体参照,建构一种近代西方认知中的中国历史。

(一)"中国历史"的合法性质疑

1."中国历史"的"文本性"之质疑

在《教务杂志》的认知文本中,对中国历史的合法性质疑主要源于对古代典籍的"历史记载"之怀疑。在认知主体看来,典籍只是一种文本,典籍所载的中国历史,或出于儒教学者的想象虚构,或肇始于统治阶层的神话虚构,而究其实质,只是一种后人虚构及典籍化的文本建构而已。理雅各认为,中国的早期历史大多由后代诗赋作者经文学虚构加工所成。此一观点实际蕴含的理论假设是"中国历史的文本性本质"。这个观点在西方影响深远,被许多汉学家所采纳。据此,实际开启了近代西方中国历史认知的两种可能:其一,穿越中国典籍,发掘"历史事实";其二,建构西方文本,呈现"历史真相"。

在《周朝的兴起》中,文本特意注明:"恩斯特·福柏参考典籍而撰。"① 在这里,"参考典籍"既试图呈现认知文本的"实证性",蕴含"如实观照"之意,亦是认知文本的建构方式:根据典籍呈现"历史真相"。认知文本的主要史例包括"公刘回归""古公亶父迁徙""季历征战""文王征战""商纣暴政""妲己酷刑""微子启避难""伯夷叔齐隐避"和"文王仁政六原则"。其中,周文王的事迹引证最多,文本阐述也多,史例大多取于《孟子》《论语》《大学》,而周武王史例则大多取于《论语》《孟子》《尚书》《礼记》《春秋》。这些史例虽取自中国古代典籍,但解读则基本采用理雅各的翻译或评述,因而有诸多误译误读。例如,文本援引《孟子》为据而指出:"文王出生与死亡俱为西部野蛮之人,就像舜是东部野蛮之人一

---

① Faber, Ernest, "The Rise of the Chou Dynasty", *CR*, Jul., 1902, p. 326.

近代西方认知中的"中国形象":《教务杂志》关键词之广义修辞学阐释

样。"①此语显系误读所致。所据原文为:"舜生于诸冯,迁于负夏,卒于鸣条,东夷之人也。文王生于岐周,卒于毕郢,西夷之人也。"②

显然,此类认知文本试图利用"历史的文本性"原则,既颠覆古代典籍的历史记载,亦通过对相关典籍的合成与系统化,以不同的典籍片段重构"完整史实",凸显早期中国的"蛮族"意象。

2. "中国历史"的"神话性"之质疑

在《教务杂志》中,认知文本所质疑的中国历史主要包括两种类型:一是早期历史的"神话虚构";二是帝王及其家族的"神话来源"。这两类"神话"掺杂在古代典籍与官修历史文本之中,"即使在中国人自己看来,中国历史的整体更具神话性,而非史实性,其间有诸多想象人物"。③

在近代西方的许多研究者看来,中国典籍记载的早期历史实际是一部"神话史"。正如近代德国汉学家恩斯特·福柏强调:"中国历史的开端笼罩于神话的黑暗之中。"④在这些研究者看来,诸多古代典籍把"三皇五帝""大禹治水"与"夏朝"都当做中国的早期历史,如《尚书》中的《虞书》与《夏书》以及《论语》与《孟子》对商周的"礼仪想象"等。在西方研究者看来,这些"神话性历史"的实际功能只是拓展了"中国文明"的历史,但"历史谱系"混杂且矛盾重重。他们指出,"中华文明肇始于公元前3000年"的说法并无根据,能得到确认的时间大约是公元前1000—前800年。⑤

如果说早期历史的"神话虚构"源于无知,那么许多帝王及其家族的

---

① Faber, Ernest, "The Rise of the Chou Dynasty", *CR*, Jul., 1902, p.332.
② 《孟子·离娄章句下》,《四书五经》,北京燕山出版社,2007年,第255页。
③ "A Sketch of Chinese History", *CR*, Mar., 1885, p.82.
④ Faber, Ernest, "China in the Light of History", *CR*, Apr., 1896, p.171.
⑤ 同上。

第五章　近代西方认知中的"中国历史"：关键词"黑暗"的广义修辞学阐释

"神话"显然有意为之。帝王家族通过虚构"神话来源"，建构政权的"合法性"。在《周朝的兴起》一文中，恩斯特·福柏指出，周朝的统治者为自己创造了一个"神话起源"："周的始祖是弃，据说是姜嫄踩巨人足迹而怀孕生子，是公元前2286年尧帝的后稷，即分管农业的官员。弃据说是公元前2435年帝喾的儿子，被尊为农神。"①《满族的兴起与发展》一文指出，清朝皇族为自己创造的"神话起源"是"传说三仙女浴于布勒瑚里湖中，神雀衔来朱果，仙女佛库伦吞下感而成孕，生布库里雍顺，即清始祖"②。通过这些"神话起源"，强调政权源于"至高权力"，强调自己家族"蒙受神恩"，以昭显统治权的独一无二。

纵览《教务杂志》，我们发现，一些认知文本虽然试图通过批判"中国历史的神话性"，颠覆古代典籍的"历史虚构"，并进而建构整体中国历史的神话性意象，但另一方面则在寻找这些神话历史与《圣经·创世纪》的"人类繁衍"的关联对接。近代西方认知文本的这种矛盾建构，也许只能通过分析其修辞意图方可理解。一言以蔽之，质疑中国历史的"神话性"，有助于建构中国历史的"西方起源"，而在更深层次上，有助于建构"西方文化的历史主体性"。

3. "中国历史"的"片面性"之质疑

在《教务杂志》认知文本中，我们发现，中国历史的传统观照视域与记载层面亦常成为西方认知主体的质疑所在。以美国历史学家赖德烈的《传教士在中国历史撰写中的作用》一文为例。认知文本认为，中国历史通常只以"中国"为唯一历史叙述对象，是一种单一向度的纵向历史，甚少观照与其他文化的横向交集。中国历史的观照层面单一，基本只关

---

① Faber, Ernest, "The Rise of the Chou Dynasty", *CR*, Jul., 1902, p.326.
② J. R., "The Rise and Progress of the Manjows", *CR*, May-June, 1876, p.158.

近代西方认知中的"中国形象":《教务杂志》关键词之广义修辞学阐释

注以帝王为中心的政治活动,成为一种"政治历史",而甚少涉及其他事宜。① 简言之,"中国历史"既缺乏宽广的观照视域,亦缺乏其他文化的历史参照。为此,赖德烈倡议,中国历史必须被重新撰写,必须增加比较视域,"把西方国家与其他国家纳入历史考察的视域"并且增加历史记载的层次,"增加经济、社会、地理、体制的历史撰写视域"。同时,认知文本指出,"中国历史"缺乏精神背景,"就科学性而言,中国历史缺乏进化论的解释"。为此,赖德烈提出,中国历史在重写重编中,必须增加历史阐释的精神与理论支撑,而要保证这一点,西方的中国史专家应成为重写中国历史的"领导者、阐释者与记录者"②。

近代西方对传统中国历史的"片面性"质疑,实际开启了西方的中国历史重构之旅。在《教务杂志》中,许多认知文本从多重视域多维层面重构中国历史,既有以城市为主题的历史叙事,如《金的上京》③《苏州史记》④,也有各种专题历史,如《古代中国的国际法追踪》⑤《早期中国与亚洲国家的关系史》⑥,等等。一方面,这些历史建构拓宽并加深了近代西方的中国认知,甚而也帮助中国人加深了自我认知,但另一方面,近代西方通过主宰中国历史的文本建构,逐渐加强了西方文化的历史主体性建构。这两个方面的影响弥久深远,不仅植入西方的集体意识,而且也辗转侵入中国的自我认知之集体意识之中。

---

① Latourette, Kenneth S., "The Function of the Missionary in the Writing of Chinese History", *CR*, Dec., 1916, p. 822.
② 同上。
③ "Shangjing of Kin", CR, May-June, 1878, p. 161.
④ Parker, A. P., "Notes on the History of Suchow", *CR*, Jul.-Aug., 1882, p. 277.
⑤ Martin, W. A. P., "Traces of International Law in Ancient China", *CR*, Sept.-Oct., 1883, p. 380.
⑥ Parker, E. H., "Early Chinese Relations with Asian States", *CR*, Mar.-Apr., 1884, p. 122.

第五章　近代西方认知中的"中国历史"：关键词"黑暗"的广义修辞学阐释

（二）"中国历史"的文本重构策略

1. 西方文化的主体性介入策略

基于对传统中国历史的合法性质疑，近代西方以主体文化之姿态，纷纷开始了对中国历史的文本重构。以《教务杂志》为代表的近代西方大众传媒上出现了各种或繁或简的"中国历史"，如附录所列文本。同一时期，亦有大量西方的有关中国历史的单行本出版，如卫三畏①的《中国历史》，查尔斯·威廉·坎贝尔（Charles William Campbell）的《中国》。在《传教士在中国历史撰写中的作用》一文中，美国历史学家赖德烈清晰地总结了重写中国历史的策略：西方的中国史专家应成为重写中国历史的"领导者"与"阐释者"。②

赖德烈提出，外国历史学家亦应成为中国历史的"记录者"，记录或保存任何能反映这个时代各种事件的材料。他建议，外国历史学家以及在华的西方人都可以收集资料、报刊、小册子、公告，也可以记日记，"这些工作虽然不会马上有结果，但在今后将会有重要价值"，因为"中国从来没有像我们这一代那样经历过那么多刺激"。③ 除了近代西方的大众传媒登载了大量事件外，亦有许多西方单行本出版，如汇集各种反对西方事件的《1891年中国的反洋暴动》（*Anti-Foreign Riots in China in 1891*），玛丽·福克的《北京的幕后》（*Behind the Scenes in Peking*）。

也许是鉴于西方重构历史的偏颇与主体性太强，赖德烈建议："最好

---

① 卫三畏（Samuel Wells Williams，1812—1884），语言学家、汉学家，近代中美关系史上的重要人物之一，美国"汉学之父"，所著《官方方言中的英汉用词》《英华分韵撮要》《汉英拼音字典》等一度成为外国来华传教士和商人的必读之书。回美后在耶鲁大学任汉文教授，后出版《中国总论》。

② Latourette, Kenneth S., "The Function of the Missionary in the Writing of Chinese History", *CR*, Dec., 1916, p.822.

③ 同上文，第824页。

近代西方认知中的"中国形象":《教务杂志》关键词之广义修辞学阐释

与最后的中国历史要由中国人来撰写,因为他们掌握语言知识,理解百姓精神,具有爱国的热情。"①然而,西方人也应该负责编写或指导学校编写中国历史的教材。他认为,可以让受过西方训练的中国人,或在中国新式学校接受教育的中国人,与外国人一起参加历史教材的重编工作。②

在一些西方历史学家看来,"把西方历史与中国历史结合起来是真正重要的,这样可以完成人类历史的研究工作"③。换言之,中国历史的重构不仅为了更全面更深入地了解中国,而且也为了让西方历史变得更完整,让人类历史更全面。综而述之,在对中国历史的重构中,西方文化的主体性介入,不仅是一种认知客体的需要,也是建构以西方文化为主体的人类历史的需要,更是西方文化主体性的建构需要。

2. 西方文化的范式同化策略

在对中国历史的文本重构中,最常见的修辞策略是西方文化对中国历史的"范式同化"。认知文本以西方文化为理所当然、以不言自明的指导性"范例",实现西方文化的范式化,并据以重构中国历史。在这些认知文本中,常常可以发现基本类似的中国历史的建构范式:(1)某一主题的史例汇集;(2)西方史例的引介对比;(3)主题意象的抽象生成;(4)西方文化的主体诠释。

在恩斯特·福柏《周朝的兴起》一文中,文本开篇即言"中国学者熟悉周朝的兴起,就像我们熟悉《创世纪》一样",由此建构西方历史与中国历史的认知关联。福柏的《历史视域下的中国》,全文分成20章,分别采用史例汇集法,涵盖中国历史文化的各个方面。以《皇家女性》一章为例,总共汇集了26起以皇家女性为主角的宫廷政变"史例",从公元前

---

① Latourette, Kenneth S., "The Function of the Missionary in the Writing of Chinese History", *CR*, Dec., 1916, p. 822.
② 同上文,第823页。
③ 同上。

第五章　近代西方认知中的"中国历史":关键词"黑暗"的广义修辞学阐释

495年鲁定公接受齐景公所送女乐致使"孔子去鲁"至1644年吴三桂的"冲冠一怒为红颜"。文本指出:"正是儒教的理想帝王尧开启了妻妾制度,把两个女儿嫁给继位者。"①在文本中,秦朝吕不韦与赵姬致使"焚书坑儒"之传闻、北宋真宗皇帝"狸猫换太子"之故事、明朝天启皇帝宠信乳母客氏及魏忠贤之轶事,都作为"史例",一一详列其中。最后,文本甚至详述清廷后宫制度:"一个妻子被认可为皇后,另有九个位于第二等级,二十七个位于第三等级,八十一个位于第四等级,另有无数个低级。"②依据这些"史实",认知文本修辞建构了一部以"荒淫乱政"为主题的"中国皇家女性史"。依据中国历史上皇家女性对社会具有的诸多"破坏作用",认知文本不仅批判了中国的妻妾制,表述了对中国帝王制度的反感,而且更以西方基督教的救赎精神为参照,强调指出,"只要皇家继续保持现有的可怕状况,中国就无法得到救赎"③。

亚理斯多德《修辞学》认为,论证有两种基本类型,一种本质上是演绎的,但带有许多未明言的前提,而另一种本质上是类比的。在近代西方的中国历史重构中,西方认知主体常利用演绎与类比等修辞手段,忽略逻辑前提,使其中国认知获得"确定性"起点,从而突破中西之间的文化与历史障碍,跨越托马斯·库恩所言的相异文化之间的"不可通约性"④,以西方文化的历史范式重构中国历史,建立西方历史与中国历史的"修辞关联",把中国历史置于西方文化视域,从而实现西方文化主体性的建构。

---

① Faber, Ernest, "China in the Light of History", *CR*, May, 1896, p. 236.
② 同上。
③ 同上文,第239页。
④ Kuhn, Thomas, *The Road Since Structure*, The University of Chicago Press, 2000, p. 33.

(三)"中国历史"的主题文本建构

1. 主题文本的建构特征

"主题"既是近代西方对中国历史的主要重构方式,亦是重构文本的修辞方式。"主题"文本的建构不仅关涉认知视域的选择,认知对象的整合,也关涉主体价值的植入。在近代西方的主题文本中,我们发现,中国历史的经典与权威被颠覆,成为一个个历史碎片,中国历史的整体性与谱系性完全被破坏。在一个个主题文本的历史重构中,西方视域的修辞改写中,西方文化都以主体性身份介入,通过提供新的观照与逻辑,整合被颠覆的中国历史、被"碎片化"的历史个案,并依据认知主体的修辞意图,重构了一种"西式的中国历史",生成一系列负面性文本意象,不仅广泛影响西方接受主体的中国认知,而且明显改变中国人的自我认知。

在近代西方的主题视域下,中国历史的重构文本既修辞建构中国历史的客体性,亦建构西方文化的主体性。文本或专一呈现某一主题,或杂糅呈现不同主题,认知主体的批判性阐释成为最常见的主题显现方式。换言之,西方文化作为价值系统,植入中国历史的认知阐释之中,凸显重构文本的主题意义。正是在主题意义的凸显中,西方文化主体性得到了建构,中国历史客体性得以强调。以《周朝的兴起》一文为例,认知文本指出,周朝的整个历史中,战争从未间断,"其间数百万人被屠杀"①,以此强调中国疆域拓展过程中的战争与屠杀,强化中国历史开端的"黑暗与血腥",凸显中国文明形成初期的野蛮与残忍之意象。

根据笔者研究,在《教务杂志》的中国历史重构文本中,主题主要有三种:政治主题、人文主题与伦理主题。"政治主题"主要包括"朝代更迭""宫廷内斗""君臣互争""民族争端"等次主题,以"不忠"为核心文本

---

① Faber, Ernest, "China in the Light of History", *CR*, Apr., 1896, p.171.

第五章　近代西方认知中的"中国历史":关键词"黑暗"的广义修辞学阐释

意象,如《满族的兴起与发展》①;"人文主题"主要包括"战争屠杀""残酷刑罚""奴役民众"等次主题,以"不善"为核心文本意象,如《古代中国的北方蛮族》②;"伦理主题"主要包括"地方崇拜""儒家教义""妻妾制度"等次主题,以"不义"为核心文本意象,如《北平市郊的考古与历史研究》③。

2. 主题文本的修辞建构

在《教务杂志》关于中国历史的主题文本中,认知主体以认知意图为逻辑起点与观照视域,从各种典籍、历史文本中攫取相关"史料",并修辞性运用"史料",生成符合认知意图的文本意象,如"血腥""原始""野蛮""伦理缺位""落后""停滞"等。就此而言,认知意图实质成为建构主题文本的修辞手段。

以《周朝的兴起》一文为例,文本开篇指出:"希望对那些对中国人的精神倾向有兴趣的人提供帮助。"④换言之,对周朝早期历史的解读,是以了解"中国人的精神倾向"为目的。"精神倾向"既是主题文本的认知意图,也是文本的修辞意图,并以此统筹安排了周朝的史料与叙事顺序。文本既从《尚书》《孟子》等典籍中选择商纣与妲己的奢靡生活、残酷统治的描写,并引述《尚书·牧誓》中周武王对商纣的罪行控诉等为史实⑤,以批判性呈现中国早期帝王的"野蛮"形象。文本把商纣与妲己的文学虚构当成历史事实予以分析。显然,这个"史实"有助于建构"异教徒的奢靡堕落"之意象,有助于建构早期中国人的"邪恶""奢靡""残忍"之"精神

---

① J. R., "The Rise and Progress of the Manjows", *CR*, May-June. 1876, p. 155.
② Martin, W. A. P., "Northern Barbarians in Ancient China", *CR*, Apr., 1886, p. 125.
③ Bretschneider, E., "Archaeological and Historical Researches on Peking and its Environs", *CR*, May-June, 1875, p. 161.
④ Faber, Ernest, "The Rise of the Chou Dynasty", *CR*, Jul., 1902, p. 326.
⑤ Faber, Ernest, "The Rise of the Chou Dynasty", *CR*, Aug., 1902, p. 406.

近代西方认知中的"中国形象":《教务杂志》关键词之广义修辞学阐释

倾向"。① 同时,"季历的征战""文王的征战"②等传说,都被当作"史实"而予以认知,以呈现早期历史中的"暴力"与"侵略"之精神倾向。

在《历史视域下的中国》一文中,《太监》一章列举了26起太监干政之"史料",从公元前651年晋献公重责公子夷吾至1874年清同治时期太监协控朝政。文本指出,"产生太监的邪恶做法似乎始于公元前1100年,可能与皇家妻妾制度的建立相关"③,但中国历史并未记载一些男子成为太监的过程,只是记载太监所犯下的罪恶,说明中国人认同这种对"自然人性的扭曲"。④ 主题文本的历史重构并不以"太监罪恶"为主题,而是以"中国文明对自然人性的扭曲"为主题,"太监罪恶"成为"被扭曲者的报复"之历史证据,以此充分呈现中国历史中的非人性现象。

3. 主题文本的深层结构

在中国历史的主题文本中,隐含"西方/中国"文化比较的基本结构,这个结构以"西方"为主体、"中国"为客体,以"西方中心主义"为价值核心,不仅成为文本深层的意义生成机制,而且也成为文本表层的话语生成机制,如恩斯特·福柏《历史视域中的中国》一文,文本蕴含大量比较结构,包括"创世纪/周的初兴""《圣经》/'四书五经'""基督教伦理/儒教教义""上帝崇拜/祖先崇拜"等。这些结构都可以追溯到基本结构即"西方/中国",前者成为价值参照,后者的主题意义取决于前者,据此建构西方文化主体性。

在中国历史主题文本中,"光芒/黑暗"成为最基本的生成性隐喻结构。主题文本据此生成许多其他结构,如"先进/落后""文明/野蛮""现代/原始""发展/停滞"等。前者成为"西方"的符号意象,后者成为"中

---

① Faber, Ernest, "The Rise of the Chou Dynasty", *CR*, Jul., 1902, p. 328.
② 同上文,第329页。
③ Faber, Ernest, "China in the Light of History", *CR*, June, 1896, p. 284.
④ 同上文,第285页。

第五章　近代西方认知中的"中国历史"：关键词"黑暗"的广义修辞学阐释

国"的符号意象。例如,"中国历史的开端笼罩于神话的黑暗之中"①,既用"黑暗"喻指中国历史的开端状态,也以"黑暗"喻指"神话";而文本标题中的"历史视域的光芒"(in the light of history)中的"光芒"既喻指"重构的历史",也喻指"基督上帝"。据此,"光芒/黑暗"结构具体化为两组对比:"基督上帝/中国神话"和"历史视域/中国历史开端"。在《历史视域之中的中国》一文中,"光芒/黑暗"成为一个稳定结构,支撑文本中的各个相关主题章节的修辞建构,呈现西方文化的"光芒"之文本意象,凸显中国历史的"野蛮"及"黑暗"之文本意象。

(四)近代西方认知中的"中国历史"：客体历史的文本建构

纵览《教务杂志》中有关中国历史的文本,我们可以发现,近代西方试图通过质疑而颠覆传统的中国历史,通过主体介入与范式同化而重构中国历史,通过主题观照与结构内置而建构中国历史的文本意象,此即为近代西方重构中国历史之文本策略。

在近代西方的文本策略中,中国历史的"典籍化"向"文本化"转换,中国历史的"典籍记载"转换为"文本建构"。通过这种认知转换,中国历史的"权威性"转换成中国历史的"文本性"。正是在这种转换中,传统中国历史的合法性遭质疑与颠覆,中国历史的重构则成为一种需要与可能。据此,西方文化作为主体介入中国历史的文本重构。在文本重构中,认知主体植入西方的价值系统、历史视域与结构范式,修辞建构了中国历史的文本,形成一种完全客体化的中国历史。一言以蔽之,近代西方对中国历史的重构,实质是一种中国历史的客体化建构,并以此建构西方文化的历史主体性。

在《教务杂志》历史主题的各种文本中,我们发现,近代西方的中国

---

① Faber, Ernest, "China in the Light of History", *CR*, Apr., 1896, p.171.

近代西方认知中的"中国形象":《教务杂志》关键词之广义修辞学阐释

历史认知常常掺杂着非常矛盾的历史观。一方面,质疑中国典籍的历史记载,进行大量"去伪存真"的认知工作,例如,在《周朝的兴起》一文中,文本指出了简册记载与《尚书》记载的矛盾出入①,质疑周初创业帝王的生辰时间,为此列举了几种不同版本,指出不同典籍的相互矛盾之处。另一方面,根据中国典籍的历史记载,进行大量文化伦理的历史批判。在历史批判中,采用吸纳的例证常常是那些被质疑的"历史事实",如"季历征战""狸猫换太子""秦二世的出生传说"等,这种矛盾现象往往出现于同一作者或同一文本之中。就此现象,"修辞意图"也许提供了比较合理的解释:根据修辞需求,认知主体取其所需,以实现文本的"历史批判"为最终目标。或许正如亚理斯多德所言:"修辞术的功能不在于说服,而在于每一种事情上找出其中的说服方式。造成'诡辩者'的不是他的能力,而是他的意图。"②

二、"中国历史"的幻象建构:历史的修辞性与呈现视域

在《教务杂志》中,近代西方的中国历史认知,主要从民族历史、政治历史与社会历史等多种维度,在解构颠覆中国历史及文化的核心符号同时,修辞建构西方认知主体的幻象符号,企图以这些幻象符号取代中国文化的自我认知,建构西方文化主体性视域下的客体认知。这些认知文本,一方面通过对中国历史的文本重构,解构中国文化的主体性,一方面通过修辞建构对中国历史的认知幻象,传播呈现西方文化的主体性。正如恩斯特·福柏所言:"如果从道、释、儒三大宗教的教义来看,中国是个热爱和平的国家,他们的历史、社会与政治关系将远超西方基督教国家。

---

① Faber, Ernest, "The Rise of the Chou Dynasty", *CR*, Aug., 1902, p. 405.
② [古希腊]亚理斯多德:《修辞学》,《罗念生全集》第一卷,上海人民出版社,2004年,第148页。

第五章　近代西方认知中的"中国历史":关键词"黑暗"的广义修辞学阐释

以下事实将给公正的读者提供许多思考,也许将极大地改变他们的先见。"①话语既暗示了对中国历史的认知起点,亦显现认知文本的修辞目标:中国人绝非一个"爱好和平的民族",其"历史、社会与政治"绝非远超西方。

在近代西方的中国历史研究者中,德国汉学家恩斯特·福柏以其汉语文字的精深造诣、古代典籍的解读阐释、中国历史的涉猎研究而享誉近代西方。他的中国历史认知文本不仅具有非常典型的西方认知特征,而且所建构的认知幻象亦极具代表性,且影响深远。刊载于早期《教务杂志》的《历史视域下的中国》是福柏的一篇长文,共20章,几乎涵盖中国历史的各个方面,除1896年10月未刊发外,全文从1896年4月到1897年2月,连续刊发9期共62个版面。笔者试以此文本为主要历史语料,同时利用其他同一主题的部分文本语料,以广义修辞学为主要理论工具,通过分析认知文本的修辞策略,探究西方对中国历史的修辞认知与幻象建构,以一窥近代西方的文化主体性建构机制。

(一)"血腥暴力":中国文明的历史幻象

1. "血腥暴力"的文明起源

对于中国文明的早期起源,福柏首先质疑中国的自我认知:"中华帝国存在于公元前3000年的说法没有任何史实根据。具有史实的历史开始时间是公元前800年,其时土著很强大,不仅在边界、山区,而且在大量的诸侯国内、江河流域与海边。"②究竟中国文明源于"土著",还是混杂于"土著",福柏有时在其历史叙述中会加以区分,比如认为周的诸侯国逐渐用战争吞并土著,但许多时候不予区分,认为周本身就是土著,只是不

---

① Faber, Ernest, "China in the Light of History", *CR*, May, 1896, p. 233.
② Faber, Ernest, "China in the Light of History", *CR*, Apr., 1896, p. 171.

近代西方认知中的"中国形象":《教务杂志》关键词之广义修辞学阐释

断与其他土著融合,并在融合中占了优势。

在以中国历史为主题的文本或话语中,近代西方的认知文本常以认知对象的幻象建构为修辞意图,大量使用具有同一语义色彩的词汇,以建构相关主题幻象,实现修辞意图。就此而言,福柏文本极具代表性。现试引载《历史视域下的中国》中的一段,为分析便利,对相关词汇以黑体显示,并保留英文词汇:

> 在远古时期,中国是一种**家长制**(patriarchal)社会,家族头领成为部落首领。最有**势力**(powerful)的部落首领,在各种有利条件下,逐渐**承担**(assumed)了凌驾于其他部落头领的**最高权力**(supremacy)。周的**统治者**(ruler)属于同一家族,但在公元前1120年通过**暴力**(violence)**攫取**(seized)了**最高权力**(supreme power),逐渐分封了55个附属领地,形成分封制诸侯国,而这些诸侯逐渐**强迫**(forced)当地土著**屈服于**(submit to)他们的领导与文明,但诸侯国之间发生一个接一个的**战争**(war),持续几个世纪,直到公元前230年(应为公元前221年。笔者注,下同),**统一**(absorbed)为一个国家。①

在这段叙述中国早期文明起源的简单话语中,文本使用了具有"暴力"语义或色彩的词语达12个之多,几乎所有动词都具有"暴力"语义。大量且高频率地使用具有同一语义色彩的词汇,成为认知文本的一大语言特征。正是通过这些词汇,认知文本建构了一种中国早期文明的"血腥起源"幻象。

在《周朝的兴起》②一文中,福柏吸纳了理雅各的周朝谱系,并分别进行了历史叙述,主要事件包括:(1)周始祖弃的诞生;(2)弃的儿子从中原

---

① Faber, Ernest, "China in the Light of History", *CR*, Jul., 1896, p. 338.
② Faber, Ernest, "The Rise of the Chou Dynasty", *CR*, Jul., 1902, p. 326.

第五章　近代西方认知中的"中国历史":关键词"黑暗"的广义修辞学阐释

撤到西部,与北方蛮族融合;(3)弃的后代公刘从西部野蛮部落向南与向东迁徙,与更早时期占据中原的商产生碰撞;(4)公刘的后代古公亶父为逃避北方蛮族侵扰,继续南迁至岐山,接受"周"这个名称;(5)古公亶父传位第三个儿子季历;(6)季历通过连年征战,扩充领地;(7)季历传位姬昌(周文王),姬昌继续战争,不断扩充领地;(8)姬昌传位姬发(周武王),攻克商的都城。在这些历史叙事中,认知文本同样高频率地重复使用"战争"(war)、"暴力"(violence)、"杀戮"(kill, slay, murder)等词语,以凸显"周"的"血腥拓展"过程。借助这些词汇,认知文本强调了暴力与战争在中国文明形成期的作用,并据此呈现了中国文明史起始于暴力与战争的历史意象。

2."穷兵黩武"的文明进程

在《历史视域下的中国》中,认知文本不仅使用大量"暴力"语义的词汇,而且亦通过"史例"的简单列举,建构大量叙述话语,以修辞呈现中国文明进程的"穷兵黩武"幻象。为解析历史认知话语的修辞建构,特从英文原文选择部分语段,摘译如下,并以粗体显示关键词汇:

(1)**周初分封的诸侯国**里居住着许多独立土著,但这些诸侯逐渐向四周**扩展**,**战争**持续了几百年,直到公元前221年,中国才结束诸侯分割局面,形成统一王朝。①

(2)周朝(公元前1122年—公元前221年)的**整个朝代**从未停止**战争**,其间几百万人被**屠杀**。②

(3)**从公元前1000年至近期**,中国历史充满了与西部蛮族的**血腥战争**——金人、党项人、吐鲁番人、土库曼人、西藏人。③

这些"史例"既未标注出处,亦无考据引证,只是简单列举时间与事

---

① Faber, Ernest, "China in the Light of History", *CR*, Apr., 1896, p.171.
② 同上。
③ 同上文,第172页。

件。话语中的"战争""屠杀""血腥"等词语,在认知文本的不同部分反复出现,形象呈现了一种"血腥"的历史场景。"周初""整个朝代""从公元前1000年至近期",这些时间状语,既建构话语的"精确"幻象,亦呈现"战争"或"屠杀"的时间跨度。话语从时空两个维度上,共同建构了中国历史的"穷兵黩武"之修辞幻象。含混的历史叙事话语,通过核心或主题词汇的重复,修辞建构认知主体所需的历史幻象,成为近代西方的常用话语修辞方式。

认知文本特别强调指出,在古代中国,弓弩骑射被认为是一种技艺,战争技艺受到高度赞扬。因此,"在公元1000年之前,中国在武器、军队组织、军事战略上都高于周边国家"①,很明显,依靠其军事力量,中国取得许多重要成功。但文本也指出,在"公元1000年"以后,中国开始走向衰弱,甚至完全停滞,尤其在近代。在认知主体看来,从"武器"到"战争艺术",从"战争"到"屠杀",不仅呈现了中国历史的"穷兵黩武"进程,而且也体现中国文化的"暴力尚武"之"精神倾向",绝非中国典籍所自称的"仁义善良"之民族。

3. "人性扭曲"的文明特征

在《历史视域下的中国》一文,福柏不仅修辞建构中国文明的"血腥暴力"与"穷兵黩武"之历史幻象,而且更是在"太监""活人殉葬""五种酷刑"等历史认知话语中,建构了中国文明的"人性扭曲"之修辞幻象。

在《太监》一章中,文本开端即简单推测了太监的历史起源:"保留太监的这种邪恶行为似乎是公元前1100年的周朝初期,可能是皇家嫔妃制建立的时候,这种行为自然也被诸侯国所效仿。"②认知文本亦详列了清朝的太监制度。文本特别指出,太监源于不道德的社会,是一种邪恶的

---

① Faber, Ernest, "China in the Light of History", *CR*, Apr., 1896, p.174.
② Faber, Ernest, "China in the Light of History", *CR*, June, 1896, p.284.

第五章　近代西方认知中的"中国历史"：关键词"黑暗"的广义修辞学阐释

社会现象。为此，认知文本探讨了中国历史中的太监现象：

>　　**宫刑**是五种酷刑中的一种，但后来就不再局限于罪犯了。有些买来的男孩或打算送进宫的男孩都被施予宫刑。一些父母希望以这种方式对宫廷施加影响。历史只记载了这些人的罪恶。这些人中也许有品行高贵的人，但只是少数例外。不管何种情况，要能够顺从地接受这种命运，需要很强的伦理力量。一般而言，自然性情**被扭曲**，所有的**邪恶**情感源于对社会的**报复**欲望。①

认知文本指出，中国历史只记载"太监的罪恶"，并未记载一些男子成为太监的过程，也不检讨"太监的成因"。在认知主体看来，太监现象揭示了宫廷生活的"人性扭曲"，而只有从"人性扭曲"视域才可以探究中国历史上"太监作恶"的真正原因。太监现象作为人类社会的一种邪恶行径，所导致的"人性扭曲""报复社会""邪恶行径"三层罪恶，不仅共同呈现了中国文明的"恶"与"根"，而且彻底颠覆了中国文明自我竭力张扬的"仁"与"善"。

认知文本指出，中国的活人殉葬制度一直存在到公元前 220 年，其时被秦始皇废除，开始以陶俑取代活人。但在明朝又死灰复燃，"于 1457 年再次废除"。②此外，认知文本特别指出，在中国历史上曾经出现过五种可怕酷刑：黥面、割耳、宫刑、刖足、劓刑。这些刑罚并不仅在于惩罚犯罪行为，更是一种羞辱之刑，伴随受罚者一生。在公元 167 年，劓刑、割耳、刖足等残酷刑罚被废除。认知文本通过列举各种"史例"，充分呈现中国文明史上的"人性扭曲"现象，并指出"世界史就是对世界的裁判"，"所有的罪恶都在这个世界上获得报应"。③

福柏一直关注中国文明的早期历史，虽然经常指出，中国早期历史

---

① Faber, Ernest, "China in the Light of History", *CR*, June, 1896, pp. 284–285.
② Faber, Ernest, "China in the Light of History", *CR*, Jul., 1896, p. 338.
③ Faber, Ernest, "China in the Light of History", *CR*, June, 1896, p. 287.

其实是一部神话史,最早时间只能确定在"公元前800年"。然而,在此文本中,中国远古的事件与人物则都作为"史实"出现,修辞建构了中国文明的"血腥起源",而从其他典籍中只攫取与主题相关的事件,凸显张扬民族发展进程中的"暴力""战争"与"非人道"等"历史特征",修辞建构中国文明的"血腥进程"。我们发现,颠覆解构中华民族自我认知的"仁义"与"善良",修辞建构中国文明的"血腥"幻象,成为认知文本的显明修辞意图。

(二)"黑暗专制":宫廷政治的历史幻象

《历史视域下的中国》以"帝王史""皇室妇女""皇室史"三个主题专章从不同视域呈现中国政治历史中的"权谋""背叛""人伦扭曲"等历史意象,试图通过解构中国历史的政治符号"天子",修辞建构中国政治历史的"黑暗"幻象。

1. "篡位弑君"的"帝王史"

在《历史视域下的中国》一文中,"帝王史"主题专章汇集大量"史例",修辞呈现了一部既无上下忠义,亦无亲情人伦,只有"权谋"与"杀戮"的中国帝王史。这些"历史材料"不仅解构了君王权力的"至高无上"与"奉天承运",也颠覆了这些为人之君的"道德垂范"意义,亦呈现了中国官员的"不忠不义"之政治品质。一言以蔽之,在这个文本中,读者只能看到一种惨绝人寰、争权夺利的政治历史,一种以"废黜""篡位""弑君"为关键词的政治历史文本。为了解文本修辞特色,特摘译一段:

> 周的最后一个皇帝(指周赧王姬延。笔者注,下同。)于公元前256年死于其诸侯的囚禁之中。公元前227年一次刺杀皇帝事件(指荆轲刺秦)失败。公元前194年,汉朝的第一个皇帝(指汉高祖)死于平叛时的伤口复发。公元前73年一个无子嗣的皇帝(指汉昭帝刘弗陵)去世,侄儿(昌邑王刘贺)继位,但27天后就被废黜。公元6

第五章　近代西方认知中的"中国历史":关键词"黑暗"的广义修辞学阐释

年一个大臣(指王莽)毒杀了皇帝(指汉平帝刘衍。史载因病而死)。①

正如摘译话语所显,认知文本既无材料出处,也无具体姓名,亦无事件背景。除历史时间外,所能看到的只是"囚禁""刺杀""废黜""毒死"这些字眼,所能了解的事件只是"皇帝-诸侯""皇帝-侄儿""皇帝-大臣"这些关系线索。与所引史例的范式相同,从公元前256年周赧王被囚到1644年明朝崇祯皇帝上吊自杀,认知文本总共列举了56次君王被刺杀、毒杀或废黜的事例,其中既有文官也有武将参与篡位或弑君,既有父子相残,也有母子相斗,既有兄弟相煎,也有叔侄争位。神话传说,虚构错讹,杂陈其间,显然都只以修辞幻象之建构为其终极目的。

认知文本指出,在很大程度上,皇帝就像远古的主教,每年至少有43种不同的祭祀活动,这些祭祀活动分成三种级别类型:第一类含3种,代表天或上帝,祭祀大地、祖先与社稷;第二类含9种,祭祀太阳、月亮、先帝、孔子、农神、蚕神(但据史载,皇后主持此祭礼)、天神、土地神、年;第三类含28种,祭祀风、雨、雷、山、海、河、路、门、旗、炮、星辰等各种神仙。② 在西方文化视域下,这些种类繁多的祭祀仪式,实质是为修辞呈现中国帝王的"异教徒"特征。

在《帝王史》章结尾,认知文本总结道:"这些人大多数并不具备什么重要性,有些甚至是罪犯,所有都过着或多或少的不道德生活,但都被称为'天子''奉天承运''现世佛',这难道不足以使人毛骨悚然吗?"③据此,认知文本从政治与宗教两个维度颠覆解构了中国历史的政治符号"天子"。在修辞呈现"中国帝王史"实际是一部"令人震惊的儒教教义的颠

---

① Faber, Ernest, "China in the Light of History", *CR*, May, 1896, p. 233.
② Faber, Ernest, "China in the Light of History", *CR*, Dec., 1896, p. 589.
③ Faber, Ernest, "China in the Light of History", *CR*, May, 1896, p. 236.

覆史"①,同时,亦试图呈现中国历史的"叛逆"之精神倾向。

2. "人伦颠倒"的"宫廷史"

除了《帝王史》,认知文本还以《皇室妇女》与《皇室历史》两章建构了一幅"中国宫廷史"的"人伦颠倒"之修辞幻象。

《皇室妇女》一章首先从"妻妾制"入手,认为"多妻制是由尧开启的,他把两个女儿都嫁给继位者"②。为此,文本甚至详述了清朝的后宫制度:"只有一个妻子被认可为皇后,另有九个位于第二等级,二十七个位于第三等级,八十一个位于第四等级,无数个低级。"③在近代西方的中国文化认知中,"多妻制"一直深受批判。在此批评话语中,认知文本不再提"尧"是神话虚构还是历史真实,只强调"尧是儒家的理想君主"④,以此批判儒家思想,批判中国的传统文化。该主题专章主要叙述了中国历史上后宫妇女参与的种种政治事件,其间充满"权谋"与"杀戮"等叙述话语,修辞呈现各种政治斗争的"非人伦"与"非道德"特征,全然颠覆了中国典籍所宣扬的"人伦亲情"与"上下尊卑"。以下摘译可充分体现修辞话语的这种建构特征:

> 公元471年妻子毒死皇帝(指北魏冯太后逼献文帝退位之事,与史不符),528年另外一个太后(指北魏胡太后)毒死自己的皇帝儿子(指孝明帝),因为皇帝责备母亲的不道德生活。而后这个太后被一个将军(指北魏尔朱荣)沉河而死。⑤

寥寥数语,"妻子""儿子""皇帝"诸人物身份词汇尽显眼底,"毒死""淹死"等词汇彰显中国宫廷历史之"无限杀气"。认知文本认为,中国历史

---

① Faber, Ernest, "China in the Light of History", *CR*, May, 1896, p.236.
② 同上。
③ 同上。
④ 同上。
⑤ 同上文,第237页。

第五章　近代西方认知中的"中国历史"：关键词"黑暗"的广义修辞学阐释

上皇家女性对社会具有诸多"破坏作用"，总共列举了26起以皇家女性为"主角"的宫廷政变"史例"，从公元前495年鲁定公接受齐景公所送女乐致使"孔子去鲁"至1644年吴三桂的"冲冠一怒为红颜"。认知文本中，秦朝吕不韦、赵姬致使"焚书坑儒"之传闻，北宋真宗皇帝"狸猫换太子"之故事，明朝天启皇帝宠信乳母客氏及魏忠贤之轶事，都成为"史例"，一一详列其中。依据这些"史实"，认知文本试图修辞建构一部以"荒淫乱政"为主题的中国后宫史。

基于上述事例，认知文本总结道："女人，尤其是皇帝的母亲与寡妇，很经常控制中国政权，但是尽管她们平静地统治，也未能带来这个巨大帝国的发展。这个帝国需要一个很强的舵手。只要皇宫还保留现在的可怕状况，中国就不可能获得救赎。"①在认知主体看来，"女性当政"是中国帝王专制的制度性扭曲，其根本原因在于专制本身，而非归咎于"皇室妇女"。在认知文本中，认知主体也表达了对中国帝王制度的反感思想，认为要使中国获得救赎，必须推翻帝制。

在《皇室历史》一章中，认知文本从公元前1114年的周公平叛至1861年的慈禧太后推翻八大顾命大臣，总共列举了50起中国帝王家族内部斗争的"史例"。这些"史例"陈述了皇室成员之间的相互倾轧，争权夺利。现摘译一段，凸显其修辞特色，以飨读者：

公元300年是**可怕**的一年。**皇后**（指西晋贾皇后）**毒死了太子**，皇帝的**哥哥**（指赵王司马伦）带领士兵进入宫里**杀死皇后**（史载废黜皇后），**废黜皇帝**，自己继位（未见史载）。后来，**两个兄弟**（指司马伦与司马允）**开战**，欲扶持原皇帝重归帝位的**兄弟**（指司马允，与司马伦为叔侄关系）**被杀死**。另外一个**兄弟**妒忌两个**兄弟**中的**哥哥**，就让第五个**兄弟**杀了他，但这个人也被另两个**兄弟**杀掉了。这两人又

---

① Faber, Ernest, "China in the Light of History", *CR*, May, 1896, p.239.

近代西方认知中的"中国形象":《教务杂志》关键词之广义修辞学阐释

相互**开战**,其中一个**死**于**战场**,最后由原来皇帝的第 25 个儿子继位。①

这段历史叙事实际指西晋惠帝时的贾皇后事件,但经过大量修改,并把过程全部节略,只留"皇族兄弟"的相关"史实",以建构"人伦相残"之修辞幻象。在认知主体看来,皇室成员之间的"不忠不信"与"寡廉鲜耻"成为中国历史的一个文化缩影,反映了中国政治历史的"黑暗"意象。历史文本尽显"修辞性"之特征,以历史重构满足修辞幻象之建构需要。

3. "中国政治历史":西方主体的修辞建构与伦理超然

如果说《帝王史》章强调了宫廷政治的残酷,那么《皇室妇女》章则揭示了帝王嫔妃制度的伦理罪恶,而《皇室史》章则主要批判了帝王家族的人伦扭曲。认知文本总结批判道:"这些人不仅自称对世间万物具有绝对权力,而且对无形世界也有绝对权力,可以给死去的官员加官进爵或施予惩罚。"②通过这些史例,认知文本修辞呈现了"君臣相残之不忠不诚""后宫纷争之颠倒不伦""皇室争权之不孝不悌",从三个方面修辞解构了以"天子""后宫""皇室"为代表的中国政治历史的符号系统,修辞建构了中国专制政治历史的"黑暗"幻象。为此,福柏特别指出:"中国的帝王史是对儒教的最大颠覆。所以必须首先改革宫廷,否则所有的改革都是无效的。"③

虽然恩斯特·福柏指出,传统的中国历史只是一部以"帝王"为中心的"政治生活史",然而,在《历史视域下的中国》一文中,"帝王政治生活"仍占最大比例,只不过以专题形式进行了形式分散。如前一节所述,近代西方重构中国历史的最主要形式是"主题文本",即以某一专门主题为

---

① Faber, Ernest, "China in the Light of History", CR, May, 1896, p. 240.
② 同上文,第 236 页。
③ 同上文,第 239 页。

第五章　近代西方认知中的"中国历史"：关键词"黑暗"的广义修辞学阐释

视域,重构"中国历史"。这种表面的"专业化",其实是在清晰修辞意图统领下的视域与材料选择。换言之,西方认知主体通过主题文本,统筹整合其特定修辞意图、认知视域与历史材料,建构了一种具有鲜明意识形态倾向性的修辞文本。

经过仔细研读,我们发现,在认知主体而言,这些"事件"并非中国宫廷斗争或政治斗争的史料,而是修辞建构中国历史之"不忠不诚"幻象的语料。若是宫廷或政治斗争,我们只要稍加浏览,西方历史上也从未消停过。然而,认知文本的问题缘起是"中华民族是否一个爱好和平的民族"。① 也就是说,"中国帝王史"成为了中国民族性认知的主要参数,不能不说这是一种典型的"修辞性推论"②,一种以西方历史的"伦理超然"为前提特征的主体性修辞建构。

(三)"官贪民愚"：中国社会的历史幻象

在《历史视域下的中国》一文中,有很大篇幅叙述中国的社会状态及其历史根源。"官员"章修辞呈现了中国官员的"贪婪不忠"之政治品行,"地方组织"章批判性呈现了民间习俗的"迷信荒谬"意象,据此,文本修辞建构中国社会的"保守"幻象。

1. "贪婪不忠"的官员品行

认知文本的《官员》章,一开篇就意图颠覆中国官员的传统形象："大多数官员一定博学而知性,……无条件服从上级,特别是服从皇帝。但中国历史根本不符合这种想象。真正既有能力又值得信赖的高级官员只是一种特例,而恶棍才是常态。"③短短的一段话,直截了当地从历史认

---

① Faber, Ernest, "China in the Light of History", *CR*, May, 1896, p. 233.
② [古希腊]亚理斯多德：《修辞学》,《罗念生全集》第一卷,上海人民出版社,2004年,第148页。
③ Faber, Ernest, "China in the Light of History", *CR*, June, 1896, p. 288.

近代西方认知中的"中国形象":《教务杂志》关键词之广义修辞学阐释

知视角对中国官员下了一种盖棺定论式的判语。基于这个判语,文本开始其修辞例证。文本列举诸多史例,修辞呈现了中国历史上各种官员的"权谋""背叛""自私"等意象,颠覆并解构了中国典籍所竭力建构的"忠诚官员"意象。摘译部分史例如下:

> 公元756年,一个官员(指安禄山)攻克首都并登基皇位,但第二年被儿子(指安庆绪)谋杀。这个儿子被一个下属(指史思明)刺杀,下属登上皇位。下属又被其儿子(指史朝义)谋杀,这个儿子在公元763年被另一个下属(指李怀仙,但史载自杀身亡)杀掉。①

中国历史上的"安史之乱"被改造成中国官员品行败坏的史例,既不提供历史背景,亦无明确人物姓名,读者只能从高频率出现的"murdered"(谋杀)、"beheaded"(砍头)等词汇中获取中国的历史认知,文本只是呈现认知主体所需要的历史幻象。在认知主体看来,这些官员不仅与儒教教义上的要求相去甚远,而且实际上"伦理败坏""贪庸成性"。为此,认知文本列举了112次"犯上作乱"的史例,从公元前682年宋国将军谋杀继位太子,至1866年清朝喀什噶尔叛乱,修辞呈现了中国官员的"不忠不诚"之意象。

认知文本指出,由于许多地方官员没有薪酬,因而不得不自己想办法维持日常开支,而且京官的收入很低,必须依赖额外补贴。② 认知主体认为,正是这种收入的不确定性导致官员过度关注金钱。也正因此,在与中国官员打交道时,"只有各种条件强迫下,其他国家才会考虑中国官员的意见。"③认知文本所建构的逻辑是,官员体制决定了官员品行,官员品行导致国家在国际上地位低下。这段话语,亦把西方列强的"轻慢中国"修辞转化为中国官员"对伦理的轻视",转化为"对百姓福利的关注"。

---

① Faber, Ernest, "China in the Light of History", *CR*, Jun, 1896, p. 290.
② Faber, Ernest, "China in the Light of History", *CR*, Apr., 1896, p. 176.
③ 同上。

第五章　近代西方认知中的"中国历史":关键词"黑暗"的广义修辞学阐释

换言之,"官员贪腐"决定了中国的国际地位。这种认知虽然解释了官员贪婪的原因,但认知文本并未就此提供任何资料以佐证其认知。就此,笔者认为,这应是一种"修辞性虚构"。

2. "迷信荒谬"的民间习俗

认知文本指出:"早在中国的远古时期,血缘就把人们捆绑在家庭之中。经过几代发展,这些家庭发展成为氏族或部落,其中最年长者成为头领。"①在福柏看来,中国文明的起源特征可以充分说明,在中国的各种社会组织中,为什么"血缘"与"年龄"成为重要的结构元素。福柏认为,宗族实际是一种"地方组织",大家族或宗族都有族长,另有"宗族长老会",祖先祠堂成为集会或执法场所。驱逐出家族是一种很严厉的惩罚,"相当于被剥夺了所有的权利"。② 此外,在城镇与城市,各种商人都有自己的行业协会。这些地方"见不到警察",只在晚上看到"守夜人"。③ 据此,认知文本修辞呈现了近代中国的社会自治现象。

认知文本指出,"财神""灶神""祖先"是中国民间最流行的偶像崇拜,普及程度相当高,无论穷富贵贱,每家都进行祭拜,但浪费极大。老百姓认为:"祖先是家族血脉的真正保护者。"④此外,认知文本详细叙述了一些村规民俗,并批评指出,许多村规民俗成为穷人的沉重负担,如偶像崇拜节日的献祭、社戏摊派、婚礼、儿子出生、葬礼等,花销极大。文本指出:"为了遵守这些荒谬的习俗,许多穷人被迫抵押或出卖房屋土地,甚至卖掉女儿。"⑤为此,认知主体在文中建议,中国社会应改革取消所有这些"可怕"习俗,以节约社会财富,增加百姓福利。

---

① Faber, Ernest, "China in the Light of History", *CR*, Apr., 1896, p.175.
② Faber, Ernest, "China in the Light of History", *CR*, May, 1896, p.232.
③ 同上。
④ Faber, Ernest, "China in the Light of History", *CR*, Dec., 1896, p.590.
⑤ Faber, Ernest, "China in the Light of History", *CR*, May, 1896, p.232.

近代西方认知中的"中国形象":《教务杂志》关键词之广义修辞学阐释

在近代西方的社会历史认知中,"卖官鬻爵"被当成一种可怕的"社会陋习",而非认知为一种"政府腐败"。认知文本指出,在遇到大灾荒的时候,政府常常通过卖官鬻爵的方式筹集资金拯救灾民,比如公元前1世纪与公元1333年,中国政府都曾公开以"官爵"换取救灾资金。对此,福柏感叹道:"中国需要慈善与仁义之情的可怜证据!"①在他看来,中华民族绝非善良与仁义之民族,彻底颠覆中国典籍中的民族性自我认可。通过这些社会习俗的负面性描述,文本修辞性呈现了中国社会文化的"陋习",从而衬托了西方文化的文明程度。

在历史叙述中,认知文本特别列举了中国人的种种"野蛮"习性:(1)只有个人卫生,而无公共卫生;(2)坟墓混乱,无公墓规划;(3)说话吵杂,声音极大,无公共意识;(4)公共道路桥梁缺乏修缮;(5)内地关税重重,限制外国商品进入;(6)乡村或宗族私设公堂,惩罚村民;(7)把税收、公共支出摊到穷人身上,穷人常常被迫卖儿卖女。在"地方组织"一章中,认知文本最大限度地呈现了中国社会的各种丑陋现象。显然,这些认知评述系依据近代西方文明规范而作的判语。这种"丑陋的中国人"意象至今仍在西方报刊坊间流传。②

从历史来看,中国的一些文化习俗明显是原始的,"卖官鬻爵"成为一种"习俗",公元前1世纪与公元1333年,政府以"卖官鬻爵"的方式筹集资金拯救灾民。此是"中国需要慈善与仁义之情的可怜证据"。③据此,认知文本呈现,中华民族并非善良与仁义之民族,中国书籍中的民族性符号遭到颠覆。

3. "保守守旧"的文化特性

在认知文本的"产品"与"论中国文明史"两个主题专章中,认知主体

---

① Faber, Ernest, "China in the Light of History", *CR*, Jul., 1896, p.339.
② Faber, Ernest, "China in the Light of History", *CR*, May, 1896, p.232.
③ Faber, Ernest, "China in the Light of History", *CR*, Jul., 1896, p.339.

第五章　近代西方认知中的"中国历史"：关键词"黑暗"的广义修辞学阐释

试图推究中国的社会文化特征。福柏认为，"产品是文化的产物"①，据此从历史认知的视域详列了中国的各种特有产品，包括农林牧渔工等种类，试图从这些产品及生产中去探讨中国社会的文化特性。基于相关产品及生产技术的历史分析，认知主体指出，众多领先于西方的伟大发明充分说明，中国并不缺乏良好的开端，中国人曾经是地球上最智慧最有原创性的民族，"有许多重要发现，其中一些早在2000年前就发现了"②。就物质技术而言，"四百年前他们在文明生活各个方面都远超欧洲"，然而，"正如现代希腊人一样，现代中国人满足于过去的遗产"③，早已停止了发明，也不愿意改变"祖宗成法"，一直没有任何进步，许多在西方早已变化、淘汰或丢弃的东西，在中国的日常生活中仍然还在使用。

认知文本列举了"商鞅变法""李斯变法""王安石变法"等各种史例，并指出，虽然中国历史上进行了许多次改革，但都遭到守旧势力的抵制。认知主体认为，这些改革之所以失败，其主要原因是，改革几乎都是"间歇性与孤立的"，并未与其他部门同步协同进行。④ 因此，这些改革措施不仅无法真正解决问题，也不与这个民族的一般社会生活相谐和。福柏特别指出，在中国，人们习惯认为，存在就是好的，尤其是那些存在了很长时间的事物。如果感觉到任何不便利，人们就会怪罪偏离了那些好的老习俗。在《论中国文明史》一章，认知主体总结道，几百年来，中国社会一直试图改革，试图努力"改变历史轨迹"，但都无法成功。⑤ 在认知主体看来，中国社会具有严重的"守旧"心态，很难改变人们习以为常的习俗与传统，任何改革都很难成功。

---

① Faber, Ernest, "China in the Light of History", *CR*, Apr., 1896, p.173.
② 同上文，第171页。
③ Editor, "Early Inventions of the Chinese", *CR*, Apr., 1870, p.312.
④ Faber, Ernest, "China in the Light of History", *CR*, Jul., 1896, p.340.
⑤ 同上。

近代西方认知中的"中国形象":《教务杂志》关键词之广义修辞学阐释

近代西方对中国社会文化的保守性认知具有高度的统一性,美国传教士高第丕①的修辞话语也许更恰当地表述了他们的这种认知:"中国人是一群活着的木乃伊,一直生活在过去。他们似乎拥有最原始的人类思想与言语形式或符号。历经不同朝代,他们的使命一直不变:守旧不变。"②

(四) 近代西方认知中的"中国历史": 客体历史的幻象建构

中国历史的重构源于近代西方的历史认知原则。19 世纪美国来华传教士梅威良的观点具有一定代表性。他指出:"人类历史应该是以发展人类的社会与物质福利为导向。……人类历史应以人类自由的描述及发展为目标,尤其在有序发展的国家。"③从这里,我们可以看到,"社会福利""物质发展""人类自由"被认为是历史发展的衡量原则,也是近代西方所广泛认同的"人类历史的发展方向"。因此,在中国历史的西方认知中,"社会""物质""自由"三个维度成为近代西方认知主体的观照视域。这一代表近代西方历史价值观的观照原则成为了中国历史文本重构的基本依据。

恩斯特·福柏指出:"在时间的轨道中,自从古代的黄金时代以来,已经发生了很多变化! 没有中国学者考虑到,远古的黄金时代是纯粹的虚构。这个想象符合儒教的理想国。实际情况不断、或多或少地偏离这

---

① 高第丕(Tarleton Perry Crawford, 1821—1902),美国传教士,1850 年受美南浸信会差遣前往上海,开始在中国长达半个世纪的传教生涯。1900 年回到美国。除传教外,专心研究汉语,成果显著,不仅能说中文、上海话与山东话,还出版过用上海方言写的《赞美诗》《上海土音字写法》《问津录》等著作。
② Crawford, T. P., "The Ancient Dynasties of Berosus and China Compared with Those of Genesis", *CR*, Nov.-Dec., 1880, p. 419.
③ Ament, William S., "Providential Indications in Chinese History", *CR*, Feb., 1894, p. 51.

第五章　近代西方认知中的"中国历史"：关键词"黑暗"的广义修辞学阐释

个理想国。现在与过去的联系仍然存在，尤其在中国，比地球上任何其他国家都更突出。"①"黄金时代"的虚构、"善良"民族性的虚构、"天子"的虚构、"淳朴"民风的虚构，对于认知主体而言，"历史的修辞性"正是中国历史的种种自我"虚构"，而要进入中国历史的真实，必须揭开这些中国人的自我创建的修辞性文化符号。

以《教务杂志》为代表，近代西方的中国历史认知，以中国文化主体性的自我认知为消解对象，修辞重构中国历史，分别从民族文明、宫廷政治与社会文化三个历史维度，颠覆解构"仁义""善良""天子""奉天承运""慈善""道德"等中国典籍所张扬的民族性符号，修辞建构中国历史的"血腥暴力""黑暗专制""人伦扭曲""官贪民愚"等认知幻象。"中国历史"的修辞幻象，源于西方主体的历史认知及历史建构。依据自己的认知需要与修辞意图，他们修辞建构了一部符合主体意识形态的客体历史，建构了一幅符合认知主体想象的历史幻象。这种修辞建构与认知想象，不仅为其在中国的宗教、文化、经济、政治、军事诸般改造与侵略行为提供了"合法性"依据，而且强化建构了西方文化的主体性，使西方文化成为具备"普适性"的文化范式与价值范式。近代西方的中国历史认知幻象，不仅对西方影响深远，而且也影响了近代中国知识分子的自我认知，影响了中国现代性的认知、传播与实践。

三、"中国历史"的他者建构：历史的客体性与认知意图

在跨文化认知中，异域历史的认知与主体历史的自我认知具有不同的特点，不仅需克服历史的"时间距离"，还需克服历史的"空间距离"，包括地理空间与文化空间。由于"空间距离"的存在，异域历史的"时间距离"及其历史意义变得复杂，而异域"历史事件"的历史观察、历史分析与

---

① Faber, Ernest, "China in the Light of History", *CR*, Dec., 1896, p.589.

历史批判都将变得更加复杂。异域历史的认知复杂性带来了异域历史的阐释复杂性。阐释者首先必须选择自己的阐释身份问题:客体性阐释、主体间性阐释或主体性阐释。无论何种阐释身份,都必须面对与努力克服异域历史的"时间距离"与"空间距离"。

异域历史的认知涉及认知者的"历史理性""历史感情"与"历史想象"。对于相关主体而言,三者之间的关系把控是一种严峻的挑战,因为既意味着对某些方面的节制,也意味着对某些方面的张扬。在三者之间纠结的认知者,往往根据其主体文化的合理性,努力挣脱关系把控之羁绊,如保罗·利科所言,分裂成"探索的我"和"动感情的我"①,而此时,异域历史或从"认知对象"转化成了"客体他者"。无论是节制还是张扬,"探索的我"还是"动感情的我",都必须通过修辞来实现。

异域历史的"时间距离"与"空间距离"的挑战,阐释者的"理性""感情"与"想象"的纠结,阐释身份的抉择或改变,历史认知的方法论选择,这些历史认知的要素将决定异域"历史事件"的重新排列与语言呈现,即异域历史的修辞建构。

(一)"中国历史"的客体性建构

1. "中国历史"的认知客体建构

西方研究者认为,"中国人所提供的文史资料在精确性、完整性、清晰性与知识性上一无是处"②,中国典籍的许多叙述都属于神话性想象,并无任何史实证据。基于对中国历史典籍的合法性质疑,西方主体开始从"认知者"向"认知主体"转变,而中国历史也从"认知对象"转变为"认知客体",近代西方的中国历史认知从客体性认知转向主体性认知。

---

① [法]保罗·利科:《历史与真理》,姜志辉译,上海译文出版社,2004年,第15页。
② "A Sketch of Chinese History", *CR*, Mar., 1885, p.83.

第五章　近代西方认知中的"中国历史":关键词"黑暗"的广义修辞学阐释

保罗·利科认为,正是"历史观察"与"历史分析","把过去发生的事件痕迹,提高到有意义的文献的高度,把过去本身提高到历史事实的高度"。① 在中国历史典籍的合法性质疑中,西方认知主体则对"中国历史"进行了重新"观察"与"分析",把"中国历史"还原为"历史事实"或"历史文献",还原为"中国过去"或"事件痕迹"。在这种"质疑性还原"的过程中,中国历史被"撕扯"成一块一块的碎片,中国典籍中的"历史事实"更被"还原"得支离破碎,如《孟子·离娄下》的"舜生于诸冯,迁于负夏,卒于鸣条,东夷之人也。文王生于岐周,卒于毕郢,西夷之人也。"被解读为"文王出生与死亡皆为西部野蛮之人,就像舜是东部野蛮之人"。②

在近代西方的中国历史认知中,典籍化的"历史事实"被转换成碎片化的"历史文献"或"事件痕迹",在抽离人物姓名与事件背景后,成为真正的"文献碎片",亦成为近代西方重构中国历史的话语语料。例如"公元前 227 年,荆轲刺秦王失败"成为"公元前 227 年,一次刺杀国王行动的失败"③,"公元 471 年北魏冯太后逼献文帝退位"成为"公元 471 年妻子毒死皇帝"④。然后,西方主体把各种"文献碎片"重新组装,根据认知主题重构"历史事件"。这些历史要素残缺的"历史事件"所具有的最大功用,就是建构呈现中国历史的修辞幻象。试比较下面两段不同历史表述,修辞效果明显不同:

(1) 公元 471 年妻子毒死皇帝,528 年另外一个太后毒死自己的皇帝儿子,因为皇帝责备母亲的不道德生活。而后太后被一个将军沉河而死。⑤

---

① [法]保罗·利科:《历史与真理》,姜志辉译,上海译文出版社,2004 年,第 6 页。
② Faber, Ernest, "The Rise of the Chou Dynasty", *CR*, Jul., 1902, p.332.
③ Faber, Ernest, "China in the Light of History", *CR*, May, 1896, p.233.
④ 同上文,第 237 页。
⑤ 同上。

近代西方认知中的"中国形象":《教务杂志》关键词之广义修辞学阐释

(2) 公元471年北魏冯太后逼献文帝退位,528年北魏胡太后毒死孝明帝,因为皇帝责备母亲的不道德生活。而后太后被尔朱荣沉河而死。(笔者拟文)

在西方研究者开始以"精确性""完整性""清晰性"与"知识性"等西方历史评估标准重新认知中国历史的时候,中国历史转化为纯粹的认知客体。中国历史的碎片化过程,即是中国历史的客体化过程,中国历史的文本重构过程,即是中国历史的碎片重组过程。在中国历史的碎片化与碎片重组过程中,认知者的阐释身份实际发生了变化,从"客体性阐释"转变为"主体性阐释"。

2. "中国历史"的话语客体建构

近代西方对中国历史的重构,实际是文献碎片的主题性重组,既是一种历史言说,更是一种主体性阐释。在碎片重组中,西方主体言说他们对中国历史的"观察""分析"与"批判",阐释文献碎片在西方文化视域下的历史意义,传达他们对中国历史的文化体验与意义感知。"主题"不仅成为中国历史的重构视域,亦是文献碎片的选择策略,更是西方言说的修辞技巧,如梅威良的《中国历史上的神迹》,恩斯特·福柏《历史视域下的中国》中的"皇室妇女"与"太监"等主题专章。

对中国历史的文本重构,表面上是对历史文献的重新排列与主题呈现,实际上是认知主体向言说主体的转变。历史文献的重新排列、主题呈现与意义生成,既有言说的修辞建构,也有文本的修辞建构。在中国历史的西方话语言说中,在西方对中国历史文献的叙述中,话语主体修辞建构历史文献的连续性,生成历史文献的历史主题意义。以福柏《历史视域下的中国》的一段为例:

公元355年,一个国王(指十六国时期前凉君主张祚,史载混乱中被杀)非常残酷,杀了很多人,被他侄儿(指张灌,系同族侄儿)杀掉了。公元409年,在北方,一个皇帝(指北燕君主高云)被一个亲戚

第五章　近代西方认知中的"中国历史":关键词"黑暗"的广义修辞学阐释

杀掉了,而后这个亲戚(应指北魏拓跋珪,福柏把两个国家搞混)被国王儿子(指北魏拓跋嗣)杀掉。公元453年,皇帝(指南北朝时期宋朝皇帝刘义隆)想废黜他的太子(指刘劭),太子把父亲杀掉并继承了皇位,但两个月后被他的第三个兄弟(指刘骏)囚禁并处死。①

这些来源不明的文献碎片排列在一起,并以"中国皇室历史"为主题,相互之间本无关联的碎片,不仅成为西方建构中国历史的语料,而且因为主题而显现了历史关联性,共同建构了中国历史的"皇室相残"之修辞幻象。在中国历史的文本重构中,认知主体不仅过渡为言说主体,而且历史认知的客体性呈现过渡转化为历史叙事的主体性修辞。在西方言说主体的历史叙事中,中国历史不仅成为言说客体,而且亦呈现被"他者化"趋势。

当西方认知主体转化为言说主体,西方文化则以修辞形式支配历史言说时,西方文化实际以主体身份控制了认知客体。至此,认知客体成为西方主体建构中国历史修辞幻象的历史语料,而认知客体亦被转化为言说客体,重构的中国历史则成为近代西方的一种主体性历史言说,与中国自我认知的主体性历史渐行渐远。

3. "中国历史"的客体性建构

近代西方认知中的中国历史,从"认知对象"到"认知客体",从"认知客体"到"言说客体",西方主体逐渐完成了中国历史的客体性建构,并随之修辞建构了近代西方的文化主体性。

在跨文化的历史认知中,历史文献或历史事件不仅需跨越"过去发生"与"现在认知"之间的"时间距离",而且更需跨越"事件语境"与认知或言说语境之间的"空间距离",尤其是文化空间距离。就此而言,认知对象的客体性建构,纵然与言说者的主观意图密不可分,更与文化语境

---

① Faber, Ernest, "China in the Light of History", *CR*, May, 1896, p.240.

近代西方认知中的"中国形象":《教务杂志》关键词之广义修辞学阐释

空间的变化休戚相关。在近代西方的历史认知中,历史文献或历史事件逐渐从中国文化语境空间过渡到西方文化语境空间,认知对象也逐渐转化为认知客体。历史认知中的"观察""分析"与"批判"过程,实际亦是认知对象的文化语境空间变化过程以及客体性建构过程。

在《教务杂志》1885年第2期的《中国简史》书评中,主编指出:"中国古代文明至多到第三级,与希腊、印度同时代。公元前750年应是可以确定的最早时间。"①在1894年第2期,梅威良在其《中国历史上的神迹》中明确指出:"中国是上帝神迹显现计划的一个部分。"②在1916年第12期,作为美国中国学的开创者之一,赖德烈在《传教士在中国历史撰写中的作用》一文中强调指出,西方历史学家所建构的历史谱系具有视域局限性,东方只在与西方的接触点被认真研究过,直到18世纪也只限于地中海与欧洲东部边界,西方的人类史应包含中国历史才能完整。③ 在这三个不同时期的认知文本中,中国历史呈现了一个明显的身份变化轨迹:从1885年文本的"认知对象",到1894年文本的"认知客体",再到1916年文本的"言说客体"。

海德格尔认为:"历史实际上既非客体变迁的运动联系,也非'主体'的漂游无据的体验接续。"④历史表面上是"物自体"的存在方式与接续运动轨迹,既无主体亦无客体。然而,历史一旦与文本发生关系,首先而最重要的变化就是主体的出现,随之而出现的就是客体。历史文本,就是认知主体或言说主体对历史客体的修辞演绎,不论是主题呈现还是意义

---

① "A Sketch of Chinese History", *CR*, Mar., 1885, p. 82.
② Ament, William S., "Providential Indications in Chinese History", *CR*, Feb., 1894, p. 52.
③ Latourette, Kenneth S., "The Function of the Missionary in the Writing of Chinese History", *CR*, Dec., 1916, p. 823.
④ [德]马丁·海德格尔:《存在与时间》(第三版),陈嘉映、王庆节译,生活·读书·新知三联书店,2006年,第439页。

第五章　近代西方认知中的"中国历史"：关键词"黑暗"的广义修辞学阐释

生成。

(二)"中国历史"的他者性建构

1. "中国历史"的"他者化"建构

在跨文化的历史认知中，一方面，时间与空间的距离感，激发认知主体寻找共享或共通的文化符号或修辞意象，以建构主客文化的同质性，探索跨文化认知与对话的可能性，开拓客体对象在主体时空语境中的意义生成空间；另一方面，这两种距离感又不断强化主客文化的异质性，阻碍主客之间的跨文化认知与对话，强化认知主体的"自我"存在性，又修辞建构客体对象的"他者"存在性。在近代西方对中国历史认知中，西方主体所强调的"主体自我"，即以自我为中心的主体意识，不仅强化中国历史的认知客体身份，而且催生了中国历史的他者性建构，即中国历史作为一种"他者"的存在特性。

在近代西方的中国历史认知文本中，言说主体常常通过视域变换以及历史叙事，把中国历史从一种"主体性存在"修辞转化为西方主体视域中的"他者性存在"。换言之，西方主体的历史叙事，把中国历史修辞转化为一种既区别而又依附于西方文化的存在。例如，梅威良在《中国历史上的神迹》一文中指出，中国三大宗教虽一直追求"至高无上"，但也一直在等待"更好、更纯的信仰"，这是"上帝的神迹"，因为"上帝"一直在为中国做准备，为"上帝福音"的传达做准备。① 在这里，"中国三大宗教"被置于西方主体的基督教文化语境空间中，释道儒不再是一直以来的主体性的历史存在，而成为对"上帝福音"的"接受准备"。

在近代西方的中国历史认知文本中，西方主体在历史叙事中，从"探

---

① Ament, William S., "Providential Indications in Chinese History", *CR*, Feb., 1894, p.52.

近代西方认知中的"中国形象":《教务杂志》关键词之广义修辞学阐释

索的我"转变成"动感情的我",进而改变言说方式,造成客体对象的"他者化"转变。恩斯特·福柏在其文本中则直接感叹道:"尽管会有光线洒落在这里或那里,但异教徒的世界始终是无望的长夜。"①当对中国历史的认知推演为对中国文化的认知时,而中国终于成为"无望的长夜"时,中国文化不仅是一个"他者",更是一个祈盼得救的"他者",而"救世主"就是以西方基督教为核心的西方文明。在这种主体性阐释中,言说主体不仅忽略客体对象的存在特性及时空语境条件,更多是根据自己的想象,修辞建构符合认知意图的幻象符号。在历史叙事中,言说主体不仅强调主体自我的存在特性与时空语境条件,更是根据自己的情感,修辞建构符合主体意图的文化主体性。

2. "中国历史"的"异类化"建构

在近代西方对中国历史的认知中,中西文化的差异在历史叙事中常常被强调或放大。这种强调或放大的文化差异突显了客体对象的"文化异质性",不仅使之显现"他者"的表征,而且经过修辞建构呈现为"异类"的幻象。例如,中国的"祖先崇拜"被修辞呈现为"死人崇拜",宫廷政治历史中的"同族兄弟"因表述为"兄弟"而建构"兄弟相残"之幻象,而宗教历史中的地方信仰因表述为"偶像崇拜"而建构中国历史为"异教黑暗"之幻象。在西方接受主体看来,这些修辞幻象完全是一种"异类"存在。

在跨文化认知中,历史叙事不仅建构客体对象的"异类化"幻象,而且常常使之"妖魔化"。据此,客体对象的文化主体性不仅消耗殆尽,并常常被修辞建构为"劣等"文化,而言说主体的文化主体性地位得以修辞提升。在历史叙事中,"西方"与"中国"常常在语词与意象上形成显明的"好/坏"对比或"上/下"结构。例如,恩斯特·福柏在其《历史视域下的

---

① Faber, Ernest, "China in the Light of History", *CR*, Dec., 1896, p.592.

第五章　近代西方认知中的"中国历史":关键词"黑暗"的广义修辞学阐释

中国》一文中强调:"偶像崇拜不仅浪费钱财,而且使宗教与伦理堕落,使人的志趣品味低下。"①在叙述中国的教育卫生状况时,他指出:"在这个方面,中国现状并不比非洲的野蛮部落好。"②中国的宗教、教育与卫生,经过话语修辞,不仅彻底呈现为"劣等"状况,而且成为了民族"伦理堕落"与"品味低下"的根源。而此时,西方文化虽未出现于话语之中,但修辞言说已使之超然于客体对象,高高在上地成为了潜在的价值主体。

福柏在《历史视域下的中国》一文中指出:"中国正躺在尘土里。满人正逐渐衰弱,官员腐败、学者僵化、士兵怯懦、百姓愚昧、暴民无礼而粗鄙。"③这一系列的否定性词语给西方读者呈现了一幅中国历史的修辞场景,呈现了一幅等待西方文明救赎的悲催历史景象。历史叙事的"异类化"或"妖魔化"通过客体对象的否定性符号得以完成。

中国历史的"他者存在",在修辞认知幻象的建构中以及近代西方的历史批判阐释中,逐渐成为一种"异类存在":"异教徒存在"或"妖魔化存在"。在近代西方的中国历史认知中,两种"异类存在"最终生成了中国历史的修辞幻象:"异教徒世界"的"无望长夜"。④

3. "中国历史"的"他者性"建构

在《教务杂志》的认知文本中,中国历史的"他者性"一般具有三种修辞呈现形态:(1)同源变异的"他者"存在,即虽可溯源西方,但已发生"历史变异"的中国现象。例如,近代西方认为,中国远古崇拜"上帝"或"上天",与西方基督教同源,但后来变异成各种"偶像崇拜";(2)"异教徒"的"他者"存在,即中国历史进程中,具有明显非基督教特征的文化现象,例如,中国历史中的各种地方性崇拜、多神教崇拜、宗族血缘现象;(3)"妖

---

① Faber, Ernest, "China in the Light of History", *CR*, Jan., 1897, p. 27.
② 同上文,第30页。
③ 同上文,第27页。
④ Faber, Ernest, "China in the Light of History", *CR*, Dec., 1896, p. 592.

近代西方认知中的"中国形象":《教务杂志》关键词之广义修辞学阐释

魔化"的"他者"存在,即中国历史进程中,具有明显反基督教特征的文化现象,例如,"龙"图腾崇拜(在西方文化中,"龙"是魔鬼撒旦的化身)、"死人崇拜"(指祖先崇拜)、裹小脚现象等。

中国历史认知文本修辞呈现三种不同的"他者"形态。然而,无论是何种存在形态的修辞呈现,作为他者的中国历史,都是一种客体性他者,即需要西方主体进行改造或改良的他者,是一种"低级"而"落后"的、置身于"黑暗"并等待西方救赎的他者,如近代来华美国传教士高第丕所言:"中国人是一群活着的木乃伊。"①

19世纪来华美国传教士梅威良指出:"早在两千年前上帝就已经开始了计划,包括统一的法律、习俗与传统、共同的语言。"②在他看来,中国历史就是"上帝"的准备过程,一切都是为了近代西方的来华传教做准备,或者说,是为了中国的"基督教化"做准备。对这些近代西方的中国认知者而言,中国从来就是一个客体他者,是一个等待西方主体"拯救"的"羔羊"。在对中国历史的言说阐释中,认知主体建构了一个西方文化的语境空间,在"观察""分析"与"批判"中,修辞建构了一个符合主体文化合理性的中国历史之他者幻象。

近代西方认知中的中国历史,在西方主体的历史叙事与文化阐释中,经历了"客体化""他者化"到"异类化"的修辞建构过程,逐渐完成了对中国历史的他者性建构。同时,在隐形或直接的中西文化比较中,认知文本既强化近代西方的"主体自我",亦宣扬西方文明的"普世价值"与"至高无上",修辞建构西方文化主体性。

---

① Crawford, T. P., "The Ancient Dynasties of Berosus and China Compared with those of Genesis", *CR*, Nov.-Dec., 1880, p. 419.

② Ament, William S., "Providential Indications in Chinese History", *CR*, Feb., 1894, p. 52.

第五章　近代西方认知中的"中国历史"：关键词"黑暗"的广义修辞学阐释

（三）"西方文化"的主体性建构

1. 西方文化的价值主体性建构

在近代西方的中国历史认知中，西方主体建构了西方语境的历史空间，"我"不仅是"认知主体"与"言说主体"，而且还是"价值主体"。在历史叙事与文化阐释中，西方主体直接或隐性地以主体文化的观念体系为价值参照，对客体对象进行分析批判，而话语深层则隐藏着"价值主体"的自我建构："我"即"价值"，"我"即"人类"，"我"即人类历史的"普世价值"。

就中国历史的认知文本而言，可以说，价值主体性建构开始于西方主体对中国历史的质疑，因为正是在西方文化的价值参照下，中国历史显现出"他者性"问题，从而开启了西方价值的介入门径。以福柏的《历史视域下的中国》为例，文本先后提出了三个问题：（1）"中国并不缺乏良好开端"[1]，自然地理条件与早期科技状况都很好，但现在的国家状况一片"黑暗"，这是为什么？[2]（2）人们以为"中国是个爱好和平的国家，他们的历史、社会与政治关系都远超西方的基督教国家"[3]，但历史事实却全然相反，这是为什么？（3）"许多关于中国的书籍，给无偏见的读者留下的印象是，大多数官员一定博学而知性，因为他们只有充满儒家智慧、极富道德修养才能通过严格的科举考试。"[4]然而，历史资料显示，大多数官员都平庸且无能，一些有能力的官员却不忠诚，这是为什么？这三个问题基本引领了各个主题章节的历史叙事与修辞呈现。

在近代西方的中国历史认知中，西方文化的价值主体性建构不仅出

---

[1] Faber, Ernest, "China in the Light of History", *CR*, Jul., 1896, p. 340.
[2] Faber, Ernest, "China in the Light of History", *CR*, Apr., 1896, p. 170.
[3] Faber, Ernest, "China in the Light of History", *CR*, May, 1896, p. 233.
[4] Faber, Ernest, "China in the Light of History", *CR*, June, 1896, p. 288.

近代西方认知中的"中国形象":《教务杂志》关键词之广义修辞学阐释

现于客体对象的问题质疑,而且在对中国历史的"观察""分析"与"批判"过程中,无处不在地渗透着西方主体的价值观念。福柏指出:"中国早在史前时期就开始了农业、畜牧业、采矿与工业。但毫无疑问,现在的中国各方面都已落后于西方了。"①在他看来,中国的最大问题在于,因为没有大工业,没有有效的劳动力管理,政府管理缺乏效率,中国大量的劳动力被浪费。为此,他提出,中国应该融入"世界市场",加入与各个国家的商业交流。② 显然,这些都是以近代西方的价值范式而做出的历史分析。

基于中国历史的"黑暗"与民族性的"鄙陋与野蛮",恩斯特·福柏在《历史视域下的中国》文本提出了一系列的改革建议,这些建议或出自西方理念,或源于西方理想,或归因于西方需要。我们并不否认这些改革建议的有效性。实际上,在中国近代化过程中,许多改革建议都在中国进行了试验、实践或贯彻。在研究这些文本时,我们发现,值得深究之处是,这些改革建议都源于近代西方文化的价值观、认识论与世界观。正是在这些改革建议中,西方的文化主体性获得了倾力建构,其文化价值与视域偏见得以广泛张扬,而中国文化成为了一种待改造的客体:西方文化主体的改造对象。

2. 西方文化的道德主体性建构

在近代西方的中国历史认知中,西方主体建构了西方语境的文化空间,"我"不仅是"价值主体",而且还是"道德主体"。"我"带来了"上帝"的福音,"我"即"道德","我"即人类文化的"至高完美"。

恩斯特·福柏说:"传教士,无论是志愿者或被派遣者,无论原来是学者还是劳动者,都是西方文明的传播者。"③"西方文明的传播者"不仅是来华传教士的身份定位,而且还是他们行为的道德定位,蕴含了一种

---

① Faber, Ernest, "China in the Light of History", *CR*, Jan., 1897, p. 27.
② 同上。
③ Faber, Ernest, "China in the Light of History", *CR*, Feb., 1897, p. 70.

第五章　近代西方认知中的"中国历史"：关键词"黑暗"的广义修辞学阐释

自上而下的历史价值层面的"俯瞰"姿态。福柏指出："传教士是神圣福音的传播者，是西方文明的传播者，也是自己国家的公民。"① 在他看来，西方传教士的三种身份，既代表着三种不同的使命，即宗教布道使命、文明传播使命、国家利益使命，又强化了西方传教士的"道德主体"三重性，即宗教道德主体性、文化道德主体性、公民道德主体性。在中国历史文化语境中，这些西方传教士负载着"道德主体"的建构使命。

福柏在认知文本中强调基督教的作用：（1）福音把罪人转变为上帝的孩子；（2）上帝的力量让心灵重新焕发生命；（3）基督教道德、社会改革与政治改革将源于这个新生命的自然结果，"将在健康的生命之树上开花结果"②。如果说"西方文明的传播者"的定位尚无明显的道德主体性意识，那么，当我们看到这个基督教作用时，"西方文化"显然表述为一种凌驾于"中国文化"的"道德主体"。当福柏说"在一夫一妻制、真理的感觉、卫生、纯洁、诚实与同情心等方面，即使最普通的传教士都比那些最好的中国人高尚"时③，西方主体的这种"至高道德"的自我认可，绝不仅是一种"西方道德主体性"的意识，而且还蕴含了"人类完美道德"的建构幻象。

当然，在近代西方的中国历史认知文本中，西方文化的"道德主体性"建构基础绝不仅限于西方基督教道德。他们认为，对于中国来说，西方文明的最大优势表现在"物质""知识""政治""社会""伦理"与"精神"六个方面④，甚至"西方一个小学生都可以讲得很流利的事情也许会让一个中国学者茫然不知所措"⑤。在他们看来，近代西方的各种优势足以使

---

① Faber, Ernest, "China in the Light of History", *CR*, Feb., 1897, p.71.
② 同上。
③ 同上。
④ Richard, Timothy, "Historical Evidences of Christianity for China", *CR*, Apr., 1890, p.145.
⑤ Faber, Ernest, "China in the Light of History", *CR*, Feb., 1897, p.70.

他们成为近代中国的"道德标准",汇聚成一句话就是"基督是世界之光,这个光照亮了所有的黑暗"。①

3. 西方文化的主体性建构

单一文化语境的历史事件通过跨文化的认知选择,转移到中西文化的比较语境中,历史事件由此具有了文化比较意义上的生成空间,此时的"中国历史"与"西方历史"具有"主体-主体"关系。随着"价值判断"与"道德判断"的加强,"认知主体"成为"价值主体"或"道德主体",此时"历史事件"则被彻底转移到西方的文化语境中,历史事件由此具有了西方文化的价值意义生成空间。换言之,中国的历史事件成为了西方主体文化的价值或道德介体,生成西方文化主体性的价值意义或道德意义,而这些意义的符号外显就是历史事件的修辞幻象。

在近代西方的中国历史认知、阐释与批判中,随着西方价值主体性与道德主体性的建构完成,认知主体建构完成了西方文化主体性。自此,以西方价值与伦理观念为核心的西方文化成为普世性的"真理",成为所有异域文化的标准与追求目标。中国历史成为"客体""他者"与"异类",成为凸显西方文化的言说语料,成为了批判中国文化的历史文献。

在近代西方的中国历史认知中,西方主体对中国的历史与现状进行了切割,以充分呈现中华文明是一个"停滞的文明",如同其他古老文明一样。"停滞"与"古老"共同建构了中国文明的近代意象,从而也建构了近代西方文明的"先进"与"现代"意象。当"现代/古老""先进/停滞"两对意象并列呈现时,西方文化的主体性得到了清晰的建构与突显。物质生产的发展与优势是近代西方据以为傲的参照系。这种比较也是其文化主体性建构的核心,至今如此。以物质优势为核心的文化主体性建构方式,不仅是近代西方的集体意识,而且影响至今。这种以"物质中心主

---

① Faber, Ernest, "China in the Light of History", *CR*, Feb., 1897, p. 69.

第五章　近代西方认知中的"中国历史":关键词"黑暗"的广义修辞学阐释

义"为基本要素的西方文化主体性的建构方式,至今依然对中国乃至世界影响深远。

(四) 近代西方认知中的"中国历史":"异类他者"的修辞建构

在近代西方的中国历史认知中,西方主体经历了一个从"认知者""认知主体"到"主体自我"的变化过程,中国历史也相应经历了一个从"认知对象""认知客体"到"客体他者"的建构过程。这个历史认知过程,既是西方主体文化的中心化过程,也是中国历史的他者化过程。当西方主体从"认知者"转变为"认知主体"时,中国历史也从"认知对象"转变为"认知客体"。当西方主体成为中国历史的话语主体时,中国历史既成为修辞话语的言说对象,亦被置于"认知客体"与"客体他者"的模糊边界之间,而西方文化则通过修辞逐渐进入文本话语的中心,并决定历史认知的意象呈现与主题意义。

法国历史学家马克·布洛克(Marc Bloch,1886—1944)认为,历史的认知包括"历史观察""批判"与"历史分析"。[①] 从《教务杂志》有关中国历史的认知文本来看,这三者其实融会于西方主体的历史阐释中。在对中国历史的认知过程中,西方认知者的"阐释身份"不断发生变化,从"客体→主体"的"客体性阐释",逐渐转变为"主体→主体"的"对话性阐释",而后迅速转变为"主体→客体"的"主体性阐释"。当认知主体自觉应用西方文化对中国历史进行"价值批判"或"伦理分析"时,西方主体转化为"价值主体"或"道德主体",对中国历史的认知演变为一种"主体性阐释"。在幻象符号的修辞建构中,西方认知者演绎成为"主体自我",认知对象成为"客体他者"或"文化异类"。西方认知者的阐释身份及视域变化,不仅决定了话语的修辞建构,而且生成了不同的有关中国历史的

---

① [法]保罗·利科:《历史与真理》,姜志辉译,上海译文出版社,2004年,第4页。

幻象。

综上,西方对中国历史的认知,就是对中国历史的修辞建构过程,亦是中国历史的他者化过程。近代西方对中国历史的建构,就是西方文化的中心化过程,亦是西方文化的主体性建构过程。认知者的文化主体性与价值主体性将帮助他们克服"历史距离"所造成的"疏离感",摆脱"理性-感情-想象"之关系把控的"尴尬感",最终解决"阐释身份"的"漂移感",修辞建构符合主体意图的中国历史。

本章结语　西方文化的历史主体性建构

1. "西方文化"的历史主体性建构

以《教务杂志》为代表,近代西方的中国历史认知,从对历史典籍合法性的质疑、对历史文本的主体重构到对主题文本的修辞建构,把中国的历史典籍解构为一种纯粹的客体性文献碎片;在"血腥暴力"的文明史、"黑暗专制"的政治史与"官贪民愚"的社会史等中国历史的幻象建构中,把中国的文明进程修辞幻化为"异类他者";在对中国历史的客体性与他者性建构中,近代西方修辞建构了西方文化主体性。

在近代西方的认知文本中,在西方对中国历史的重构中,西方主体不仅直接利用修辞话语把中国历史从"客体对象"转换成"认知客体"与"言语客体",而且把西方文化悄然转化为"认知主体""言语主体""价值主体"与"道德主体"。在这些主体与客体的不同形态变迁中、不同身份的修辞建构中,西方主体不仅修辞建构了西方文化的历史主体性,而且更是试图把西方文化修辞幻化为人类的"普世性价值"与"至高道德"。

借助"血腥""原始""野蛮""伦理缺位""落后""停滞"等贬义色彩的主题词,近代西方认知文本修辞建构了以"黑暗"为核心喻体的中国历史

第五章 近代西方认知中的"中国历史":关键词"黑暗"的广义修辞学阐释

幻象。正是基于中国历史及中国文化的"黑暗"幻象,近代西方修辞建构其文化主体性:基督教精神、西方文明、西方现代国家的"光明"幻象。

在《教务杂志》中,对中国历史的文本重构,既是认知客体的文本建构,亦是认知幻象的修辞建构。究其本质,是对中国历史的客体性与他者性建构,是西方文化主体性的历史建构。在对中国历史的合法性质疑中,近代西方建构其"认知主体"身份,在中国历史的文本重构中,近代西方建构其"话语主体"身份,在对中国历史的客体性建构中,近代西方建构其"历史主体"身份,在对中国历史的文本幻象生成中,近代西方建构"中国历史"的"他者性",在对中国历史的认知幻象建构中,近代西方建构其"价值主体"身份。正是在认知主体、话语主体、历史主体、价值主体的历史文本建构中,近代西方不仅建构了西方历史的主体性,而且建构了西方文化的主体性。

2."西方文化"的历史主体性本质

在《教务杂志》的中国历史认知中,西方主体建构其历史主体性绝不仅仅为建构西方文化的主体性身份,而是为西方宰割中国建立"历史客观性""主体合法性"与"道德合理性"。

赖德烈所强调的"中国历史撰写中的传教士作用",实际是为探索建构全面的"人类历史的可能性"[1],而这种"人类历史"是包含中国历史的一种西方主导的历史建构。福柏在批判中国传统教育方法"有百害无一利"时[2],强调了西方教育方法的先进性,而实质是强调西方基督教主题与精神对中国的影响意义。[3] 在论述中国经济史时,他指出:"自从 15 世

---

[1] Latourette, Kenneth S., "The Function of the Missionary in the Writing of Chinese History", *CR*, Dec., 1916, p.823.
[2] Faber, Ernest, "China in the Light of History", *CR*, Dec., 1896, p.591.
[3] Faber, Ernest, "China in the Light of History", *CR*, Jul., 1896, p.340.

纪起,西方各国就与中国开始了商业往来。"①然而,他并不在意商业往来的经济意义,而更强调商业往来的文明史意义:"也许可以说,已蒙圣恩国家的贸易对于一个'半文明'的民族具有毁灭性破坏,除非后者花费大量精力去提升自己,直到贸易平衡。"②"已蒙圣恩"成为西方主体对其他民族"毁灭性破坏"的"道德合理性",而此时的"半文明"民族只能以"西方文化"为范式"提升自己"。

不仅如此,在《历史视域下的中国》一文中,福柏特别提出:"西方三个强国(俄、英、法)已经侵占了中国的疆域,各自割占了许多领土,但西方文明的光芒也已经照射到了内地。"③他在修辞呈现了中国文明的"穷兵黩武"之历史意象时强调,"从历史简述中,很明显,依靠其军事力量,中国取得了许多重要的成功"④,但这种军事优势正在消失。"以同样的方法,日本依靠其军事优势占领了中国的领土,并显示了其吞并中国的野心。"然而,他在强调叙述日本在历史上对中国的军事侵扰时,特别指出:"在目前条件下,日本仍然保持着优势。对于东方来说,如果日本对基督教的态度越来越开放,这并不是一件不幸的事。如果东亚形成一个管理良好的国家或联邦,这将是世界和平的一个保证。一些弱小国家的存在不仅导致互相残杀,而且成为西方列强的目标,导致血腥战争。"⑤这段话不仅说明了近代西方对日本军事侵略中国的态度,而且再次形象地说明了西方文化主体性视域下的近代中国的存在价值。恩斯特·福柏下面这段话也许更能修辞呈现西方文化的历史主体性地位与历史愿景:

黎明意味着白天的来临。其光亮来自太阳,但只是提前到达的

---

① Faber, Ernest, "China in the Light of History", *CR*, Jan., 1897, p. 32.
② 同上文,第 33 页。
③ 同上。
④ Faber, Ernest, "China in the Light of History", *CR*, Apr., 1896, p. 173.
⑤ 同上。

第五章　近代西方认知中的"中国历史"：关键词"黑暗"的广义修辞学阐释

光线,而不是太阳本身。这正如西方文明,找到抵达中国的道路。基督精神已照射进来,尽管文明的承载者并不愿意承认,甚至否认基督教。基督教无论在过去还是现在都是基督教国家的内在动力。只有基督教国家达到了文明的高度,整个世界政治将逐渐被基督教国家所统治。①

---

① Faber, Ernest, "China in the Light of History", *CR*, Jan., 1897, p. 32.

第六章　近代西方认知中的"中国语言"：关键词"巴别塔"的广义修辞学阐释

在近代西方的中国形象认知中，语言认知是一个重要内容，是中国文化解读的一个重要路径。就《教务杂志》而言，从1867年福州创刊之日开始，语言认知就成为刊物的重要主题之一，一直延续到1941年的刊物结束。从最初"God"的汉译之争，五口通商口岸的方言解读，中国谚语俗话的语义分析，一直到方言罗马字的创制与中文罗马化运动。近代西方的语言认知，远非局限于汉语汉字的认知解析，而是包含了中国的各种语言与各个层面，所以我们只能概之以中国语言认知。

近代西方的中国语言认知，具体而言，其认知对象包括汉语与少数民族语言，认知层面包括语音、语义与语言形式，认知类型包含方言、口语、书面语、谚语、俗话。在各种中国语言的认知中，近代西方的主要认知视域包括比较语言学、音系学、语义学、字形学、社会语言学等。纵览《教务杂志》的中国语言主题文本，我们发现，就认知目的而言，这些认知文本其实包含了两类：（1）为克服语言障碍，传播基督教义，传授"中国语言"的学习方法与技巧；（2）通过语言研究，认知中国文化，建构西方文化主体性。

在近代西方的中国语言认知文本中，在西方主体进行语音、语义与符号形式诸元素认知中，在中西语言的关联建构中，"巴别塔"是一个高

第六章　近代西方认知中的"中国语言"：关键词"巴别塔"的广义修辞学阐释

频率出现的关键词。在西方主体修辞呈现中国语言的种种怪异幻象时，常哀叹"巴别塔的倒塌之痛"。也许正是有了牢固的"巴别塔"理念，在中国语言的认知中，不仅以西方语言为"正宗"参照，而且强调中国语言的"怪异"演化。为了"正本清源"，西方主体在认知文本中进行了多种努力，通过中国语言的语音认知，发掘考证中西语言的"同源"依据，通过中国语言的形式认知，重新建构中国文化的"西方渊源"。为了彻底改造这个"同源变异"的中国语言，近代西方的认知主体努力进行汉语符号的形式改造与同化策略，试图撤销这种音形分离的古老象形文字，而代之以"现代""先进"的罗马字母，实现中国语言的罗马化。

在近代西方的中国语言认知中，许多西方著名传教士在《教务杂志》上发表了各种各样的中国语言认知文本，探索了种类繁多的语言主题，其中包括艾约瑟(Joseph Edkins)、赛兆祥(Absalom Sydenstricker)、丁韪良(William Alexander Parsons Martin)、李提摩太(Timothy Richard)、毕海澜(Harlan Page Beach)、薛思培(John Alfred Silsby)、高第丕(Tarleton Perry Crawford)。这些人不仅通过比较中西语言发掘中国语言的各种形态特征，而且亦设计各种方言罗马字的系统改造方案。虽然这些认知与改造蕴藏了近代西方的种种意识形态意图，但就语言研究与文化认知而言，对我们今天的中国语言研究具有一定参考意义，对反思近代西方的语言主体性建构亦具史料与语料价值。

从《教务杂志》中选取代表性认知文本，本章尝试通过相关主题文本的细读，聚焦于西方主体对中国语言的语音溯源、语义重构与语言形态的罗马化方案三个维度，分析近代西方的中国语言认知之幻象建构，从而反思其西文中心主义的修辞建构策略。

一、语音认知：中国语言的"西方起源"之幻象建构

在近代西方的中国语言认知中，横亘在认知者面前的第一道槛就是

近代西方认知中的"中国形象":《教务杂志》关键词之广义修辞学阐释

语音。无论是理解还是言说,这些与西方语言迥然相异的语音,加之各地种类繁多的地方方言,成为西方学习者的巨大挑战。对于他们而言,中国语言不仅发音方式不同,而且语音系统也决然不同,尤其中文的音形分离、声调系统与单音发声等"怪异"特点。因此,《教务杂志》创刊初期即登载了大量的中国语音主题文本,交流各种个体的学习经验与方法体会。在众多经验方法中,得到学习者普遍认可的方法是,用西方语言给方言或汉字注音,帮助记忆与练习。然而,在中国语言的语音认知中,还有一些是近代西方的语言研究者,他们不仅探索中国语言的语音特征,而且试图据此追溯中国语言的历史起源,并探索中国文明的历史源流。

在《教务杂志》的语言主题文本中,近代西方的一些语言研究者采用比较语言学方法,把中国语言置于西方语言的参照比较中,通过音系学研究,修辞建构了中西语言的同源幻象,其中比较有代表性的是艾约瑟[①]的《汉语与希伯来语的关联》(Connection of Chinese and Hebrew)与奥西恩(Ossian)的《盖尔语与中国语言的关联》(Connection between the Gaelic and Chinese languages)。艾约瑟的文本从1871年第1期一直刊登到1872年第4期,共刊载12期,45个版面,而奥西恩的文本刊载于1871年第12期与1872年第2期,共8个版面。本文以这两个文本为主要分析对象,聚焦语音比较与语源追溯,探寻其中西语音同源幻象的修辞建构策略。

---

① 艾约瑟(Joseph Edkins, 1823—1905),英国传教士和著名汉学家。1843年在上海传教,与麦都思、美魏茶、慕维廉等英国伦敦会传教士创建墨海书馆,曾赴太平天国起义军中谈论宗教问题。1863年到北京,负责伦敦会的北京事工并创立了北京缸瓦市教会,1880年被中国海关总税务司赫德聘为海关翻译。

第六章　近代西方认知中的"中国语言":关键词"巴别塔"的广义修辞学阐释

(一) 希伯来语与汉语的语源追溯与语音比较

1. 语源追溯

艾约瑟的《汉语与希伯来语的关联》一文,首先通过两种语言的语源追溯,既为语言的比较研究提供历史依据,又建构比较研究的历史先见之合法性。文本开篇即言:"《旧约》的古老使之拥有了最高的语言学价值。"①这句开篇之语,使《旧约》在承担古老宗教文献功能的同时兼具了语言学的古老文献功能,实质不仅由此强化了圣经叙事的先验合法性,而且开启了基督教视域下的比较语言学研究。

艾约瑟的比较语言学首先建构两种语言的历史关联性,以此建构比较研究的历史认知价值。对此,认知文本论述道:

> 公元前1530年至公元前1450年,摩西的时代就是中国的商代。摩西的文字是已知的最古老的希伯来文字,但他用来编写《创世纪》的文献也许比他的时代更古老,也许大约在亚伯拉罕时期或公元前1900年。②

据话语所述,《旧约》不仅成为人类历史起源的权威文献,而且其语言学研究价值得以进一步加强。《旧约》不仅是最古老的希伯来文献,而且文字直接承继亚伯拉罕,即人类的原初语言。虽然文中用了两个"也许",但修辞话语已基本建构希伯来语的"正宗"与"权威"的语言学地位。

在简述了希伯来语的历史起源后,认知文本指出:"古代中国的文学与教义说明,大约在公元前3000年,在巴别塔倒塌所致的语言混乱之前他们自西方迁徙而来。"③这段话语直接指出中国人的"西方起源",但并未给出任何文献依据,显系西方主体的"公共知识":人类起源于亚当夏

---

① Edkins, Joseph, "Connection of Chinese and Hebrew", *CR*, Jan., 1871, p.203.
② 同上。
③ 同上。

娃的伊甸园,位于西亚,所以中国人也应是迁徙自西方。

至此,经过简单历史溯源,认知文本建构了希伯来语与汉语的共同起源:"古希伯来语与古汉语也许源于最珍贵的共同母语,即真正大洪水之前的语言,始于亚当的语言。"①简单的历史溯源一方面建构了古希伯来语与古汉语的历史关联,为其后的语音比较研究提供了比较语境,一方面奠定了中国语言的西方起源幻象。

2. 语音比较

艾约瑟的比较研究主要基于希伯来语与汉语的语音比较,其目标在于寻找源于原初语言的共同元素,并寻找同源词汇。认知文本首先比较两种语言的基本语音特征:汉语由单音节字组成,每个字有一个元音与一个或两个辅音,而希伯来语是多音节词,每个词有一个或两个元音与一个、两个或三个辅音组成。据此,认知文本认为,希伯来语一定是在某种条件下,使原初的单音节转变为双音节或三音节。为此,艾约瑟设计了基本研究方法,即"恢复希伯来语的词根"②,并以之与汉语进行比较。

根据艾约瑟研究,希伯来语从单音节词根转化为多音节语词,关键在于三个步骤:一是增加前缀擦音,二是增加 R 或 L 作为中间辅音,三是重复第二个小舌音。在进行具体语词的比较研究之前,艾约瑟预设了希伯来语的语音演化规律,并以此为研究提纲,分别进行两种语言的语词比较。规律预设如下:

(1) 常在两个小舌音之前的擦音可以确定是闪族语系的前缀;

(2) 如果中辅音为 Resh 或者 Lamed,应非原初字母;

(3) 第三个辅音很经常是第二个辅音的重复;

(4) 擦音字母以现在的 D 与 T 代表,这样 Sham 的更古老拼写

---

① Edkins, Joseph, "Connection of Chinese and Hebrew", *CR*, Jan., 1871, p. 203.
② 同上。

第六章 近代西方认知中的"中国语言":关键词"巴别塔"的广义修辞学阐释

应是 Tam;

(5) 同理,Resh 与 Lamed 在更古老的希伯来语中是 D;

(6) Vav 的语源音值是 W,Ayin 是 G,F 是 P,He 与 Hheth 是 K;

(7) 中国语言的尾音 NG 常常对应于希伯来语与印欧语系的尾音 M;

(8) 几乎所有的字母都可以加在单音节词根上,从而形成一个龈后音,比如 Gadol(伟大)的词根是 Gad。①

艾氏比较语言学的基本方法是,应用这些语音演化规律,对一些希伯来语词进行"词根"处理,即寻找语词的词根,并以之对照一些汉字语音,从而进行更直观的双语比较,修辞性"发掘"双语的"同源"本质。如希伯来语的"Tsa dik"(正确),根据闪族语系的前缀规则,"Tsa"为擦音前缀,词根应为"Dik",而汉语的"直"发音是"chi",其古文的发音则是"Dik",所以两词应是同源词汇。以此类推,认知文本罗列了一系列同源双语词汇。为更直观呈现艾约瑟的双语同源比较,笔者从认知文本中选取部分案例,如表 4 所示:

表4 希伯来语与汉语同源词汇比较

希伯来语	词根	汉字	发音	语音同源	语音规则
Tsa dik(正确)	dik	直	chi(古音 dik)	dik = dik	规则(1)
Safad(打击胸部)	fad	伐	fa	fad = fa	规则(1)
Tsamath(安静)	math	默	mek	math = mek	规则(1)(6)
Tsafahh(宽)	fahh	博	pok	fahh = pok	规则(1)(6)

---

① Edkins, Joseph, "Connection of Chinese and Hebrew", *CR*, Jan., 1871, pp. 203-204.

近代西方认知中的"中国形象":《教务杂志》关键词之广义修辞学阐释

(续表)

希伯来语	词根	汉字	发音	语音同源	语音规则
Shabag(他发誓)	bag	绑	bok	bag = bok	规则(1)(6)
Shabath(结束)	bath	罢	pa	bath = pa	规则(1)(6)
Shahhat(屠杀)	hhat	割	ko	hhat = ko	规则(1)(6)

(注:表中汉字发音系艾约瑟本人所加的罗马注音方式)

根据所列词汇,艾约瑟指出,远古希伯来语并无擦音前缀,在与汉语比较时,我们必须首先去除前缀擦音。他亦指出,印欧语系与闪族语系的前缀擦音现象应是在公元前3000年分离前就已经得到发展了,而中国语言则完全没有这种前缀擦音现象,所以应是更早就已经迁徙了。

艾约瑟认为,希伯来语在单音节中通过插入R或L,通过增加前缀擦音,发展了原初的单音节语言,增加了大量词汇,但也因此掩盖了语言的原初形态。他指出,在语言进化中,中国人并未修改他们的语音,一些人因此认为中国语言与西方语言起源不同,但是,"声音的力量通过与声调及其他语音元素的结合而得到拓展,词根仍是一样的"。① 换言之,认知主体从希伯来语的词根简化中,发掘了中国语言与希伯来语的相同词根,也因此重建了两种语言的同源关系:"中国语言是一种更早类型的语言,与希伯来语一样,源自同一种原初语言。"②

(二) 盖尔语与中国语言的语源追溯与语音比较

1. 语源追溯

自从艾约瑟在《教务杂志》1871年第1期发表了《汉语与希伯来的

---

① Edkins, Joseph, "Connection of Chinese and Hebrew", CR, Apr., 1871, p. 324.
② 同上。

第六章　近代西方认知中的"中国语言"：关键词"巴别塔"的广义修辞学阐释

关联》一文后，出现了许多以其方法进行类似研究的探索，其中在厦门的美国传教士奥西恩的《盖尔语与中国语言的关联》最具代表性。该文分两期，分别刊载于1871年第12期与1872年第2期。

奥西恩的双语比较研究，是运用艾约瑟比较语言学方法所进行的双语比较研究。认知文本认为，艾约瑟的比较语言学是一种开拓性研究，并且证明："尽管外部差别如此巨大，一眼看去不可能具有任何关联性，但仍有确定无疑的、广泛而深刻的关联，总体而言仍指向共同祖语。"① 认知主体的《盖尔语与中国语言的关联》研究，其目标是通过寻找双语关联，追溯双语的"共同祖语"。

就盖尔语的研究价值，认知主体强调，有足够多的证据说明盖尔语是一种古老语言，在古罗马入侵时，欧洲西部普遍使用这种语言。尽管在结构上不同于希腊语与拉丁语，但这种语言可以追溯到这两个国家最早的历史之前。事实上，它的词缀与前缀系统、动词与名词的屈折方式与希伯来语的关联超过任何一种语言，只有汉语除外。早期希伯来语的形式变化是否借鉴了原始盖尔语的形式变化，还是一个未知数。尽管盖尔语并未保持其单音节特征，但并不能否认其拥有古老的历史。

为强调选题的研究意义，认知主体陈述了对中国语言的一个总体印象：

> 中国语言，非常像盖尔语这种语言，从形式到实质都完全不同于域外，似乎不可能找到任何联系，使之**关联伟大**的西方语系。似乎没有任何**提升**办法可以把中国语言**追溯**到与其他语言的共同祖语。② （注：文中黑体为笔者所加）

这段修辞话语首先强调了中国语言的异质性，是一种完全不同于域

---

① Ossian, "Connection between the Gaelic and Chinese languages", *CR*, Dec., 1871, p.179.
② 同上。

近代西方认知中的"中国形象":《教务杂志》关键词之广义修辞学阐释

外语言的怪异幻象。同时,伟大与提升两词在有意无意中对中西语言进行了等级划分,把中国语言定性为一种"低级语言"。此外,文中所用的"关联"与"追溯",其实体现了认知主体的研究意旨:通过关联寻找,建构中国语言与西方语言的语系亲缘,通过语源追溯,建构中国语言与西方语言的共同祖语。一言以蔽之,该文本所进行的比较语言学研究是为寻求或求证双语的"同源"可能。从中我们亦可发现,在《盖尔语与中国语言的关联》研究中,"双语同源"既是研究目标,实际亦是研究起点,起点与目标成为了比较研究的一对共在矛盾与循环论证,这种现象与近代西方的认知意图息息相关。就此现象,笔者大胆猜测,《教务杂志》中的诸多中国认知文本,其课题研究并非重在科学论证与客观结论,而是偏重于认知幻象的修辞建构,换言之,这类研究实质是一种具有鲜明"修辞建构"目的的研究。

根据两种语言的对比研究与逻辑推演,认知主体认为,盖尔语是一种比希伯来语更古老的语言,与中国语言同为世界上最古老的语言,这两种语言的关联性更强,有些盖尔语词汇是汉语的词根,而有些汉语词汇则是盖尔语的词根。基于文本的逻辑演绎与词汇类推,认知主体认为,盖尔语与中国语言都源于最原初的共同祖语。

2. 语音比较

认知文本的双语比较主要从两个向度进行:一种是以盖尔语语音为参照点,寻找汉语中的具有相似发音的词汇,据此建构两词之间的语义关联;另一种是以盖尔语语义为参照点,寻找汉语中具有相似语义的词汇,据此建构两词之间的语音关联。此外,在进行盖尔语与中国语言比较时,认知主体所举中国语言的词例,大部分是厦门方言发音,只有很少的词例使用"官话"发音。本文分别选择认知文本中的典型案例,以直观呈现认知文本的逻辑建构。

(1)语音关联基础上的语义关联建构

第六章　近代西方认知中的"中国语言":关键词"巴别塔"的广义修辞学阐释

在认知文本中,奥西恩列举了5个"语音同源"词例,建构盖尔语与中国语言的语义关联。例如,盖尔语"Thogh"与汉语"织",前者读音为 t'oeh,后者读音为 tik,这是两个语音同源词汇。Thogh 的第一语义是"房屋",在原始社会时期,盖尔人常用柳枝编织的编条围住大小不一的房屋,据此"Thogh"生成了第二语义"织",据此建构了两词的语义关联。此外,厦门方言中的"房屋"发音为 teh,这是中国语言中最古老的语言之一,与盖尔语"Thogh"的语音与语义基本一致,说明汉语的"织"晚于盖尔语的"Thogh",进而说明:"盖尔语一定出现于汉语之前,与最古老的(厦门方言)形式则在语音与语义上都一样。"①以此类推,认知文本列举了另外四组"语音同源"的词汇。为直观呈现,请参见表5:

表5　盖尔语与汉语同源词汇比较

盖尔语	读音	汉字	官话音/厦门音	语音同源	语义同源
Thogh(房屋、织)	t'oeh	织	tik/teh	√	√
Poch(泥炭)	pok	播	/pot	√	—
Yih(吃)	i	吃	ch'i/	√	√
Hook(取)	huk	得	/tek	√(t 是 h 的变音)	—
Dhu(黑)	tuh	黑	kek/	√(k 是 t 的变音)	√

(注:表中汉字与厦门方言发音系文本作者所加的罗马注音方式)

除表中所呈外,认知文本特别指出,盖尔语的"Yih"(吃)是汉语"吃"(chi)与希伯来语"Lahham"两词的词根,是这个语义的最早形式,说明盖尔语该词早于另两种语言。此外,文本指出,汉语"得"(tek)中的 t 是盖尔语"Hook"(取)中 h 的变音,所以盖尔语词早于汉语;汉语"黑"(kek)中

---

① Ossian, "Connection between the Gaelic and Chinese languages", *CR*, Dec., 1871, p. 181.

的k是盖尔语"Dhu"(黑)中t的变音,所以盖尔语词早于汉语。这些双语词汇的比较,实际修辞建构了一个认知幻象:"盖尔语比中国语言的历史更久远,西方文明比中国文明历史更久远。"

(2)语义关联基础上的语音关联建构

在认知文本中,奥西恩列举了4个"语义同源"的词例,建构盖尔语与中国语言的语音关联。例如,盖尔语的"Goid"(偷)与汉语的"带"(Tak)。显然,这两个词的语义具有一定关联性,但其语音关联则相距甚远。认知文本指出,语音关联的差异只是一种表面现象,其实这两个词是同源词汇,其间经过一系列的语言演化。认知主体认为,盖尔语词是最古老的语言形式,但在语言演变中,雅利安人因为迷信的原因不敢发 ag 的音,常以 at 来取代,因此,"Goid"的 G 被替换成 t,而在希伯来语中"oid"则演变成"ak",所以最后演化成了"tak"。认知文本的逻辑演绎所建构的语词演变线路是:盖尔语 Goid→希伯来语 Gak→雅利安语 toid→汉语"带"(tak)。显然,这个逻辑演绎与其说是寻找盖尔语"Goid"与汉语"带"之间的语音关联,毋宁说是建构汉语"带"源于盖尔语"Goid"的溯源幻象。其他词例如表 6 所示:

表6 盖尔语与汉语同源词汇比较

盖尔语	汉字	汉字音/厦门音	语音同源	语义同源
Goid(偷)	带	tak/	—	√
Naomb(神圣)	圣	/shing	√	—
Buaidh(征服)	胜	/shing	√	—
Jounlaid(洗)	涤	dik/	√	—

(注:表中汉字与厦门方言发音系文本作者所加的罗马注音方式)

另外 3 组词例,认知文本或通过追究文化仪式而完成其语义关联建

第六章 近代西方认知中的"中国语言":关键词"巴别塔"的广义修辞学阐释

构,如"Naomb"与"圣",或通过宗教仪式而完成建构,如"Buaidh"与"胜",或通过生活习俗的人类学考据而建构,如"Jounlaid"与"涤"。通过这些词例的比较与阐释,认知文本修辞呈现了盖尔语与中国语言的"同源"幻象。综而言之,这些比较研究,其修辞建构特征显然远大于科学探究特征。

(三)艾约瑟与比较语言学:研究预设与类推逻辑

1. 比较语言学的研究预设

艾约瑟的《希伯来语与汉语》比较研究、奥西恩的《盖尔语与中国语言》比较研究,运用同一种比较语言学方法,努力建构中西语言的"同源"幻象。然而,他们的研究预设与逻辑类推都存在着明显的问题,是"两种语言的比较所引导的两种词汇的同源追溯",是一种"肤浅评论家根据外在形式进行的简单判断"。[①]

艾约瑟选择希伯来语与汉语进行比较,首先是因为,"希伯来语或其他的中古语系通过保留喉音与擦音而保持其独立特性与原始纯粹。它呈现了最纯粹的类型,是通向其他语言的关键"。[②] 换言之,"喉音"与"擦音"是艾约瑟判断"原始类型"的依据。奥西恩选择盖尔语与汉语比较,则是因为一些词汇的"简单形式要早于复杂形式"[③],据此判断盖尔语比希伯来语的起源历史更早,更适合"寻找与汉语的亲缘关系"。

艾约瑟认为,希伯来语与汉语"也许是一种更珍贵母语发展而来的语言"。[④] 很明显,他试图追溯两种语言至共同的起源。为此,他首先得证明,这两种语言是如何从同一种母语发展出不同的语言特性。也就是说,对两种语言的不同特征必须提供一个形式变化的规律及解释。所

---

① P. Von M., "Mr. Edkins and Comparative Philology", *CR*, Mar., 1872, p.253.
② 同上。
③ 同上文,第254页。
④ Edkins, Joseph., "Connection of Chinese and Hebrew", *CR*, Jan., 1871, p.203.

以,艾约瑟选择了具有相对稳定性的词根为其比较研究的基本依据与类推起点。

在西方字母文字中,词根是语言相对稳定的部分,词汇的变化或增加,多数围绕词根而进行,通过增加词缀或添加辅音而进行。为了实现中西语言的形式可比性,西方研究者首先以罗马字母拼写汉字发音,使象形文字在形式上转换为字母语言,而后从中寻找所需词根。实质上,两种语言的比较变成了两种语音系统的比较,比较语言学变成了"比较语音学"。遗憾的是,罗马字母的拼音方式主要取决于研究者发音的准确程度,因为其时并无统一的注音系统可资参考。更多的研究者受其所学的方言发音所左右,正因如此,大多数时候,近代西方的研究对象只能笼统称为"中国语言",而无法称为"汉语"。

针对艾约瑟比较语言学的研究预设问题,《教务杂志》1872 年第 3 期刊登的一篇名为《艾约瑟先生与比较语言学》的文章,鲜明指出,语言科学"应遵循建立的规则,衡量每个字母并努力发掘字母的正常音值。词源学的最高目标要通过有意识地遵循公正批评之道而得以实现"。他从不确认其假设:"发现的瞬间也许实现其最珍贵的希望,也许证实多年研究的毫无所获。"①文章作者显然看出了艾约瑟比较语言学的致命问题。

2. 比较语言学的类推逻辑

在《教务杂志》对中国语言的认知中,艾约瑟的比较语言学影响广泛,19 世纪 70 年代后,许多西方研究者都采用此法,以探索不同语言的比较认知。在众多研究者中,美国传教士奥西恩尤其推崇这种研究方法,并强调:"比较语言学这项研究,我们选择任何观测点去探究它,它都是一个能引起研究者浓厚兴趣且极具重要性的学科。"②

---

① P. Von M., "Mr. Edkins and Comparative Philology", *CR*, Mar., 1872, p. 253.
② Ossian, "Connection between the Gaelic and Chinese languages", *CR*, Feb., 1872, p. 242.

第六章　近代西方认知中的"中国语言":关键词"巴别塔"的广义修辞学阐释

虽然这种方法在迥然相异的中西语言形式中找到了关联之处,并开启了中西方语言的形式比较可能性,但是这种研究在视域与逻辑上都存在种种问题,且语言比较的类推逻辑具有明显的意图指向。在1899年的一篇文章中,艾约瑟强调道:"我坚持认为,中国人迁徙自西方,并带来了巴比伦文明,比雅利安文明更早。中国语言比雅利安语和闪米特语都更早。"[1]他的这一观点既是研究起点,又是研究结论,其比较语言学研究实际进入了一种循环类推的修辞性逻辑之中。

艾约瑟的比较语言学实际也开启了一条中国文化认知的语言学路径。更为重要的是,"语言同源"的幻象建构有助于"文化同源"的幻象建构,并提供西方主体"改造"或"同化"中国文化的历史合法性,并进而建构西方文化主体性。就此而言,我们似乎不难理解,《教务杂志》中的诸多语言比较文本的逻辑矛盾与主观类推了。

在《盖尔语与中国语言的关联》一文中,文本作者指出:"尽管这种语言科学仍然相对年轻,但已经可以面对各种不同的语言与方言,从彼此的差异中寻找那些未被认知的亲缘关系。"[2]显然,这种比较语言学的研究关键在于"求同",通过"求同"而寻找中西语言之间的亲缘关系。中西语言的亲缘关系既是研究预设,亦是研究目的。换言之,先假定圣经叙事中的原初语言为所有语言的共同祖语,据此假定中国语言的西方起源,而具体的语言比较只为寻找中西语言的关联性证据,寻找两种语言之间的"未被认知的亲缘关系"。正因如此,文本作者发现:"通过这个研究,我们已经发掘了许多令人吃惊的事例,这些事例泄露了许多语言变

---

[1] Edkins, Joseph, "Relation of Chinese to Western Languages", *CR*, June, 1899, p. 269.

[2] Ossian, "Connection between the Gaelic and Chinese languages", *CR*, Dec., 1871, p. 179.

迁所经历的阶段。"①

奥西恩认为:"如果中国语言表现出不同于任何其他人类语言的独特性,显然只是因为科学研究者还未大胆找到得以令它们通向同一源头的未知路径与密道。同一源头演化出全球各处的无数语言形式,以承载人们的思想与观念。"②这段话语在赞赏艾约瑟对比较语言学贡献的同时,更是确认了艾氏的研究预设与逻辑指向,即全球各地的语言形式都源自同一祖语。据此,近代西方赋予了比较语言学一个具有强烈意识形态性质的学科任务:通过比较不同语言,寻找共同元素,建构语言要素关联,重建以西方语言为源头的人类语言谱系。

(四) 中西语言的"语音同源"之幻象建构

在近代西方的比较语言学研究中,以《汉语与希伯来语的关联》《盖尔语与中国语言的关联》研究为典型,认知主体努力建构中国语言与西方古代语言之间的语音关联性,通过对不同语言族系的语言学考据,发掘中国语言源于西方远古语言的语言学证据,建构中西语言的"语音同源"幻象。

希伯来语属于亚非语系闪米特语族,为古代犹太民族的民族语言,也是犹太教的宗教语言,是《旧约》最早的使用语言。希伯来语与汉语的语音同源之幻象建构,具有重要的宗教意义,一方面证明中国文化的基督教基因,另一方面提供近代西方在中国传教的合法性。盖尔语包括苏格兰盖尔语与爱尔兰盖尔语,是一种曲折型语言,属于印欧语系,是西欧古代使用广泛的语言。盖尔语与汉语的语音同源之幻象建构,具有重要

---

① Ossian, "Connection between the Gaelic and Chinese languages", *CR*, Feb., 1872, p. 243.

② Ossian, "Connection between the Gaelic and Chinese languages", *CR*, Dec., 1871, pp. 179 – 180.

第六章　近代西方认知中的"中国语言"：关键词"巴别塔"的广义修辞学阐释

的文化意义,既可暗示中国文化的西方基因,亦可为推行中国文化的西化运动提供历史理据,为欧洲列强的中国殖民提供合法性依据。

从两个认知文本中,我们发现,近代西方建构中西语言的"语音同源"幻象具有深层的修辞意图,既为证明中国语言的"西方起源",更是为了证明中国文明的"西方起源",中国文明是西方古老文明的"分支"。这种语言幻象的修辞建构,不仅可以颠覆各种中国文化形式的历史合法性,而且有助于西方文化主体性的建构,有助于西方文化的"正宗"与"权威"地位的建构。至此,从西方语言的主体性建构到西方文化的主体性建构,研究预设与认知意图相一致,分析结果与认知意图相一致。当然,就学科意义而言,艾约瑟的《汉语与希伯来语的关联》一文是西方较早进行的中西语言的比较研究,具有比较语言学的学科开拓性价值。

二、形态认知：中国文化的"西方起源"之幻象建构

在以《教务杂志》为代表的近代西方中国语言认知中,语言形态成为一个重要认知内容,包括汉字的结构特征、谚语的类型特征与方言的音调系统。在这些语言形态的认知中,西方主体不仅努力"发掘"语言规律,而且深入文化认知,建构中国文化的"西方起源"幻象。本文尝试从以下三个方面分析近代西方的中国语言形态认知及其认知幻象建构。

德国汉学家恩斯特·福柏的《汉字分析》,从语音分析转向字形分析,发掘中国文明起源于西方的语言学理据;美国著名汉学家明恩溥的《中国的谚语与俗话》,一方面解释各种典型谚语俗话的形态特征,一方面关联中国社会、历史、习俗等文化各个方面;在语言学意义上,晚清时期的中国方言得到历史上从未有过的集中研究与多视角分析,除了便利西方人的方言学习之外,这些研究一方面努力发掘中国语言的西方起源之证据,另一方面则在努力建构以罗马字母为中心的语言"巴别塔"。

近代西方认知中的"中国形象":《教务杂志》关键词之广义修辞学阐释

(一) 汉字解析:中国文化的"西方起源"之幻象建构

受艾约瑟比较语言学启发,德国汉学家恩斯特·福柏在《教务杂志》1871年第9期与第10期上发表了《汉字分析》一文,从语音分析转向字形分析,发掘中国文明起源于西方的语言学理据。在该文本中,福柏主要分析了两组词,一组建构中国文明的"西方起源",一组建构中国文明的"自西迁徙"。前一组词包括"船""查""蛇""楼""西";后一组词则是以"牛""羊""男""女"为结构的汉字。该认知文本的解析大部引证自近代其他西方汉学家的中国文明起源认知,包括理雅各、马礼逊①与麦都思②。福柏文本试图通过汉字的结构分析,确认这些汉学家的"中国文明之西方起源"假设。

1. 汉字的字形结构解析

福柏认为,"船"的字形结构可以解析为"八""口"与"舟",因此"船"的字形语义是"一条载着八人的舟"。③ 他指出,这个汉字之所以会承载这样的语义,是因为该汉字形成的时候就已经有了诺亚与其一家人乘坐方舟逃难的传说。就此汉字的语义解析,福柏引用近代著名汉学家理雅各的观点予以确证。理雅各认为,在尧与禹的时代有一次很大的洪水,毫无置疑,这场洪水破坏也相当严重,花了大量人力物力把洪水引入河

---

① 马礼逊(Robert Morrison,1782—1834),英国传教士,是西方派到中国大陆的第一位基督新教传教士,在华25年,许多方面都有首创之功。在中国境内首次把《圣经》全译为中文并予以出版,编纂第一部《华英字典》,创办一份中文月刊《察世俗每月统记传》,开办英华书院,开传教士创办教会学校之先河,首创医药传教的方式。这些事业,使其成为开创近代中西文化交流的先驱。

② 麦都思(Walter Henry Medhurst,1796—1856),英国传教士。1843年,麦都思在上海开设近代印刷史上著名的墨海书馆,并采用石版印刷术印刷了《耶稣降世传》《马太传福音注》等书籍。1853年在香港创办《遐迩贯珍》。通中国、日本、朝鲜、马来西亚语言文字,能操福建方言。

③ Faber, Earnest, "Analysis of Chinese Characters", *CR*, Sept., 1871, p.91.

第六章　近代西方认知中的"中国语言":关键词"巴别塔"的广义修辞学阐释

道。但是,尧帝时代的洪水记载是"一种夸张的传说"。① 这个夸张记载显示,在尧帝的洪水时代,仍然流传着更早的诺亚时代的洪水传说。随着时间流逝,尧帝时代的洪水记载也成为了一个传说,两种传说融合在一起,而诺亚时代的洪水传说逐渐退出了尧帝时代的洪水传说,因此中国早期历史只记载了"大禹治水",而未记载"诺亚方舟"。

在古汉语中,"査"的语义是"船、筏",福柏指出,这个语义亦与诺亚方舟的传说有关。他引用麦都思关于"巨查"一词的假说——"在公元前2296年的尧帝时代,有巨查入海达12年,漂流世界"②。马礼逊只是简单地说:"巨查很可能就是诺亚方舟。"福柏以此判断,尧帝的洪水时代并无此物,这个"巨查"显然是从更早的洪水传说中流传下来的。据笔者查阅,麦都思假说应是根据晋王嘉的《拾遗记·唐尧》所记而作的转述:"尧登位三十年,有巨查浮於西海。"

福柏指出,"蛇"字中的"匕"可能是"化"字的古老形式,依此则"蛇"的字形意指:"一种能够秘密变化的爬虫,或一种变异的爬虫。"③另外,他提出,在中国文化中,为什么"蛇"为"女子之祥"? 如《诗经·小雅·斯干》所言:"维熊维罴,男子之祥;维虺维蛇,女子之祥。"而在中国早期传说中,第一个女人为什么是"蛇女"? 就此,福柏引用了马礼逊的解释:"女子之祥"与"蛇女"之说显然源于撒旦化身为蛇而引诱夏娃的传说。因此,"蛇"的字形与"蛇女"传说其实是"中国版的伊甸园故事",早期传说的记载意味着中国文明的"西方起源"。

理雅各、麦都思、马礼逊等人的历史猜想为福柏的汉字语义重构提供了"历史理据",既证明西方文明早于中国文明,亦证明中国文明源于

---

① Faber, Earnest, "Analysis of Chinese Characters", *CR*, Sept., 1871, p. 91.
② 同上。
③ 同上。

西方文明,从汉字的语义建构走向中国文明的"西方起源"建构。

2. 中国文明的西方起源建构

借助"船""查"与"蛇"三个汉字的"西方起源"假说,福柏继续引用伏羲、女娲氏、中皇之山等早期中国传说的西方解释,进一步强化中国文明的"西方起源"建构。

马礼逊指出,一些欧洲作者认为,伏羲与西方的诺亚是同一个人,但在传说中,他"继天而王",即他是第一个被天授予权力而为王的人。另外,他的名字是"风",也许正暗示他的生命来自于全能之神。有"圣德象日月之明",其名"太昊",教万民各种有用的技艺,因此又被取名"庖牺",而后被取名为"伏羲"。他的后代统治了15代,共17787年。因此,马礼逊认为:"伏羲可能是第一个人类,是西方的亚当,而非诺亚。"①

福柏指出,根据马礼逊的记载,显然伏羲是亚当的"中国版传说",而他的第15代后人,正是诺亚。认知文本指出,《圣经》记载的9代,有些地方并不确定,也许中国记载的15代才是正确的。

关于"女娲氏"与"中皇之山",根据中国传说,伏羲死后,共工氏作乱,振涛洪水,以祸天下,女娲氏打败共工氏,并在中皇之山建立统治政权。正是在这里,女娲氏发明竹笛以调和风,并尊神而调和百姓。女娲氏统治130年后死去。马礼逊指出,"女娲氏"并不证明是女性,而麦都思也提供了很多"证据"证明"女娲氏"并非女性。② 福柏认为,"女娲"与"诺亚"发音相近,很有可能"女娲氏"是"诺亚"的中国版传说,而"中皇之山"就是"阿勒山"(今土耳其东部,传说中诺亚方舟停靠地,笔者注)。

此外,福柏还解析了"楼""西""牛""羊"等构字现象,以强化建构中国文明的西方起源。他认为,"楼"字由"木"与"娄"组成,"木"很好理解,

---

① Faber, Earnest, "Analysis of Chinese Characters", *CR*, Sept., 1871, p. 92.
② 同上文,第91—92页。

第六章 近代西方认知中的"中国语言":关键词"巴别塔"的广义修辞学阐释

而"娄"是"低"的意思,不好解释,除非这个字在造字时,仍在流传着巴别塔的传说。许多汉字包含"西"的文字,如"覆""要""粟""票""贾""洒"等,"似乎在暗示这些字在造字之时,仍有自西迁徙的记忆或传说"。[①] 中国人房屋造型非常像帐篷,说明中国人早期是个游牧民族,而且很多汉字都包含"牛"和"羊",如"美""義""牧""牢"等,这些都证明了中国人原初是个游牧民族。而这些汉字的造型说明,当他们在造字的时候,仍然有早年的生活记忆与传说,以纪念他们的"自西而迁"的游牧经历。[②]

从以上汉字的结构解析中,我们发现,福柏显然是借助汉字的结构解析强化"中国文明的西方起源"的幻象建构,是一种基于众多西方汉学家的历史假说之上的语言学建构。换言之,这些汉字的字形分析与语义重构,分明是以历史假说为前导,是先有结论,后佐以分析的语言学研究。

(二) 谚语认知:西方批判与基督教利用

在近代西方的中国语言认知中,谚语认知占了非常大的比例。在西方认知者看来,一方面是汉语学习的需要,大量中国谚语必须专门学习,否则根本无从理解中国人的口语,另一方面,中国谚语数量巨大,类型独特而多样,引用广泛,是了解中国人的生活习俗、价值理念、思想观念的重要渠道。在《教务杂志》所登载的主题文本中,这方面的研究以美国著名传教士明恩溥[③]的《中国的谚语与俗话》最为典型,从 1882 年第 2 期到 1886 年第 5 期,总共刊登 19 期,版面 300 页。该文虽以中国谚语俗话为题,但在解释各种典型谚语俗话时,关联中国社会、历史、习俗等文化各

[①] Faber, Earnest, "Analysis of Chinese Characters", *CR*, Sept., 1871, p. 93.
[②] Faber, Earnest, "Analysis of Chinese Characters", *CR*, Oct., 1871, p. 121.
[③] 明恩溥(Arthur Henderson Smith, 1845—1932),美国传教士,在中国生活了 50 余年,出版有影响的作品包括《中国人的性格》《中国乡村生活》《今日的中国和美国》等。《中国人的性格》一书被公认为近现代研究中国民族性最详尽、最切实的著作。

近代西方认知中的"中国形象":《教务杂志》关键词之广义修辞学阐释

个方面,实际是一部解读中国文化的认知文本。此外,比较典型的文本还包括英国传教士慕雅德(Arthur Evans Moule,1836—1918)的《中国谚语哲学》与英国传教士窦乐安[①]的《见证》。

1. 中国谚语的认知与分类

明恩溥指出,中国语言是一个非常宽广的领域,包含了许多个体也许永远无法知晓的内容。他强调提出,在学习中国语言的过程中,谚语认知与典籍认知都非常重要,既是语言学习的必要,亦是了解中国人思维方式的必要,因为谚语与典籍一样,表现了中国人思想的方方面面。

在明恩溥看来,典籍认知是谚语认知的一个重要路径,因为很多谚语都出自典籍。对此,"每个想要了解中国语言的人都应该适当了解一些中国典籍,并不是说有必要记忆或考查这些典籍的内容,但我们应该至少知道它们是什么,以及是关于什么的"。[②] 他甚至把谚语认知上升到"谚语哲学"的认知高度,认为"学习中国典籍以了解中国人的思想,这种观念也同样适用于指导我们去学习中国的谚语哲学"。[③] 他特别指出,许多中国谚语源于中国典籍,如"知过必改""上和下睦,夫唱妇随"等。源自"四书"的谚语更多,如"天无二日,民无二王""生财有大道""半途而废"等等。这些谚语充分反映了中国典籍中的丰富资源。这些典籍引语奇特地充实了中国语言,没有一句可以称"俗","它们宛如来自天国的声音"[④]。

[①] 窦乐安(John Litt Darroch,1865—1941),英国传教士,清朝游学进士。1884年到六安传教,后任职于山西译书院。光绪三十三年,光绪帝赏山西译书院译员窦乐安游学进士。1908年,由窦乐安主持,黄鼎、张在新、郭凤翰共同译述,许家惺校订并作序的《世界名人传略》出版。

[②] Smith, Arthur, "The Proverbs and Common Sayings of the Chinese", *CR*, Mar.-Apr., 1882, p. 97.

[③] 同上文,第98页。

[④] Smith, Arthur, "The Proverbs and Common Sayings of the Chinese", *CR*, Jul.-Aug., 1882, p. 248.

第六章　近代西方认知中的"中国语言"：关键词"巴别塔"的广义修辞学阐释

关于谚语的真正文化价值，明恩溥特别引用了特伦奇大主教的话："(谚语俗话)使他们快乐,已经使他们快乐许久——这些(谚语)成为生活的原则,维系着民族上千年的历史存在。"① 什么是中国的谚语俗话？文本作者陈述了他的调查过程,他询问了各种职业的中国人,但还是无法得出结论。明恩溥指出,中国谚语并不等于词汇,中国语言中有丰富的二字、三字、四字或更多字的固定词汇,但缺乏主谓之间、名词、形容词、动词之间的分界线,很难把固定词汇从谚语中分离出来。他指出,中国语言中的谚语数量非常巨大,远超其他语言,这是因为中国拥有"具有警句与对仗能力的特异中国语言,保留并包含书面语与成语的古代文学,以及漫长繁荣的民族历史"②。

明恩溥指出,中国谚语无人不说,从高高在上的皇帝到磨坊里的妇女都说谚语。令他感到"怪异"的是,在谈论广东城市失陷的谈话记录中,道光帝与两广总督竟然引用了老太太常说的"千算万算不如老天一算",而"总理衙门、六部大臣运用那些村妇农谚,竟然如引用'四书五经'那样自然与下意识"③。认知文本指出,那些目不识丁的老太太能引用《易经》中的句子,就像皇帝能引用老太太的谚语一样,谚语使用不分等级贵贱,是一种很特别的现象。中国谚语哲学与口语交织在一起,没有一个中国学者能够完全避开。对于数量众多的谚语俗话,明恩溥指出："适当了解无穷无尽又恰如其分的中国谚语,将使人们深信,地球表面没有一个点不能成为一个完美圆圈的中心,生活中的任何一种情形,中国的谚语哲学都能对其赋予恰当的说法。"④

---

① Smith, Arthur, "The Proverbs and Common Sayings of the Chinese", *CR*, Mar.-Apr., 1882, p.99.
② 同上。
③ 同上文,第105页。
④ Smith, Arthur, "The Proverbs and Common Sayings of the Chinese", *CR*, Mar.-Apr., 1882, p.104.

近代西方认知中的"中国形象":《教务杂志》关键词之广义修辞学阐释

由于谚语的复杂多样性,分类认知变得非常艰难,对此,认知主体只能尝试部分根据谚语的出处,但主要根据谚语的形式来分类。依据此一原则,中国谚语被分成七大类:

(1)典籍引摘;(2)《诗经》对仗句或句子引摘;(3)对仗句;(4)包含历史、半历史、传说、神话等人物或事件的谚语;(5)与具体地区、地方性重要人物与事件相关联的谚语;(6)基于同字不同义或不同字但音韵近似而建构的双关语;(7)以上种类之外的其他谚语。①

对于这种分类法,明恩溥坦然承认:"这种分类必然不确切,也许不够详尽,但比以其他方式来分类更好。"②

2. 中国谚语的批判与利用

在中国谚语的认知中,近代西方主体特别指出了中国谚语中的"愚昧"与"迷信"色彩。明恩溥在其文本中就强调指出:"中国人现时的迷信也反映在他们的谚语中。关于体貌特征的流行观念已经附着于谚语。许多不可靠的理念也被普遍接受。"③例如,"头大福也大,有福在头皮上挂""嘴大福也大,有福在嘴角儿上挂"等,这样一系列的关于体貌特征的谚语,其实是来自于中国的相书,迷惑了中国百姓的对真正宗教的信仰。

明恩溥发现,中国的黄历是一种非常奇怪的"迷信系统",几乎使所有的中国人"都基于某日某地及其关联的幸运或不幸原则来调整社会生活安排"。④ 他批判指出,这个理论极其细微,独立地构建了最宏大的迷信系统,就像空中城堡一样难以消除。这些迷信也都渗透到谚语俗话之

---

① Smith, Arthur, "The Proverbs and Common Sayings of the Chinese", *CR*, Mar.-Apr., 1882,第103页。
② 同上。
③ Smith, Arthur, "The Proverbs and Common Sayings of the Chinese", *CR*, Jan.-Feb., 1885, p.12.
④ Smith, Arthur, "The Proverbs and Common Sayings of the Chinese", *CR*, Sept., 1885, p.321.

第六章　近代西方认知中的"中国语言"：关键词"巴别塔"的广义修辞学阐释

中,例如,"初五、十四、二十三,老君炉里不炼丹""七不出,八不归"等。此外,许多谚语也都传播偶像崇拜的迷信,例如"好人头上三尺火,是邪是鬼都得躲""头上三尺有神灵""魂升于天,魄降于地"等谚语,以头上的假想"灵光"来保佑自己,"魂魄分离"的中国"死人崇拜"理论,显然都是中国迷信系统对人们的误导。

英国传教士窦乐安在《教务杂志》1903年第2期的《见证》一文中,则建议来华传教士要善于利用中国谚语,有助于传教。比如,孔子的"唯天是大",被改成了"天是一大天,人是一小天"。在给信众解读时,他建议解读为:"人是一小天"显然很贴切地表述了"人是上帝在地上的代理人"这个道理。① "天网恢恢,疏而不漏""善恶之报,如影随形"这样的谚语,其实可以用来解释我们人类的"罪"是无处可逃的,唯有信奉上帝,进行救赎,才有可能得救。窦乐安甚至还建构了新的谚语以传授基督教思想,如"君起盘古,人始亚当"②,即"盘古"是第一个"君王",而"亚当"是第一个"人类",把中西方的神话融为一体。

"一字大一字大,四大部洲挂不下,有人得授一字传,灵山会上同说话",这段押韵谚语本意是如果一个人能真正学会"一"这个字,就可以在神仙集会上说话了。在认知文本中,窦乐安建议从《圣经》角度重新阐释这段谚语:"一"字非常重要,因为只有一个上帝、一个救主、一个真理、一个为永恒做准备的人生。③ 同时,他指出,"人生一世,草生一春",如果从《圣经》角度理解,就是这一生要好好赎罪,才有可能回到上帝身边。

慕雅德在其《中国谚语哲学》一文中则指出,有些谚语表达了对偶像崇拜的讽刺,例如"假银子,肚里空,铜钱买,供祖宗""那泥馒头好供

---

① Darroch, J., "Illustrations", *CR*, Feb., 1903, p.55.
② 同上文,第57页。
③ 同上。

佛"。① 他认为,这类谚语说明中国人中有些智慧之士看出了偶像崇拜的问题所在。此外,他认为,"世界穷尽终有出头之日",这是一种"充满不道德的希望,对于中国人来说只不过是意味着另一次轮回"。②

"用尽机关心血瘁,到头难带半文钱",这个谚语表达了说话人的绝望,其实从另一面也说明"世俗的计划追求最终都失败"③,无法得到救赎,获得永生。他认为,这些谚语不仅表达了中国人的价值观,而且可以用来帮助信众解除迷惑。为此,他特别指出:"每一种语言的谚语,特别是中国谚语,是圣灵的保佑与帮助方式,引领人们穿过世俗生活的重重迷惘,直到纯净的天堂,那时就不再需要谚语与寓言了。"④

(三) 方言认知:语言"巴别塔"的建构努力

在晚清时期,大量西方传教士来华进行传教活动。因为传教需要,这些传教士首先面对的就是语言问题,尤其是各种地方方言。方言学习成为他们日常生活与传教工作的重中之重。为尽快掌握居住地方言,传教士殚精竭虑,寻找便捷的方法与速成的诀窍。正因为这个原因,在语言学意义上,中国方言得到历史上从未有过的集中研究与多视角分析,方言研究从起步到发展,成果颇多,影响深远。《教务杂志》刊发了方言主题的大量认知文本及研究成果。然而,在阅读认知文本的过程中,我们隐约发现,除了便利西方人的方言学习之外,这些文本既在表层呈现着发掘"西方起源"的努力,亦在深层隐藏着一种建构语言"巴别塔"的动力。

1. 中国方言的认知研究

在中国方言的近代西方认知中,首要任务是对发音系统、声调系统、

---

① Moule, A. E., "Chinese Proverbial Philosophy", CR, Mar.-Apr., 1874, p. 74.
② 同上文,第76页。
③ 同上。
④ 同上。

第六章　近代西方认知中的"中国语言"：关键词"巴别塔"的广义修辞学阐释

词汇系统进行整理归类。西方研究者进行了大量的工作，一方面发表了大量论文，总结分享各种学习方法，另一方面编写方言字典，方便学习。这些方言研究者大多数是来华传教士、汉学家，一部分则是外交官。最具代表性的近代西方研究者包括马礼逊、卫三畏、威妥玛、摩嘉立、高第丕、麦利和、杜嘉德、庄延龄、赛兆祥、薛思培。

　　这些研究者出版了许多深具影响力的方言字典与论著，极大地方便了西方学习者的方言学习，推动了方言研究。其中，卫三畏著有《简易汉语课程》《官方方言中的英汉用词》《英华分韵撮要》《汉英拼音字典》等，这些书籍一度成为外国来华传教士和商人的必读之书。威妥玛①以罗马字母为汉字注音，创立威妥玛式拼音，便于外国人学习汉语，影响力极大，为语言学作出突出贡献，著有《语言自迩集》等。摩嘉立②与麦利和合作完成的《榕腔注音字典》。高第丕出版的用上海方言写的《赞美诗》《上海土音字写法》等著作。杜嘉德③编有《厦英大辞典》，第一部厦门腔白话华英辞典。这些中国方言字典为西方学习者提供了极大便利。

　　西方研究者在编撰方言字典时，积累了各种经验，也成为了进一步研究中国方言的重要理论参考，一些研究者纷纷撰文。在《教务杂志》中，美国传教士摩嘉立的《中国方言的比较研究》一文比较具有代表性。

---

① 威妥玛（Sir Thomas Wade，1818—1895），英国外交官、著名汉学家，曾任英国驻华公使，1868年以罗马字母为汉字注音，创立威妥玛式拼音，便于外国人学习汉语，影响力极大，为语言学作出突出贡献。
② 摩嘉立（Caleb Cook Baldwin，1820—1911），是最早进入福州的传教士之一。1848年到福州。在中国传教生涯长达半个世纪。1895年回美。著作包括1870年与麦利和合作完成的《榕腔注音字典》，以及1871年完成的《榕腔初学撮要》。他和妻子还将大部分圣经翻译成福州方言，并编写《圣学问答》。
③ 杜嘉德（Cartairs Douglas，1830—1877），苏格兰长老会来华的传教士，1855年来厦门传教，前后22年。1877年改任上海福音会议主席，同年7月病逝。编有《厦英大辞典》，1873年问世。此书是第一部厦门腔白话华英辞典，一出版立即成为所有学习闽南语者的必备书，书的特色是全书无汉字，只用罗马拼音。

近代西方认知中的"中国形象":《教务杂志》关键词之广义修辞学阐释

文章一方面赞赏近代英国汉学家庄延龄①对中国方言研究的贡献,一方面比较评论了马礼逊的《华英字典》、卫三畏的《英华分韵撮要》、威妥玛的《语言自迩集》、摩嘉立与麦利和合作的《榕腔注音字典》与杜嘉德的《厦英大辞典》等,同时亦对北京方言、汉口方言、广东方言、福州方言进行了比较。

在文本中,摩嘉立强调,方言研究要特别注意语料收集的完整与基本原理的训练掌握,认知文本提醒,在考察方言的发音与声调两大系统时,应努力收集各种方言的日常表达法、发音、声调、发音送气与鼻音等,而不能想当然地认为"每个中国人都是一部活字典或是语言研究者",而是应该多问一些人,"通过比较确定具有价值的词汇"②以提高对语言认知的准确性,他反对那种认为"努力而准确的学习是一种错误或至少是浪费时间"的观点,也反对那种畏惧"声调"的态度以及"声调是一种神话"③的错误观念,因为声调系统在中国方言中具有"意义确定"的价值,如北京方言的4个声调,汉口方言的5个声调,福州方言的7个声调,广东方言的9个声调。摩嘉立强调,中国方言的声调系统,绝非如一些欧洲语言,只是使语言"听上去别扭"的问题。文本作者认为,为了有利于良好的教育与真正的知识,应依据"标准方言"学习,应提出更高与更完美的标准。他们创造了以罗马字母记录方言发音的方法,包括有汉字对应的方言词汇与无汉字对应的方言词汇。

有观点认为:"与南方更原始的方言比较,北方方言以及书写汉字相

---

① 庄延龄(Edward Harper Parker, 1849—1926),19世纪后期英国驻华外交官、著名汉学家、曼彻斯特大学汉学教授。致力中国语言、宗教及文化的研究和传播事业。一生撰写大量有关中国方言、宗教、文化方面的文章和书籍,并对第一版《华英字典》的编写做出了杰出的贡献。
② Baldwin, C. C., "The Comparative Study of Chinese Dialects", *CR*, Jan.-Feb., 1879, p.51.
③ 同上文,第50页。

第六章　近代西方认知中的"中国语言": 关键词"巴别塔"的广义修辞学阐释

对更清纯与更高贵。"庄延龄认为,这种观点是完全错误的。在他看来,方言之间并无高低贵贱之分。① 摩嘉立则指出:"官话实际上被地方土音严重侵蚀。"②关于汉口方言,庄延龄认为,这种方言是最难对付的,因为北京方言受外界影响较少,而汉口方言处于一种短暂的稳定状态,受许多外来商人的影响很大,所以采集词汇时要特别注意区别外来语言。关于福州方言,庄延龄认为,这种方言"保留了很多奇怪的词汇,可能属于土著语言。这种方言有两种奇怪的特点……元音变位与声调变位"③。

摩嘉立评价指出,庄延龄的工作是在那四位方言专家的基础上,试图进行方言拼写的统一,希望藉此而获得一种方言的完整并可比较的注音系统。他认为,在庄延龄的比较研究工作之后,"我们似乎更接近了精心制作一套'改进拼写法'的可能性,也相对容易在 20 或 100 种方言群中进行词汇对比,并因而提供了共同起源的可能证据"④。因为,事实上各种方言常互相影响,研究者需要克服巨大困难才能确定方言语群中的"标准"方言,也因此才能进行诸种语言元素的比较,包括相关方言的元音、辅音、声调、气声等。

2. 中国方言的认知动力

近代西方的中国方言学习与研究,表面上主要为传教士适应中国的生活之需,便于开展传教工作,但在方言研究深层,具有一种特别的动力:语言"巴别塔"的建构之梦。在《中国方言的比较研究》一文中,摩嘉立以极其修辞性的语言赞颂了中国方言的近代西方研究者:

> (他们)正在研究论文中重建人类的语言巴别塔。他们添加了

---

① Baldwin, C. C., "The Comparative Study of Chinese Dialects", *CR*, Jan.-Feb., 1879, p. 50.
② 同上文,第 56 页。
③ 同上文,第 52 页。
④ Baldwin, C. C., "The Comparative Study of Chinese Dialects", *CR*, Jan.-Feb., 1879, p. 54.

近代西方认知中的"中国形象":《教务杂志》关键词之广义修辞学阐释

很多砖块,真诚地相信这些砖块被正确地砌上了,并用语言学灰泥加固,当顶上的砖块掉落头顶时,既不恐惧也不气馁。我们把荣耀归于这些现代建构者。他们的动力就是尽力推动曾被天国藐视的那些古人精神。他们的建构并非为了统一语言、统一人类的历史起源。尽管所有轻率的推测,人类判断的局限常常导致很多错误,但他们的工作总体是良好而坚固的。各种错误也因使他们变得更加谨慎而具有价值,在随后的工作中也更加成功。①

在文本作者看来,各种研究成果就是建构语言"巴别塔"的"砖块",无论是语音系统的甄别还是声调系统的确定,甚至具体词汇的罗列,都在逐渐加高"巴别塔"。语言学的各种方法作为一种"灰泥",建构各种方言元素之间的关联,建构各种方言之间的关联,逐渐使中国方言成为一个"无缝隙"的整体。换言之,正是各种语言学理论,建构了个体方言研究之间的关联性与整体性。"砖块"与"灰泥",形象地陈述了方言语料收集与语言学理论之间的功能性关系。西方研究者也承认,他们的研究有"轻率的推测"与"判断的局限",并无奈于方言声调的"毫无规律"。有研究者感叹道:"在那些蛮荒大山中有多少巴别塔的土音与方言!"②认知文本虽说,"他们的建构并非为了统一语言、统一人类的历史起源",但在研究中,他们主要以西方罗马字母为基准音,记录方言发音,寻找方言的变音及规律,在与西方语言的比较中,试图重构共同起源,建构语言"巴别塔"。

在对中国方言的研究分析中,近代西方传教士常视西方语言为"现代"语言范本,中国方言则被视作"原始"或"半开化"的语言,亦成为中国文明的"原始"与"半开化"之依据。罗马注音系统的普遍性应用,一方面

---

① Baldwin, C. C., "The Comparative Study of Chinese Dialects", *CR*, Jan.-Feb., 1879, p. 48.
② 同上文,第55页。

第六章　近代西方认知中的"中国语言"：关键词"巴别塔"的广义修辞学阐释

固然便利语言学习，但就文化主体性的建构意义而言，强化建构了西方语言的主体性地位。语言"巴别塔"的建构之梦，实质仍是西方语言的"大一统"的建构之梦。

（四）中国文明的"西方起源"之幻象建构

恩斯特·福柏的"汉字分析"，与理雅各、马礼逊与麦都思等人的中国历史研究一样，旨在寻找中国文明的"西方起源"理据。明恩溥、慕雅德与窦乐安等谚语研究者，则在"中国谚语与俗话"的研究中，一方面发掘中国人的价值观与思维方式，另一方面则强调中国谚语是"圣灵佑助"，是基督教教义的中国式显现。众多方言主题的研究成果的发表与方言字典的编撰，不仅旨在"巴别塔"的建构之梦，究其实质则是西方语言主体性的建构策略。

从中国语言的语音到语义，认知文本修辞建构了中西语言的"同源"幻象，从中国语言的形态到特征，认知文本建构了中国文化的"西方起源"幻象。认知文本的修辞目的，究其实质，是为近代西方主体在中国的传教活动、文化改造、政治经济殖民提供了文化合法性与历史合法性。许多西方研究者在进行中国语言研究中，参加了各种殖民活动。威妥玛参与八国联军镇压义和团运动。明恩溥向美国总统西奥多·罗斯福建议，将庚子赔款用来在中国兴学、资助中国学生到美国留学等，以建立美国的未来优势。艾约瑟曾赴太平天国起义军中谈论宗教问题，1880年被中国海关总税务司赫德聘为海关翻译。

纵览《教务杂志》的中国语言认知，我们发现，这些语言形态的认知文本无论如何使用"科学词汇"，无论是否声称"客观判断"，实际都以西方语言历史与语言文化为参照，在寻找"同源"关联的同时，以"现代"或"文明"作为西方的表征符号，以"原始"或"落后"作为中国的总体幻象，通过各种认知幻象建构，强化建构西方文化的主体性。

三、罗马拼音方案：中国语言的"形式西化"之建构策略

在近代史上，中国语言曾经经历过一场涉及广泛的罗马化改造运动，发起者主要是来华传教士与外交官。就语言类型而言，罗马化运动主要涉及两个方面，一是地方方言罗马字的系统建构，二是汉字普通话的罗马拼音方案。表面上，两者似乎都同样利用罗马字母的注音功能而以表述中国语言的语音为目标。然而，在方法与目的上，两种罗马化改造实际存在明显不同。前者主要利用罗马字母为地方方言注音，即以罗马字母模拟方言发音，使方言获得罗马字母符号的形式呈现。而后者实际上试图在利用罗马字母注音后，以罗马字母符号取代中国汉字系统的象形文字符号，实现中国语言的全盘西化。

（一）方言罗马字的创制

方言罗马拼音方案的提出首先缘于近代西方传教士的工作需要，这项拼音方案的建构运动主要发生在南方，因为国语（官话）主要在北方地区、官场、受过良好教育的人群中普及，而大多数南方人无法听懂或理解普通话，而是普遍性使用各地方言。针对这种语言状况，在1851年的宁波，美国传教士丁韪良"首次把罗马字母引进方言中"。[①] 宁波方言的罗马拼音方案很简单，基本就是一个元音加一个辅音组成一个音节，如"灵"，l＋ing，而 ing 用一个罗马字母表示。因此，方言罗马字的总体特点就是易学易认，易于传道。

宁波方言的罗马字母记录方式很快传到其他地方，并得到热烈响应。1853年上海方言罗马字的《约翰福音书》在伦敦印刷，同年厦门方言罗马字的福音书也得以印刷。上海的方言罗马字非常成功，影响很快超

[①] Silsby, J. A., "Ningpo Romanization", *CR*, Sept., 1903, p.457.

第六章　近代西方认知中的"中国语言"：关键词"巴别塔"的广义修辞学阐释

过宁波与厦门。1880年,在宁波方言罗马字的基础上,台州创建自己的方言罗马字。广东方言罗马字则有四套系统：(1)以美国传教士卫三畏的《广东方言字典》为代表的罗马拼音系统；(2)以德国传教士艾德(Ernest J. Eitel, 1838—1908)的《广东方言字典》为代表的罗马拼音系统,此系统基于前一系统有所改进；(3)以英国传教士湛约翰(John Chalmers, 1825—1899)的《英粤字典》为代表的罗马拼音系统；(4)以美国传教士波乃耶①为代表的罗马拼音系统。福州方言罗马字由英国传教士史荦伯②创制。"厦门方言的罗马化工作开始非常早,1850年就已开始在教会学校运用以授课"③,但其影响主要在闽南地区。建宁方言的罗马字则根据福州方言的罗马字方案改编。刚开始,各地传教士基本各自创造当地方言的罗马拼音系统,后来开始相互借鉴,补充注音与声调方式,尤其是方言相近地区。在创制方言罗马字后,各地印刷大量的方言罗马字《圣经》及其他各种福音书。

丁韪良先后在1902年第1期与1907年第9期的《教务杂志》上刊登了同名文章《地方方言罗马字母化的呼吁》,建议广大传教士以地方方言来布道。他强调,以罗马字母来记录方言,对于大多数文盲的妇女儿童特别适用,很容易上手,"只需几天,至多几个星期就可以认识"④。至1903年,能用宁波方言罗马字读写的人达到几千人,大多数是基督徒与

---

① 波乃耶(Dyer Ball, 1796—1866),美国公理会来华传教士医生。1845年波乃耶迁居广州传教。他在广州建立一所学校和一所诊疗所,还同时布道,印发一份颇受欢迎的中英文传道日历《华英和合通书》。
② 史荦伯(Robert Warren Stewart, 1850年3月9日—1895年8月1日)是英国圣公会差会(CMS)派往中国福建省的传教士。1876年到福州传教,负责教育工作。在福州乌石山创办榕城两等小学。
③ Pitcher, P. W., "Amoy Romanization", *CR*, Nov., 1904, p. 567.
④ Martin, W. A. P., "A Plea for the Romanizing of Local Dialects", *CR*, Jan., 1902, p. 19.

在教会学校上学的人。美国传教士蒲鲁士①指出:"这是帮助中国人摆脱文盲的好办法。"②厦门的传教士礼本思亦强调:"罗马拼音口语是最好的传道工具,尤其面对妇女儿童。一般儿童训练三个月就可以认字阅读,一年之内就可以熟悉福音书并为其他人朗读。"③在这些言语中,我们发现,罗马字母的方言注音功能已经逐渐过渡到方言的文字符号功能,成为一个地方的文字符号系统。

在厦门的美国传教士毕腓力强调指出:"传教士应牢记他们制定这套中国语言书写系统的目的,就是为本地基督徒提供一种更好的方法,帮助他们熟悉上帝的语言,使他们接触宗教与健康的文字。"④在这段话语中,我们可以看出,地方方言罗马字的创制,最主要的目的就是传道。当然,毕腓力也指出,地方方言的罗马化也"遭到一些保守势力的反对",尤其是那些原来的中国知识阶层,因为他们认为这些方言文字不仅搞乱了中国的汉字系统,而且使读书识字成为一种极其简单之事,"有辱斯文"。⑤

(二) 汉字罗马化的动力

在《教务杂志》中,第一篇论及"汉字罗马化"的文章出现在1887年第11期,是查理·李曼(Charles Leaman)的《电报在中国》。该文主要论述

---

① 蒲鲁士(William Nesbitt Brewster, 1864—1917),美以美会在华传教士。1890年赴福建莆田传教。传教之余,在莆田兴办公共事业,包括福音书院、西学斋(后改名哲理中学,今莆田二中前身)、涵江兴仁医院(今涵江区医院前身)、孤儿院、戒烟社、公益社,并且兴办实业,如兴善轮船公司、面粉加工厂。并将当地名产陈紫荔枝引种美国,以及组织莆仙教友前往沙捞越垦殖。1917年返回美国,同年去世。
② Martin, W. A. P., "A Plea for the Romanizing of Local Dialects", *CR*, Jan., 1902, p. 19.
③ 同上。
④ Pitcher, P. W., "Amoy Romanization", *CR*, Nov., 1904, p. 571.
⑤ 同上。

第六章　近代西方认知中的"中国语言":关键词"巴别塔"的广义修辞学阐释

了电报技术在中国遇到的语言文字问题。正如文本所强调:"在电报中,第一次,这些象形文字遇到了从未有过的困难。"①这种困难是无法克服的,必须改革文字才能使用这项技术。在认知文本看来,电报对汉字的挑战,代表了现代技术现代思想对汉字语言的挑战。

  在电报中,中国无可奈何,只能承认并放弃这种古老而无价值的方式,而开始一种新的方式。当然,对她来说,要承认象形文字的不实用是件痛苦之事。但在这件事上,很清楚,她没有选择,只能扔掉原有文字,开始一些崭新的、对其现在与将来进步以及和电报相关的更重要的改革。中国如何创制一套新的实用的电报系统?唯一的解决办法就是对其官方语言进行罗马化。官方语言的罗马化不仅使大众口语成为一种有效而实用的电报方式,而且有效促进公务、商业与私人交际。②

  这个文本虽然以电报说事,但实际探讨了中国汉字的现实问题,汉字罗马化成为一种时代趋势与历史选择。虽然汉字罗马化的重要性源起于中国电报技术的运用便利,实际推及到对整个汉字系统的罗马化问题,亦引发了各方面的争论。在1888年第1期的《教务杂志》上,美国传教士赛兆祥对《电报在中国》中的汉字罗马化提出了反对意见。他认为,汉字罗马拼音方案目前并不实际,主要原因有两条:(1)罗马拼音系统需完全依据发音而建构,但目前中国缺乏统一的汉字标准发音;(2)大量同音汉字的存在也是罗马拼音系统的障碍。③ 两篇论文的探讨引发了更多相同主题的文章。据笔者统计,《教务杂志》从1887年到1939年,以"汉字罗马化"为题的文章达到45篇,其间既有罗马化技术方案,亦有各种推

---

① Chas Leaman, "Telegraphy in China", *CR*, Nov., 1887, p. 410.
② 同上文,第411页。
③ Sydenstricker, A., "Romanizing the Official Dialect", *CR*, Jan., 1888, pp. 37 - 38.

近代西方认知中的"中国形象":《教务杂志》关键词之广义修辞学阐释

广策略等。

在《教务杂志》众多汉字罗马化主题的探讨文章中,高第丕在1888年第3期上发表的《中国方言的语音符号书写系统》颇具代表性。文本开篇即提出:"随着基督教与西方思想的涌入,有必要采用一套语音符号书写系统书写中国语言。数量巨大的象形文字已经达到了极限,在负载承重的压力下正快速下沉。"①这是高第丕对中国汉字系统的表述状态的一种修辞性呈现。面对新的社会发展、大量西方新书写,象形文字的表述能力已经超过极限,已经无法承载新的需要,因此,中国需要引进新的语音符号书写系统。修辞话语既建构了中国语言的"落后"幻象,亦建构了汉语罗马化的历史合法性。

在认知文本中,高第丕强调指出了汉字的"形式缺陷",认为汉字在形式与意义上都变得数量巨大且复杂难懂,这些形态特征远远超越了普通百姓的认知能力,导致了"十分之七的中国人口完全无法阅读"②。这一观点,在文字学意义上开启了对其时中国教育普及问题的观察视域,颇具启发性。当然,这个观点也为其倡导的汉字罗马化提供了语言学与教育学理据。

高第丕指出,在与近代西方的交流过程中,大量西方的新事物与新思想不断涌入,不仅对语言符号的表述问题提出了挑战,而且要求"口语与书写一致"③,否则会益发增加汉字的表达负担,增加被教育者的理解难度。这一问题的提出显然是针对中国的口语与书面语的脱节问题。他指出:"普通的汉字已经完整,可以清晰地表述过去的思想,然而无法满足现时的要求,必然不可避免地被这块土地上的鲜活语言所取代,就像从前的欧洲。中国的象形文字,就像它们的埃及前辈一样,注定要进

---

① Sydenstricker, A., "Romanizing the Official Dialect", *CR*, Jan., 1888, p.101.
② 同上。
③ 同上。

第六章　近代西方认知中的"中国语言":关键词"巴别塔"的广义修辞学阐释

入坟墓,成为古董。"①

(三) 语言形式的同化目标

综上所述,近代西方主体倡导"汉字罗马化"的最主要原因包括:(1)汉字字形与意义的过度复杂,不利教育普及;(2)大量西方事务及思想的涌入,汉字系统已难以表述;(3)与日常口语表达相脱节的文言书写,无法满足时代需要。在这里实际已经较早提出了白话文改革的思想。因此,汉字罗马化成为社会、时代的必然趋势与要求。

然而,在回顾这场汉字罗马化运动时,我们不应忽略西方主体的另一个计划:以罗马字母取代汉字。在 1903 年的《上海方言罗马化》一文中,薛思培明确提出:"计划今年秋季开展一场有力的运动,最乐观的结果是几年内在口语中用罗马字取代汉字,汉字只保留在文言写作中。"②而更重要的是,中国汉字的"书写形式成为知识进步的最大阻碍"③,或正如恩斯特·福柏所认为,中文书写是青年接受科学教育的最大障碍。如果没有什么知识要学习,这种书写是很好的。但如果所有知识都依赖于"完全而真正"的教育时,书写必须为那些重要的事宜服务,"最简单的书写形式则是最佳的书写"④。也许正是源于这种认知,近代西方主体不断鼓吹汉语的罗马化改革,包括汉字的字母化与书写形式的西方化(即左右横向的书写顺序)。

在批判中国的"文言写作"问题时,高第丕强调:"中国那些沉闷的军事战略、医药、宗教、哲学与天文学典籍已经被抛弃了,她的其他异教徒产物——儒家典籍也不例外——正在快速抵达目的地,象形文字不再回

---

① Sydenstricker, A., "Romanizing the Official Dialect", *CR*, Jan., 1888, p. 101.
② Silsby, J. A., "Shanghai Romanization", *CR*, Aug., 1903, p. 402.
③ Faber, Ernest, "China in the Light of History", *CR*, Jul., 1896, p. 341.
④ Faber, Ernest, "China in the Light of History", *CR*, Dec., 1896, p. 591.

归。希腊语与拉丁语在现代的欧洲都不再成为交流工具。"①认知文本从汉字罗马化问题,转向了中国传统文化问题。在此,我们清晰发现,近代西方主体发起的汉字罗马化运动,绝非仅为改良中国的交际手段方式,而是在深层中蕴含了全方位抛弃、同化中国文化的终极目标。在认知文本中,高第丕预测:"如果这块土地上发生知识运动,一定首先是大量的白话运动,并一定是语音文字所激发的。"②他特别指出:"只有白话语言有了生命力,才能有中国的未来。"③显然,近代西方主体的这些理念应该为20世纪初的新文化运动提供了一定的养分。

本章结语　西方文化的语言主体性建构

总体而言,《教务杂志》的中国语言认知文本涵盖了三个主题分类:"语音认知""形态认知"与"罗马化建构"。在这三个不同的主题分类认知中,中国语言经历了近代西方主体的语音同源、语义同源与形式同化幻象的修辞建构。在这些认知文本中,近代西方主体不仅修辞建构了西方起源的语言学幻象、人类学幻象与文化学幻象,而且实际上建构了西文中心主义的比较语言学、比较人类学与比较文化学基本理念。中国语言的近代西方认知,实际既蕴含了中国文化认知,亦在西方语言的主体性建构中包含了西方文化的主体性建构。

在近代西方的比较语言学研究中,中西语言的"语音同源",既可证明中国文化的"西方基因",亦为推行全盘西化提供历史语言学理据,有

---

① Sydenstricker, A., "Romanizing the Official Dialect", *CR*, Jan., 1888, p. 102.
② 同上。
③ 同上。

第六章　近代西方认知中的"中国语言"：关键词"巴别塔"的广义修辞学阐释

助于西方文化主体性的建构，有助于西方文化的"正宗"与"权威"地位的建构。恩斯特·福柏的汉字分析所进行的实际是汉字语义的西方建构，明恩溥的《中国的谚语与俗话》，实际在尝试西方基督教教义的中国移植，摩嘉立的《中国方言的比较研究》，则在语言"巴别塔"的梦想中建构西方语言的主体性。无论是地方方言的罗马化建构，还是国语汉字的罗马化建构，都是在追求"最简单的书写形式"口号下所进行的文化改造运动，在全方位"抛弃""同化"中国文化的过程中追求对"中国未来"的文化主体性掌控。

在近代西方的中国认知中，中国语言是一个重要的认知主题。然而，在《教务杂志》为代表的中国语言认知中，我们发现，在中国语言的语言学与文字学认知背后，负载着一种深层的认知意图：以建构"西文至上"与"中文落伍"的修辞幻象为手段，建构西方文化的语言主体性。因此，在中国语言的认知过程中，既有政治学、社会学与经济学视域的语言评价，亦有历史学、知识学与人类学视域的评价。综其所析，中国语言是中国文化的"原始""落后"与"停滞"根源之一，而只有努力进行罗马化改造，才有可能步西方的"现代""文明"与"进步"之履。在中国语言的认知中，俚语、方言等成为了主要的认知对象。近代西方的中国语言认知是有效果的：中文的发音终于使用了拼音，书写终于被简化并改成了左右横向，很多中国人更是提出了中国文字的罗马字母化。近代西方的修辞幻象所造成的"中文自卑症"与"西文至上主义"至今仍在中国游荡，时隐时现。

综上所述，近代西方的中国语言认知，西方起源幻象的修辞建构，国语文字的罗马化努力，其实隐含了一种以语言文字改造为路径，全盘西化中国文明，建构西方文化主体性，建立西方中心主义的全球性文化战略构想。

结　语

跨文化大众传播或承载传播者的异域文化与自我文化认知,或呈现传播者的异域形象与自我形象建构。在广义修辞学视域下,无论是传播中的异域文化认知、异域形象建构、自我文化认知、自我形象呈现,都是一种跨文化修辞活动,一种传播主体的跨文化视域融合。

一、跨文化传播：如何言说？言说什么？谁在言说？

尼采建议,对于任何文本,我们都要问一个重要的问题:"谁在言说?"[1]罗兰·巴尔特则提醒,文本完成之时即"作者死亡"之时,我们无法追问"谁在这么说",而应追问文本在"言说什么"。[2] 其实,我们还应追问另一个重要问题:"如何言说?"因为只有追问"如何言说",我们才可能探究"话语建构模式及其背后的思维模式"。[3] 这些问题既是不同的追问,又是相互涵盖的追问,最终指向相同的问题,"作者是什么"[4]或"文本是

---

[1] ［德］尼采:《反基督》,陈君华译,河北教育出版社,2003年,第21页。
[2] Barthes, Roland, "The Death of the Author", *Image-Music-Text*, trans. Stephen Heath, Hill and Wang, 1977, pp. 143–148.
[3] 谭学纯、朱玲:《广义修辞学》,安徽教育出版社,2001年,第23页。
[4] Foucault, Michel, "What is an Author", *The Foucault Reader*, ed. Paul Rabinow, Vintage Books, 2010, p. 101.

结　语

什么"①。

(一) 跨文化传播: 如何言说?

在广义修辞学视域下,修辞参与跨文化大众传播各个环节:异域认知、跨文化转移、跨文化呈现、跨文化接受。异域概念的字面翻译根本无法真正逾越文化障碍,而只有在主客相融的跨文化语境中,经认知主体重新释义或解读,异域概念才可能被认知,社会文化现象或许被理解。一言以蔽之,异域概念的语义重构,异域现象的意义阐释,都必须经过修辞方能实现跨文化的大众传播。据此而言,跨文化大众传播就是跨文化的修辞言说:通过修辞话语、修辞文本,在异域文化的认知与阐释中,建构异域文化的修辞幻象②。

在传播话语的修辞建构中,传播者既需寻找话语方式以表述异域认知,亦需修辞技巧实现跨文化转移。为此,传播者常通过语义选择或重构而实现异域概念的修辞认知与传播,或以主体文化为出发点,寻求主体经验世界与异域对象之间的链接,实现异域现象的修辞认知。一般而言,跨文化传播的修辞话语或着意于主客语境的链接建构,或竭力修辞掩饰认知对象的文化差异性,从而使异域认知易于理解与接受。在传播文本的修辞建构中,为顺利传播异域认知与形象呈现,传播者需同时进行文体选择与文本设置,寻找语境融合的文本方式,建构表述适宜的修辞文本,以实现传播意图的修辞性遮蔽、文本意义的修辞性呈现与传播接受的修辞性诱劝。在广义修辞学视域下,传播文本的异域文化认知符号及系统、深层结构、叙述形式、句段设计,不仅承载异域认知的跨文化

---

① Barthes, Roland, "From Work to Text", *Image-Music-Text*, trans. Stephen Heath, Hill and Wang, 1977, p. 155.
② 谭学纯、朱玲:《广义修辞学》,安徽教育出版社,2001年,第149页。

转移,也作用于异域形象的修辞建构。

跨文化传播中的异域信息并非一种静态实在,而是经传播主体修辞建构的一种动态生成,所有异域认知建构的无关信息将被事先过滤。在跨文化大众传播中,传播者选择合目的性①的异域信息,应用"合目的性"的修辞话语与修辞文本,劝说主体语境读者接受所传播的异域认知与异域形象建构。

(二) 跨文化传播:言说什么?

跨文化大众传播的最主要内容即异域文化的认知与阐释,一般包括社会文化的核心概念、社会文化的常见现象、社会文化的伦理或价值评判。通过认知信息组织,跨文化大众传播建构大量异域认知文本,并呈现认知主体所建构的异域形象。

异域社会文化的核心概念认知,通常指社会结构、政治组织、伦理价值、宗教信仰等方面的概念认知。在《教务杂志》中,大量传播文本专文或牵涉忠、孝、天、风水、真如等核心概念。通过对这些概念的外延与内涵的跨文化阐释,《教务杂志》建构近代西方认知的中国形象:待救赎的异教徒。

跨文化大众传播亦刊登大量异域社会的亲历见闻,主要聚焦与主体文化相异的各种社会文化现象。通过游记、轶事、叙事、对话录、日记等各种文体,以"在场"姿态呈现异域经验,传播异域认知。表面上,这些异域经历散乱无序,"随缘就事",实质上,传播文本亦循认知主题而刊登。在《教务杂志》中,大量的传播文本围绕缠足、宗族、礼仪、私塾教育、婚嫁习俗等主题而建构。这些文本或阐释相关核心概念,或与核心概念共同

---

① Kant, Immanuel, *The Critique of Judgment*, trans. J. H. Bernard, Prometheus Books, 2000, p. 67.

结 语

建构中国形象:愚昧落后的病态之龙。

在跨文化大众传播中,常见大量针对异域文化的伦理或价值批判,或融于概念认知及文化现象的介绍,或专文分析论述。就同一刊物而言,经年累月的各种文体形成一共同注脚,"隐然""欣然"印证这些伦理判语与价值鉴断。概念认知、现象阐释、伦理评判,三种传播文本共同言说异国他邦的荣辱成败。

(三) 跨文化传播:谁在言说?

跨文化大众传播包含三个基本环节:信息组织、传播发送、传播接受。以传播信息的组织、发送与接受为行为目标,传播者与接受者合作完成异域文化认知的跨文化传播。作为传播主体,传播者与接受者位于传播信息两端。传播者的"言说"开始于异域文化的认知与阐释,接受者的"言说"则源起于与传播文本的对话与融合。

在跨文化大众传播中,传播者包括文本作者与传播媒介的编辑发行者。文本作者并非一定是异域文化的亲历者,而常另有"叙事者"。当"叙事者"与文本作者的异域认知获得传播发行者认可时,异域认知才可能成为传播文本。就此而言,文本是"作者"与"发行者"的合谋与生产[1]。然而,许多跨文化传播都会尽力修辞化为一种"在场"的言说[2],以激发文本读者的异域体验,促成异域认知的有效接受。

跨文化大众传播的修辞行为并不止于文本读者,而将作用于传播信息的所有辐射对象。文本读者绝不仅是异域认知的接受者,而将成为传播文本的阐释者,在与文本的对话中,生成或转换更多的异域认知信息,

---

[1] Barths, Roland, *Writing Degree Zero*, trans. Annette Lavers and Colin Smith, Hill and Wang, 1967, p.19; Adorno, Theodor, *The Culture Industry*, Routledge, 2001, p.99.

[2] 谭学纯、朱玲:《广义修辞学》,安徽教育出版社,2001年,第11页。

延续异域认知的传播路径。

在跨文化大众传播中,传播者与接受者的"言说",甚或跨越时空,生成新的异域认知,催生异域文化的新型解读与阐释,构建主体文化的历史话语与集体记忆,渗入主体文化的知识谱系。

二、跨文化传播话语:语义变异与认知建构

纵览近代史上以中国为认知对象的西方跨文化大众传播,如《教务杂志》《中国北方》(North China Mission)等各种出版物或报告,我们不难发现,这些历史语料所呈现的中国形象,从文化概念的选择到社会现象的阐释,既是偶然性选择,又是个体性认知。然而,通过解读传播话语,我们可以发现,偶然性选择逐渐修辞表述为异域认知的经典,个体性认知逐渐修辞演绎为公共性知识,异域文化的修辞认知最终推演建构为异域文化的修辞幻象。异域认知肇始于认知关键词的选择与建构,实践于异域概念的语义变异与异域现象的语境融通,完成于传播话语的认知建构。

(一)传播话语的修辞建构

在跨文化大众传播中,修辞参与传播话语的建构,参与异域认知的跨文化呈现。修辞话语主要围绕异域文化的认知关键词,包括关键词的选择与语义建构。关键词的选择有很大偶然性,主要取决于认知主体的异域经历与认知先见。异域认知主要涉及两个方面:一方面是文化概念,是理论认知的根本;另一方面是社会现象,是具象认知的关键。前者需要语义的跨文化诠释,提供异域文化、历史与价值系统的认知基础,常成为异域文化认知的关键词;后者需要语境的跨文化融通,为当下认知异域的社会状态、政治形态、科教水平提供认知参照,亦常成为异域社会认知的关键词。在《教务杂志》中,"儒教""天"被认知为儒家文化的认知

结　语

关键词；在中国民间崇拜的西方认知中，"风水"成为认知关键词；在中国社会问题的西方认知中，"鸦片"成为认知关键词；在中国妇女问题的西方认知中，"缠足"则成为认知关键词。

认知关键词的语义建构，通常并非溯本追源式的语义认同，而是以语义变异为主要特征的认知重构。以"天"的语义重构为例：（1）"礼神谓祭天也"，天即神，神即God，所以中国儒家中的"天"即基督教的"God"①；（2）中国古文献中的"昊天上帝""明昭上帝""荡荡上帝""皇矣上帝"等，皆为"天"的别称，"上帝"即基督教"God"，所以"天"即基督教"God"②；（3）中国的"天"或"上帝"等同于基督教的"神"，犹太人的"耶和华"③。在近代西方传播文本中，中国文化的诸多概念通过"等同于""相当于""即"等字眼或对接西方概念、或生成新概念，实现认知概念的语义变异或重构。

传播话语的另一修辞特征是，以认知关键词为中心呈现修辞认知，基于变异语义进行话语言说。在修辞言说中，一方面，认知关键词的语义被变异或重构，另一方面，认知对象被扭曲或变构，生成主体"合目的性"的修辞认知。在《教务杂志》所述的"儒家认知"中，当中国古代的"天"成为基督教"God"的时候，相关话语所传播的修辞认知是：古代中国信奉"God"，后来迷失了，成为一群"迷途的羔羊"。据此，认知主体生成另一修辞认知："四书五经"相当于《旧约》，其中《论语》与《孟子》相当于《马太福音》与《使徒行传》，《大学》与《中庸》类似于《约翰福音》。④

---

① Rawlinson, Frank, "Some Chinese Ideas of God", *CR*, Jul., 1919, p.463.
② 同上文，第545页。
③ Tsu, Y. Y., "The Confucian God-Idea", *CR*, May, 1919, p.295.
④ Zia, Z. K., "The Confucian Civilization", *CR*, Oct., 1923, p.582.

(二) 传播话语的认知建构

在话语表层,认知关键词是异域认知的根本对象,是传播主体的言说核心。然而,在话语深层,修辞悄然实践传播主体的认知建构:通过关键词的语义变异,建构主客的语境融通;通过传播话语的修辞技巧,个体认知之偶然转化为智性认知之必然;通过认知关键词的话语言说,建构一个迥异于异域对象的主体性话语系统。

无论是异域的文化概念还是社会现象,要获得传播主体的认知,主客语境的融通是一个必要条件。从异域文化系统中选择提取的认知关键词,只有通过语境融通,才能与认知主体文化系统相链接,成为一种可认知的对象。语境融通主要通过两种方式:(1)通过语义变异,建构主客双向链接的概念语义;(2)通过具有跨文化比较功能的修辞技巧,建构主客双向链接的修辞话语。在《教务杂志》的《祖先崇拜与风水》一文中①,首先断言,概念"风水"与"风""水"两种事物"完全无关",应重新"命名"为"一种具有生命活力的幽灵,像一种空气轻柔地来自南方、为人们特别利益要求而设置"。通过观察中国的祖先祭祀仪式,认知主体提取"幽灵""南方""空气""利益"等仪式关联语义,当成"风水"概念语义,古老的文化概念演绎成纯宗教词汇。"风水即幽灵"的释义,既保持了与中国祖先祭祀礼仪的语境关联,又与西方宗教语境相关联,至此,"风水"被赋予一种全新的西方认知。而在《论中国风水》一文中,作者阐释道:"煞是一个恶毒根源,……没有专有名称。在西方国家,这些迷信都有一套优雅的神话语言命名。中国人满足于简单地把它们叫做**好**与**邪**,远比古希腊人原始而乏味。"②在此话语中,中国"风水"与古希腊原始迷信进行对比,

---

① Yates, M. T., "Ancestral Worship and Fung-Shuy", *CR*, June, 1868, pp. 39-40.
② Edkins, J., "Feng Shui", *CR*, Mar., 1872, p. 274.

结 语

从而建构融通中西文化系统的解读语境。

修辞话语的表层目标是通过把认知对象置于跨文化语境,传播认知主体的异域认知。然而,在话语深层,修辞的最重要目的是,使个体认知呈现为智性认知,把偶然认知表述为必然认知。在《教务杂志》的《儒家的上帝思想》一文中,作者写道:"我相信,天对于中国的先民,完全就是神对于我们的先民一样,无论他们是否采用一样的伟大的名。"①用动词"相信"与副词"完全一样",直接把"天"认知为基督教"神"。而在该文本后文中,话语言说则都以"天即基督教神"为认知依据,解读儒家的各种相关思想。从"我相信"到"完全一样",个体性认知逐渐过渡为智性认知,成为一种知识性呈现。在《一些中国的上帝思想》一文中,作者直接说:"无论如何,无论用什么名称,只要与神或宗教存在一起使用,上帝概念就起作用。"②换言之,只要有相关的宗教崇拜特征,"天即基督教神"是一种必然。至此,个体偶然的认知成为智性必然的认知。

修辞话语不仅通过阐释认知关键词而传播异域认知,同时在言说过程中,建构与异域文化迥然相异的主体性话语系统。在《教务杂志》中,以"天"为认知关键词,构建了西方式的对儒教的解读话语系统:敬畏上天→敬畏耶和华,理→法与物质,气→空气与力量,祭祀祖先→死人崇拜,风水→泥土占卜,孝→父权制,敬鬼神而远之→无神论,"四书五经"→中国《旧约》,等等。基于这些主体性话语系统,《教务杂志》承载儒家思想的西方认知与阐释,影响近代西方对中国文化的理解。

异域概念的语义变异生成跨文化的概念认知,异域现象的语境融通推衍跨文化的认知概念,共同建构异域文化的修辞认知,形成传播话语的主题指向、伦理指向与异域形象的建构指向。

---

① Tsu, Y. Y., "The Confucian God-Idea", *CR*, May, 1919, p. 295.
② Rawlinson, Frank, "Some Chinese Ideas of God", *CR*, Jul., 1919, p. 545.

(三)传播话语的主体性建构

修辞参与传播话语建构,参与传播话语的主体性建构。传播话语的修辞建构过程既是传播者的意图呈现过程,亦是接受者的合谋对话过程。表面上,传播主体是修辞话语的言说者。然而,真正的言说者却"隐身"其中,言说所有的话语,主导所有的修辞。

异域文化的认知与阐释,只是传播话语的表层目标。究其实质,传播话语的深层目标则是主体性建构,或言,建立于客体认知基础上的主体自我建构。跨文化大众传播话语的主体性主要通过两种修辞建构方式:主体性话语的建构与客体性话语的建构。

主体性话语是以叙述者的显性或隐性出现为特征的认知表述,主要建构特征是:(1)呈现认知主体视域下的异域文化,如《教务杂志》中大量"我认为……""我相信……""我们倾向于认为……"等话语,建构话语的主体性;(2)以认知主体第一人称引领话语言说体标准为参照,呈现主体先见视域下的异域文化,例如"中国的风水应该重新审视,因为这是文明进程的最大阻碍之一,因为干扰了商业企业,阻碍基督教传教工作"[①]。在此,"文明"即商业与基督教,以主体标准推导中国认知,建构话语方式:商业(传教)/风水→推进文明/阻碍文明→西方/中国。客体性话语是以叙述对象的显性或隐性出现为特征的认知表述,主要建构特征有两种,一是以第三人称引领话语言说,表面上呈现客体的自我认知,例如"所选墓址在两个方面都符合时,叫好风水。人们希望家族因此可以繁荣"[②]。"事实上,中国人对祖坟选址的慎重,可能并非出于对死者的尊

---

① Edkins, J., "On the Chinese Geomancy, Known as Feng-Shui", *CR*, Apr., 1872, pp. 291-293.
② Yates, M. T., "Ancestral Worship and Fung-Shuy", *CR*, June, 1868, pp. 39-40.

结 语

重,而是恐惧对后代的影响。"①在这类话语中,叙述者不出现,话语以客体对象的"客观"描述或陈述为表述特征。二是以第三方文化认知标准为参照的话语方式,在《教务杂志》的中国认知中,出现大量以古希腊、古埃及与古印度为参照的中国认知话语,例如,"毫无疑问,儒家的天与古希腊的命运是一致的"②。

在阅读传播话语时,我们常不自禁询问:谁在言说?是"作者"还是叙述者?为什么这么说?在探究问题答案时,我们会发现,话语言说者另有其人。传播话语的主体性建构,表面是传播主体的意图构建,其实是"隐在作者"的意图控制。"言说模式"是常见的一种"隐在作者"。

在中国典籍中,文化概念较少是静态的概念义,它们大多都具有丰富的语用义或语境义,如"道""天""孝""忠"等。在西方典籍中,自亚理斯多德开始,强调概念的静态界定,强调概念语用的稳定性与一致性。两种文化的概念定义方式严重影响西方的中国认知。在认知中国的过程中,西方人发现,中国很多概念的意义琢磨不定,于是尝试以西方式的重新定义,根据明确、清晰的新定义进行认知话语的修辞建构。例如,"儒家的天即基督教的 God""中国的道即古希腊的 destiny(命运)"。而在关于中国"风水"的认知中,认知主体认为,中国风水概念源于"植物王国"与"动物王国"的"四季感受与变化"。因为"南方"被认为能产生"良好影响",而"北方"被认为会产生"邪恶影响",所以"风水"其实与"风"和"水"无关,实质关乎方向,是一种原始的自然宗教崇拜。③ 这种认知阐释明显是因果律的异域认知运用,中国"风水"概念被赋予"因"与"果"的分

---

① Edkins, J., "On the Chinese Geomancy, Known as Feng-Shui", *CR*, Apr., 1872, pp. 292 - 293.
② Pott, S. A., "Further Observations on the Confucian God-Idea", *CR*, Dec., 1919, p. 832.
③ Yates, M. T., "Ancestral Worship and Fung-Shuy", *CR*, June, 1868, pp. 39 - 40.

解。因果律不仅成为中国"风水"概念的认知模式,而且也成为认知话语的修辞建构方式。

三、跨文化传播文本:文体选择与修辞建构

在跨文化大众传播中,传播者既需关注传播文本的文体选择,也需进行传播文本的修辞建构。广义修辞学理论认为,"所谓文本建构,就是特定的表达内容在篇章层面如何向特定的表达形式转换的审美设计"①。换言之,无论是体裁选择,还是风格创构,或是其他篇章层面的表达设计,主观上都是为了实现异域认知的传播接受。

(一)跨文化传播文本的文体选择

跨文化大众传播文本的文体选择包含两层意义:体裁选择与风格创构。从广义修辞学视域而言,无论是何种意义上的文体选择,跨文化大众传播文本既有清晰的接受意识,亦有明确的内容承载,都是具有明确目的的文本层面的修辞性行为。

在跨文化大众传播中,几乎所有体裁都不同程度地被选择使用。从异域文化的认知阶段而言,游记通常是认知初期的选用体裁,阐释或说明文本一般是认知中期的选择体裁,而论述文本则是认知后期的选用体裁。不同阶段选择不同体裁,既是传播者的文本修辞策略,也符合一般的认知规律:通过游记接触异域文化,通过阐释理解异域文化,通过论述深入异域文化。此外,诗歌、日记、对话等体裁亦见使用。(限于篇幅,笔者今后将另著文详述。)

除体裁选择外,传播者亦努力创构个体文本的独特风格,以增强其异域认知的传播效果。在游记中,常见空间游览与历史叙事交相辉映,

---

① 谭学纯、朱玲:《广义修辞学》,安徽教育出版社,2001年,第43—44页。

对话与旁白穿插其间。在异域文化现象或理念的阐释文本中,既可见条分缕析之阐释,亦常辅以不同语境之叙事。在议论文本中,传播者则致力逻辑论证,悄然遮蔽伦理立场,引经据典隐藏文化偏见。无论何种风格,传播者的创构目标都是,希冀呈栩栩如生之异域诸相,予读者以如实观照之修辞幻象。

(二)跨文化传播文本的修辞建构

在文本层面,为了顺利有效地实现跨文化大众传播,传播者力图运用一切手段组合话语,充分纳入传播文本的接受反应因素,不仅寻找融合不同文化语境于一体的话语方式,而且努力突破主体文化既定的文本规范,着力建构适宜表述个体异域认知的修辞文本。一般而言,跨文化大众传播文本的修辞建构主要包括传播意图的修辞性遮蔽、传播接受的修辞性诱劝与文本意义的修辞性呈现。

传播意图的修辞性遮蔽,主要指在文本层面遮蔽传播者的意识形态偏见、自大或自卑的主体心态。就文体类别而言,修辞性遮蔽通常发生于游记文本的叙事起点、阐释文本的对象选择或论述文本的逻辑起点之中。当然,许多传播者努力消弭其传播意图于字里行间,以"了无踪迹"为修辞佳境。传播接受的修辞性诱劝,主要指文本中的各种话语,或劝或诱,既营造接受者的阅读期待,又悄然改变他们的认知视域,以期最终获得传播接受者的认同与接受。

文本意义的修辞性呈现,主要指在文本层面实现异域文化认知关键词的跨文化转移及异域形象建构。在此意义上,文本的修辞建构主要包括四个考虑:

(1)在跨文化认知中,所选择的异域文化认知关键词必须既凝聚又承载传播者的异域认知,而关键词的翻译需考虑建构与异域文化和主体文化的双向语义关联。这是异域文化的认知基础,也是跨文化转移的基

近代西方认知中的"中国形象":《教务杂志》关键词之广义修辞学阐释

本条件。同时,文本必须以文化认知关键词为中心建构异域文化认知语境。异域文化的认知关键词及其语境的成功建构,既保证关键词的成功解读又有益于文本的意义呈现,为建构异域认知形象提供基础。

(2)根据现代结构主义研究,二元对立是文本的基本结构原则。在文本表层,跨文化大众传播是以异域文化认知的跨文化转移为其中心任务,但其深层则潜藏着主体与异域文化的二元对立。这是西方主体性哲学的"自我"与"他者"的二元对立在跨文化大众传播文本建构中的具体反映,也是跨文化大众传播文本的典型结构原则。正如结构主义所认为:"既然人以语言的方式拥有世界,那么语言结构便在某种程度上反映了人所认识的世界的结构。"[1]传播者在介绍或阐释异域文化现象或理念时,总会试图通过修辞加工,构建呈现其异域认知客观性的表述形式。实质上,一方面囿于认知视域,另一方面源于传播接受,传播文本的异域认知与跨文化转移都是以主体文化为基本参照系的修辞行为。

(3)索绪尔认为,"在语言状态中,一切都是以关系为基础的,……语言各项要素间的关系和差别都是在两个不同的范围内展开的"。因此,他把语言单位的关系分成两类:"在现场的"句段关系与"不在现场的"联想关系。[2] 在跨文化大众传播文本的修辞建构中,传播者运用各种手段组合话语时,既要考虑句段关系,建构叙事或论述文本的完整性,又需考虑句段的联想关联,使接受者产生语境联想与主体文化系统联系。

(4)索绪尔认为,语言符号的第二个原则是"能指的线条特征"[3]。根据这个原则,广义修辞学理论认为,语言把多维度的物质世界和放射

---

[1] 谭学纯、朱玲:《广义修辞学》,安徽教育出版社,2001年,第52页。
[2] Saussure, *Course in General Linguistics*, trans. Roy Harris, Foreign Language Teaching and Research Press, 2001, pp. 170–171.
[3] 同上文,第106页。

状的精神世界,变成了关于这个世界的线性表述。① 从文本建构而言,跨文化大众传播不仅需要把异域现象世界投射于线性叙述,而且要使异域现象可以游弋于主体与异域的双重文化语境,既创造读者的阅读期待,又提供读者的接受空间。就此而言,无论是对异域的文化现象叙事,还是对异域的理念阐释论述,都须投射于同一文本的线性表述,都对文本建构提出相当高的修辞性要求。

四、跨文化传播主体:视域改造与精神重构

如果说,人通过语言为"存在"命名,通过语言赋予"存在"意义,也通过语言获得对"存在"的解释权。② 那么,跨文化大众传播则是通过修辞将异域存在赋予主体性意义,也通过跨文化修辞获得对异域存在的解释权,并在跨文化修辞的生成与接受中,参与传播者与接受者的主体精神建构。在广义修辞学视域下,跨文化大众传播是一种特殊的修辞行为,无论就时间还是空间而言,都产生了深远的影响,主要在两方面参与传播者与接受者的主体精神建构:异域认知中的视域改造,"视域融合"中的精神重构。

(一)异域认知中的视域改造

空间与时间是人类建构认知的两个基本范畴。异域认知首先是异域的空间认知,并直接改变认知主体的空间感觉与空间秩序意识。在异域认知的修辞表述与修辞接受中,传播主体需重构其空间感觉与空间秩序意识,重构自己的世界认知。对于传播者而言,异域认知的传播建构,不仅需要有逻辑地重构其空间认知,而且需要修辞地呈现其空间认知。

---

① 谭学纯、朱玲:《广义修辞学》,安徽教育出版社,2001年,第53页。
② 同上书,第56—60页。

对于接受者而言,异域认知的传播接受,首先是异域空间的认知接受,并重构空间认知与空间秩序意识。据此,接受者进行异域文化认知关键词与传播文本的解读,建构多元共存的异域认知。

在认知建构中,时间范畴与特定空间的文化内容、历史事件等紧密相连,为主体的跨文化认知提供参照。在异域认知中,传播主体的时间视域因异域的空间认知发生改变,从主体的单一时间认知转化为主客兼容的双维时间认知。对传播者而言,异域认知的传播建构,因双维时间认知的生成,重构时间视域,不仅改变异域认知的表述习惯,也改变主体文化的自我认知,而这些都增加了跨文化修辞的设计难度。对接受者而言,异域认知的传播接受,必须基于异域的时间认知,重构自我认知的时间视域。据此,在异域文化认知关键词与传播文本的解读中,接受者建构历时的异域认知。

从主体认知的表层结构而言,跨文化大众传播导致相关主体的时空秩序的改造及时空认知的拓展。在跨文化大众传播的修辞建构中,传播主体的时空视域获得拓展,得以在更开阔的时空视域中建构主体的异域认知与自我认知,同时也通过异域认知的修辞表述所营造的语言空间,扩展了传播主体的生存空间。主体的存在时空亦在语言世界的变化中变化,传播主体亦在与异域世界的现实或非现实的碰撞中,在语言世界的变化中,重构时空秩序。

(二) 视域融合中的精神重构

在跨文化大众传播中,基于异域认知,认知主体在本土语言文化系统内设置或寻找相应的语言表述,以便把异域认知向主体文化系统内转移,实现异域认知的跨文化转移。在跨文化大众传播的信息组织中,传播者会有意无意地扭曲异域文化认知关键词的语义、含混话语表述、调整文本结构、掩饰论述立场、润饰价值评价,以确立传播者在跨文化认知

结　语

中的话语权。正如赵毅衡所言，叙述不可靠是叙述者与隐含作者在意义与道德上的距离，而不是叙述与客观事实的距离。① 通过这些修辞行为，传播者既试图解决言语表述与异域及主体世界之间的复杂关系，也努力为传播者个体的异域认知建立跨文化语境，并在异域认知的跨文化转移中建构其个体行为的存在意义。据此，跨文化修辞实现了传播主体与异域文化的视域融合，参与了传播主体的精神重构。

在广义修辞学视域下，无论是传播中的异域文化认知还是异域形象建构，都是一种跨文化修辞活动，一种带有传播主体文化历史"先见"的跨文化视域融合。② 虽然柏拉图指出，修辞话语无关"对错"，而是以其"说服性"取胜，但是，认知主体的伦理判断与价值观念在跨文化大众传播的话语修辞建构中获得合法性存在。

认知主体的异域认知与形象建构既缘于其文化历史"先见"，又源于认知个体与文化历史"先见"的碰撞与修辞性妥协，通过修辞表述完成视域融合。然而，这种修辞性妥协只是暂时的、囿于个体的时空局限性的妥协，将或因传播主体的新认知而致断裂，或被其他传播主体的新认知所打破，进而参与接受者的主体精神建构。传播文本中的文化认知关键词与形象建构都将影响接受者的精神建构，成为接受者的文化认知先见，成为其进一步认知的引导或陷阱，并影响其认知后的行为决策或实践；同一传播文本的断裂处，不同传播文本的断裂，将引发接受者的质疑与批判，激励接受者的独立思考。从主体认知的深层结构而言，在二元对立的震荡与平衡中，传播主体对异域文化进行主体性认知与价值定位，同时，也进行主体文化的自我认知与价值重估。就精神建构层面而

---

① 赵毅衡：《新闻不可能是"不可靠叙述"：一个符号修辞分析》，《福建师范大学学报》2013年第1期。
② ［德］汉斯-格奥尔格·伽达默尔：《真理与方法》，洪汉鼎译，上海译文出版社，1999年，第347页。

言,这两种认知与价值评估行为,都将直接导致传播主体的人格重构:主体性向主体间性的主动或被动地转化。传播者因异域认知及异域阐释,在跨文化视域融合中,主体人格获得新的建构;接受者因异域认知及阐释的接受,在跨文化视域融合中,主体人格亦获得新的建构。

五、跨文化传播的话语批评与阐释路径

把广义修辞学理论引进跨文化大众传播研究,不仅拓展出一种有价值的理论研究视域,而且在充分考虑传播接受要素的情况下,运用修辞学分析方法,我们得以重新描述跨文化大众传播的信息组成、话语表述、文本建构,并深入阐释传播主体的文化偏见与意识形态意图,同时,我们可以尝试探究跨文化认知中的视域融合的发生过程及原始动力。通过对其修辞建构的生成研究,探讨跨文化大众传播与修辞的关系,为跨文化大众传播的生成与接受研究尝试开辟出一片新的视域。在广义修辞学的视域下,推进跨文化大众传播研究的深入,必将有助于推进我国的外宣工作与国际交流。

跨文化大众传播承载异域文化的修辞认知。在广义修辞学视域下,纵览西方跨文化大众传播,异域文化的修辞认知过程,或是异域文化概念的语义重构过程,或是异域现象的概念建构过程。修辞话语既参与认知关键词的语义重构,也建构跨文化的语境融通,从而实现异域认知的跨文化呈现与传播。就此而言,跨文化大众传播的修辞认知,既成为广义修辞学阐释的路径起点,亦是深入探究异域形象建构的理论起点。

跨文化大众传播制造异域文化的修辞幻象。通过异域文化的概念阐释与现象解读,表面上,传播主体实现异域文化认知,而实质上则生成异域文化的修辞幻象。修辞话语总在有意无意地制造种种与现实具有差异性的认知,甚至是迥然相异的话语意象。就此而言,跨文化大众传播的修辞幻象,既成为广义修辞学分析的主要对象,亦是解构"异域形

结　语

象"传播的关键所在。

跨文化大众传播参与传播主体的精神建构。通过语义重构而获得修辞认知,通过主体先进而生成修辞幻象,传播主体的认知模式或意识形态先见不仅获得进一步强化,而且扭曲其异域文化认知。跨文化大众传播的主体建构,将成为广义修辞学批判的重要对象。

跨文化大众传播是传播者与接受者的共谋。言说者即传播者(作者与发行者),接受者包括大众传播的直接读者与信息接受者。跨文化大众传播以异域文化的认知为基础,以异域认知的阐释为过程,以异域形象的呈现为目标。面对西方跨文化大众传播,透过异域文化的"修辞认知"与"修辞幻象",广义修辞学不仅剖析传播话语"如何言说",解读话语深层"言说什么",而且将寻找文本"深在的作者"[①],拷问话语的真正"言说者",进入更深层次的探究:跨文化大众传播是什么?

在异域文化认知中,概念认知与现象认知是异域认知的两种基本路径,是认知主体理性接近异域对象的必然选择。修辞认知激活认知主体的异域想象,构建异域认知的语境通道。前者概念化地锁定对象,后者想象性地建构对象。后者往往偏离前者普遍认知的通道,在主体及先见的认知维度观察并重构对象。这决定了异域修辞认知的二重性:一方面遮蔽异域概念已有意义,另一方面建构概念未有意义。修辞认知以主体文化业已形成的"权力-知识"[②]话语模式颠覆现成语义,建构认知对象的修辞幻象。西方认知主体对中国文化的认知,以概念认知为名,修辞认知为实。换言之,西方跨文化大众传播是一种以修辞认知隐性取代概念认知的修辞话语与修辞文本的主体性建构。

广义修辞学理论从修辞技巧、修辞诗学与修辞哲学三个层面展开,

---

① 钟晓文:《主题与结构:寻找"深在的作者"》,《福州大学学报》2011年第2期。
② Foucault, Michel, *Lectures on The Will to Know*, trans. Graham Burchell, New York: Palgrave Macmillan, 2013, p.202.

近代西方认知中的"中国形象":《教务杂志》关键词之广义修辞学阐释

不仅批判性解读跨文化大众传播的话语言说与文本建构,而且在深层追踪认知主体的意识形态轨迹中,质疑并揭示西方主体性哲学在跨文化传播中对异域文化所进行的"他者性"建构。

附录：《教务杂志》相关主题研究文本
（按发表时间顺序排列）

一、"中国社会"主题文本

1. Opium Smoking in China（1868 Sept. 93 – 95）
2. Opium and Other Narcotics（1869 Jul. 50 – 51）
3. Drinking Habits of Chinese（1870 Sept. 85 – 87）
4. On Chinese Oaths and Swearing（1870 Sept. 103 – 105）
5. The Literati of China（1871 Apr. 327 – 330）
6. Circular of the Chinese Government（1871 Nov. 141 – 148）
7. The Opium Refuge and General Hospital at Hangchow（1874 Sept. - Oct. 256 – 262）
8. 宗族之来历（1878 Jul. -Aug. 299 – 304；Sept. -Oct. 379 – 385）
9. Chinese Modes of Address: A Chapter in Native Etiquette（1879 May-June 187 – 197；Jul. -Aug. 261 – 269；Sept. -Oct. 337 – 348；）
10. Report of the Opium Refuge at Peking for 1878 – 1879（1880 May-June 196 – 207）
11. The Customs Opium-smoking Returns（1882 Mar. -Apr. 137 – 143）
12. Opium and Truth（1882 May-June 217 – 232）
13. The Origin of the Loess（1882 Jul. -Aug. 266 – 277）

14. The Autobiography of an Opium Smoker（1882 Nov.-Dec. 429 – 431）
15. The Opium Question：A Review（1883 Mar.-Apr. 108 – 120）
16. Szechuen Native Opium：A Review（1883 May-June 216 – 235）
17. The Truth about Opium：A Review（1883 Sept.-Oct. 417 – 422；Nov.-Dec. 432 – 452）
18. Smoke（1887 Feb. 74 – 77）
19. Tobacco，Whisky and Opium（1888 Apr. 158 – 165）
20. Tobacco（1889 May 204 – 208）
21. Come Brothers，Let Us Smoke（1889 Dec. 553 – 558）
22. The Cure of Opium Smokers（1890 Oct. 458 – 461）
23. Anti-Opium Medicines（1891 Oct. 452 – 455）
24. The Value of Attention to Chinese Etiquette（1892 Feb. 51 – 57；1895 Jan. 1 – 10）
25. The Drink Offering（1892 Jul. 315 – 324；Aug. 355 – 360）
26. The Betrothal and Marriage Customs of China（Foochow）（1892 Aug. 376 – 379）
27. The Opium Habit（1897 Dec. 580 – 581）
28. Notes on Chinese Etiquette（1898 Aug. 363 – 373；Sept. 418 – 428）
29. Communion Wine：Suitable and Unsuitable Symbols（1899 Sept. 432 – 434）
30. The Indo-Chinese Opium Trade（1903 Feb. 84 – 90）
31. Notes on Chinese Etiquette（1903 Nov. 547 – 556）
32. Etiquette in Chinese Official Intercourse（1905 Jan. 1 – 12）
33. Reform in Etiquette Called for（1905 Mar. 141 – 145；Apr. 169 – 175）

34. The Opium Question: A New Opportunity (1906 Aug. 431–434)

35. Desultory Notes on Some of the Elements of Chinese Etiquette (1906 Oct. 531–547)

36. Three Weeks with Opium Smokers in a Chinese Village (1906 Nov. 591–600)

37. The Progress of the Anti-opium Movement Among the Chinese (1908 Mar. 143–155)

38. The 清明节 – An Eastertide Suggestion (1909 May 269)

39. Memorials to the Dead and Their Relation to Christian Practice (1910 Apr. 264–268)

40. Some Chinese Feasts and the Christian Attitude Towards Them (1910 Apr. 269–281)

41. The Story of My Conversion (Mr. S. Y. Pang) (1911 Jul. 399–401)

42. Opium Cases: The Present Issue (S. K. Hornbeck) (1913 Mar. 163–169)

43. Social Problems in China and Agencies for Relief (1917 Feb. 95–107)

44. Story of a Crime and a Heroine (W. Hopkyn Rees) (1918 May 316–327)

45. Permanent Values in Chinese Festivals (A. Grainger) (1918 Nov. 732–739)

46. The Final Fight with Opium (Arthur Sowerby) (1919 Apr. 248–251)

47. The House of Longevity (Frank B. Lenz) (1920 Mar. 170–176)

48. The War Against Opium (W. H. Graham Aspland) (1922 Oct. 654–658)

49. The Doping of China (1923 June 347–350)

50. The Anti-Opium War in China (W. H. Graham Aspland) (1924 Nov. 713–720)

51. The League of Nations and the Traffic in Opium (1924 Nov. 720–730)

52. Principles and Ideals in the Anti-Opium Crusade (Charles H. Brent) (1925 Feb. 98–103)

53. The People's Fight Against Opium (Z. T. Koo) (1925 Feb. 103–106)

54. Students and Marriage Customs in China (1926 Jul. 493–497)

55. The Social Heart of China (Frank Rawlinson) (1926 Jul. 498–513)

56. Festivals and Religious Education (K. T. Chung) (1927 Aug. 505–508)

57. Chinese Christians and the National Anti-Opium Movement (1927 Aug. 517–520)

58. Chinese Village Life (Emma Hornung) (1930 Apr. 234–238)

59. Three Aspects of China's Opium Problem (1930 Jul. 407–415)

60. The Destroyer (Robert F. Fitch) (1930 Jul. 415–426)

61. Chinese Students and Marriage (H. K. Ch'i) (1931 Apr. 220–224)

62. "Face" (G. F. Allen) (1940 Sept. 546–553)

二、"中国伦理"主题文本

1. Worship of Parents among the Chinese (1867 Aug. 72–74)

2. Ancestral Worship and Fung-shuy (1868 June 23–28; Jul. 37–43)

3. The Moral Uses of Heathenism (1869 Oct. 126–130)

4. Feng Shui (1872 March 274–277; May 316–320)

5. On the Chinese Geomancy Known As Feng-shui(1872 Apr. 291 – 298)
6. Birth Place of Chu-hi (Fengshui)(1872 May 309 – 312)
7. Notes Concerning the Chinese Belief of Evil and Evil Spirits(1874 Jan.-Feb. 42 – 50)
8. The Chinese Daughter-in-Law (1874 Jul.-Aug. 207 – 214)
9. A Critique of the Chinese Notions and Practice of Filial Piety(1878 Sept.-Oct. 329 – 343; Nov.-Dec. 401 – 418; 1879 Jan.-Feb. 1 – 16; Mar.-Apr. 83 – 95; May-June 162 – 174; Jul.-Aug. 243 – 253; Sept.-Oct. 323 – 329; Nov.-Dec. 416 – 428; 1880 Jan.-Feb. 1 – 12)
10. The Worship of Ancestors in China (1881 Mar.-Apr. 145 – 147)
11. Notes on the Ethical and Christian Value of Chinese Religious Tracts and Books(1881 May-June 202 – 217)
12. Filial Piety Among the Chinese, Its Character and Influence(1883 Jul.-Aug. 289 – 301)
13. Ethics of Chinese Loyalty(1890 Feb. 65 – 71)
14. The Moral Influence of Christian Education in China(1893 Jul. 323 – 331)
15. A Moral Paradox(1894 Apr. 170 – 171)
16. Answers to Three Questions (Filial Piety)(1894 Oct. 465 – 470)
17. The Importance of Ethical Teaching in the New Learning of China(1898 June 284 – 289; Jul. 345 – 349)
18. The Twenty-four Paragons of Filial Piety(1900 Aug. 392 – 402)
19. How Shall We Deal with the Worship of Ancestors?(1902 Mar. 117 – 119)
20. Ancestral Worship (1902 June 268 – 270)

21. The Teaching of the Chinese Classics on Ancestral Worship（1904 May 237-245）

22. The Worship of Ancestors. How Shall We Deal With It?（1904 June 301-308）

23. The Chinese Idea of Sin（Rev. J. W. Crofoot）（1911 Oct. 561-571）

24. The Etymology of the Characters for Sin（Dr. J. Darroch）（1911 Oct. 571-577）

25. The Chinese Idea of Truth（Frank Rawlinson）（1912 Dec. 706-713）

26. The Chinese Idea of Righteousness（T. H. Lee）（1913 Sept. 531-542）

27. Chinese Conceptions of Paradise（Lewis Hodous）（1914 June 358-371）

28. The Chinese Idea of Worship（Y. Y. Tsu）（1914 Oct. 615-625）

29. Worship（R. A. Torrey）（1914 Dec. 754-757）

30. The Chinese Idea of Salvation（J. Vale）（1915 Apr. 211-220）

31. The Imperial Worship at the Altar of Heaven（S. E. Meech）（1916 Feb. 112-117）

32. Family Worship and Bible Study in the Home（Mrs. G. F. Fitch）（1917 Jul. 445-448）

33. The Moral Sanction in China（J. C. Garritt）（1919 Feb. 77-80）

34. Christianizing a World（Professor Fleming）（1919 June 384-392）

35. Gods and Demons（W. H. Hudson）（1920 Aug. 550-556）

36. Clan Customs in Kiangsi Province（Fred R. Brown）（1922 Aug. 518-522）

37. Christianity and the Moral Order of the Universe（P. M. Scott）（1923 Jan. 38-51）

38. The Awakening of Faith（Alexander Baxter）（1923 Oct. 584－595；Nov. 657－667）

39. The Meaning of Chinese Ancestor Worship（James Thayer Addison）（1924 Sept. 592－599）

40. The Christian Approach to Ancestor Worship（T. W. Douglas James）（1925 Nov. 729－733）

41. Missionary Ethics（H. F. MacNair）（1926 Mar. 161－163）

42. An Ancient Creed and Modern Faith（Lin Pu-Chi）（1926 Apr. 253－260）

43. The Confucian Attitude to the Worship of Ancestors（Homer H. Dubs）（1927 Aug. 498－505）

44. Present-day Attitude Towards "Ancestor Worship"（a symposium）（1928 Apr. 228－232）

45. Religion as the Quest for New Values（Lewis S. C. Smythe）（1932 June 339－352）

46. Current Values in Peasant Religion（Clarence Burton Day）（1932 Jul. 419－427）

47. The Chinese Sense of Evil（Frank Rawlinson）（1932 Jul. 428－434）

48. Christian Ethics in China（T. T. Lew）（1933 Sept. 557－561）

49. Religion and Ethics in China（Frank Rawlinson）（1933 Sept. 561－569）

50. Christianizing Ancestor Reverence（A. J. Brace）（1933 Dec. 786－794）

51. On Harmony（Cleanor MacNeil Anderson）（1937 Apr. 205－207）

52. The Conception of God（Li Tien Lu）（1938 Dec. 611－614）

53. Building a Social Conscience（F. Olin Stockwell）（1939 Jan. 24－26）

三、"中国宗教"主题文本

1. Creeds in China（1869 Sept. 108）
2. A Moral Problem Solved by Confucianism（1870 March 282–285）
3. The Ideal Man of Confucius（1870 Sept. 89–92；Oct. 129–132）
4. A Discussion of the Confucian Doctrine Concerning Man's Nature at Birth（1878 Jan.-Feb. 11–23）
5. The Family Sayings of Confucius（1878 Nov.-Dec. 445–453；1879 Jan.-Feb. 17–23；Mar.-Apr. 96–103；May-June 175–179；Jul.-Aug. 253–260；Sept.-Oct. 329–337；Nov.-Dec. 428–432；1880 Jan.-Feb. 13–23）
6. Color-names in Mencius（1880 Jan.-Feb. 59–64）
7. Confucianism, in Its Practical Bearings Upon the Spread of Christianity in China（1881 May-June 218–224）
8. The Ethics of Christianity and of Confucianism Compared（1886 Oct. 365–379）
9. Lao-tzu（1868 June 31–32；Aug. 57–61；Sept. 82–86；Oct. 106–109；Nov. 128–132；Dec. 154–160.
10. Chinese Mythology（1871 Jan. 197–201；Feb. 234–239；Mar. 299–308；Apr. 310–315；May 347–352；June 19–23；Jul. 46–48；Sept. 93–96；Oct. 130–132；Dec. 192–195；1872 Jan. 217–222）
11. Notes of a Visit to the Famous Wu-tang Shan（1874 Mar.-Apr. 77–82）
12. The Heavenly Teachers（1879 Nov.-Dec. 445–453）
13. Steps in the Growth of Early Tauism（1884 May-June 176–190）

14. Tauism in the Tsin and Han Dynasties (1884 Sept.-Oct. 335–350)
15. A New Theory of Tao (correspondence) (1885 Sept. 349–350)
16. Buddhism in China (1869 June 1–7; Jul. 38–43; Aug. 64–68; Sept. 81–88; Oct. 117–122; Nov. 145–150)
17. The Nirvana of Chinese Buddhists (1870 June 1–6)
18. Buddhism Versus Romanism (1870 Nov. 142–143; Dec. 181–183)
19. Handbook for the Student of Chinese Buddhism (1871 Jan. 215–218)
20. Mr. Eitel's Three Lectures on Buddhism (1871 Aug. 64–68)
21. For and Against Mongolian Buddhism (1874 Jan.-Feb. 3–17)
22. Visit to the Chan-T'an Si-Monastery of the Sandal-Wood Buddha (1876 Nov.-Dec. 431–435)
23. Initiation of Buddhist Priests (1878 May-June 180–184)
24. Buddhist Phraseology in Relation to Christian Teaching (1878 Jul.-Aug. 283–295)
25. A Buddhist Temple Converted Into A Christian Church (1878 Nov.-Dec. 466–469)
26. The Number of Buddhists in the World (1883 Nov.-Dec. 453–463)
27. Antithetical Couplets for the Chinese: An Appeal for Help (1884 Sept.-Oct. 362–364)
28. Chinese Cannibalism (1871 Jan. 205–207)
29. Serpent Worship in China (1872 Apr. 307–308)
30. Paganism (1875 Jan.-Feb. 57–65; Jul.-Aug. 270–281; 1876 Jan.-Feb. 1–12; Jul.-Aug. 267–275; 1877 Jan.-Feb. 54–65)
31. Superstitions of Manchuria (1877 Nov.-Dec. 516–519)
32. Tai Shan-its Temples and Worship (1879 Sept.-Oct. 361–369;

Nov. -Dec. 399 – 415)

33. The Chinese Religious Tract Society（1880 May-June 214 – 220）

34. The State Religion of China（1881 May-June 149 – 192）

35. The Third Annual Meeting of the Chinese Religious Tract Society（1881 Jul. -Aug. 283 – 291；Sept. -Oct. 372 – 383）

36. The Worship of the Moon（1882 Mar. -Apr. 129 – 134）

37. Prayers of the Emperor for Snow and for Rain（1884 Jul. -Aug. 249 – 253）

38. Religious Persecution in China（1884 Nov. -Dec. 433 – 444）

39. The Chinese Religious Tract Society（1885 March 121）

40. Revivals of Religion（1885 Apr. 121 – 129）

41. On Carp Culture in China（1885 May 201 – 207）

42. Religious Sects in North China（1886 Jul. 245 – 252）

四、"中国历史"主题文本

1. History of the Southern Sung Dynasty（a translation）（1868 Jul. 46 – 48；103 – 104；137 – 138；160 – 162）

2. The Entrance to the Yiu Territory(aborigines in China)（1870 Aug. 62 – 64；Sept. 93 – 95；Oct. 126 – 128）

3. Notes on Chinese Medieval Travelers to the West（1874 May-June 113 – 126；Jul. -Aug. 173 – 199；Sept. -Oct. 237 – 252；Nov. -Dec. 305 – 327；1875 Jan. -Feb. 1 – 22；Mar. -Apr. 81 – 104；）

4. Archaeological and Historical Researches on Peking and Its Environs（1875 May-June 161 – 181；Sept. -Oct. 307 – 322；Nov. -Dec. 377 – 401）

5. The Pretended Advance of the Chinese to the Caspian Sea（1876 Jan. -

Feb. 43－50)

6. The Rise and Progress of the Manjows (Manchus) (1876 May-June 155－168; Jul.-Aug. 235－248; Sept.-Oct. 315－329; 1877 Jan.-Feb. 1－24; May-June 197－208; Sept.-Oct. 361－380)

7. Shangjing (上京) of Kin (金) (1878 May-June 161－169)

8. 凤洲网鉴重订王世贞 (1881 Mar.-Apr. 77－86; May-June 193－201; Jul.-Aug. 294－297)

9. 资治通鉴纲目 (The Decree of B.C. 403) (1881 Nov.-Dec. 430－437)

10. Notes on the History of Suchow (1882 Jul.-Aug. 277－280; Sept.-Oct. 384－390; Nov.-Dec. 432－440; 1883 Jan.-Feb. 39－47; Mar.-Apr. 129－132; May-June 235－239)

11. Traces of International Law in Ancient China (1883 Sept.-Oct. 380－393)

12. Early Chinese Relations with Asian States (1884 Mar.-Apr. 122－123)

13. A Sketch of Chinese History (1885 March 81－87)

14. A Sketch of the Life and Times of Ts'ao Ts'ao (曹操) (1885 Nov. 401－407; Dec. 441－449)

15. The Northern Barbarians in Ancient China (1886 Apr. 125－137)

16. Fan Wen Chen Kung (范文正公) (1889 Jul. 316－327)

17. Historical Evidences of Christianity for China (1890 Apr. 145－150)

18. Earl Tsong (郑庄) of Zeng (a story of Chinese feudal times) (1890 Dec. 562－568; 1891 Jan. 15－21)

19. The Diary of Marquis Tseng (曾文正公) (1891 Jul. 297－304; Aug. 345－353)

20. Providential Indications in Chinese History (1894 Feb. 51－57)

21. The Edward Bellamy of China; or the Political Condition of the Middle Sungs (1894 May 205 – 213; June 259 – 264)

22. China in the Light of History (1896 Apr. 170 – 176; May 232 – 242; June 284 – 292; Jul. 336 – 342; Aug. 387 – 391; Nov. 546 – 550; Dec. 587 – 592; 1897 Jan. 27 – 33; Feb. 67 – 71)

23. The Emperor of China (1898 Oct. 471 – 476)

24. The Rise of the Chou Dynasty (1902 Jul. 326 – 334; Aug. 405 – 411)

25. A Centennial of Protestant Missions in China (1907 Aug. 409 – 423; Sept. 475 – 489)

26. Compend of Chinese History (1907 Aug. 435 – 436)

27. Peking, 1900 – 1910 (Rev. H. H. Lowry) (1911 Jul. 381 – 386)

28. Canton, 1901 – 1910 (Rev. W. W. Clayson) (1911 Jul. 387 – 392)

29. The God of War: A Study in Religion (Lewis Hodous) (1913 Aug. 479 – 486)

30. Missionary Work in China During the Seventeenth Century (J. Verdrier) (1915 Apr. 220 – 226; May 302 – 310)

31. The Function of the Missionary in the Writing of Chinese History (Kenneth S. Latourette) (1916 Dec. 822 – 824)

32. Yen Tang (Robert F. Fitch) (1922 Dec. 755 – 757)

33. The Earliest Days of Christianity in China (A. H. Rowbotham) (1923 Jan. 21 – 28; Feb. 103 – 107; Mar. 167 – 173)

34. The Religion of Emperor Wu of Han (汉武帝) (C. Waidtlow) (1924 June 361 – 366; Jul. 460 – 464; Aug. 527 – 529)

35. The Long Planting of Christianity in China (1929 Apr. 251 – 255)

36. Some Chinese Records of Manichaeism in China (T. A. Bisson) (1929 Jul. 413 – 428)

37. Early History of Missions in Shanghai (F. L. Hawks Pott) (1930 May 273 - 288)
38. One Hundred Years Ago (1930 June 382 - 384)
39. The Shanghai Tragedy (1932 Apr. 205 - 212)
40. Christianity in China in Marco Polo's Time (James M. Menzies) (1933 Feb. 82 - 85)
41. A Century of Bible Work in China (Carleton Lacy) (1934 Mar. 159 - 166)
42. China's Modern National Leadership (Hollington K. Tong) (1935 Jan. 7 - 12)
43. Chinese Evangelists in Modern China (Z. K. Zia) (1935 Jan. 46 - 48)
44. Early Christianity in China (C. W. Allan) (1935 Jul. 395 - 399)
45. Oldest Known Church Building in China (1935 Nov. 654 - 656)
46. A Chinese Rationalist of the First Century (王充) (L. Tomkinson) (1935 Nov. 656 - 662)

五、"中国语言"主题文本

1. Connection of Chinese and Hebrew (1871 Jan. 203 - 205; Apr. 323 - 327; June 23 - 25; Jul. 48 - 51; Aug. 74 - 77; Sept. 102 - 105; Oct. 123 - 126; Dec. 182 - 186; 1872 Jan. 215 - 217; Feb. 245 - 247; March 279 - 280; Apr. 287 - 291)
2. Analysis of Chinese Characters (1871 Sept. 90 - 93; Oct. 110 - 123)
3. Connection Between the Gaelic and Chinese Languages (1871 Dec. 179 - 182; 1872 Feb. 242 - 245)
4. Chinese and English Vocabulary (1872 Jan. 222 - 223)
5. Mr. Edkins and Comparative Philology (1872 March 253 - 257)

近代西方认知中的"中国形象"：《教务杂志》关键词之广义修辞学阐释

6. Chinese Proverbial Philosophy（1874 Mar.-Apr. 72–77）
7. Movable Types for Printing Chinese（1875 Jan.-Feb. 22–30）
8. Acquisition of the Japanese Language（1875 Jul.-Aug. 248–255）
9. On the Mandarin Mutes（1875 Nov.-Dec. 414–419）
10. Chinese and Dead Language（1877 Mar.-Apr. 166–167）
11. Orthography of Chinese Words（1877 Mar.-Apr. 171–172）
12. The Future Language of China（1877 Nov.-Dec. 462–476）
13. Mandarin Colloquial Syntax（1878 May-June 194–200）
14. The Comparative Study of Chinese Dialects（1879 Jan.-Feb. 47–59）
15. The Relation of Chinese to Siamese and Cognate Dialects（1879 Jul.-Aug. 276–280；Nov.-Dec. 454–459）
16. The Book Language（1880 Mar.-Apr. 103–119）
17. Corean Tone Book（1880 Mar.-Apr. 124–128；Nov.-Dec. 442–444）
18. Shall We Assist the Chinese in Acquiring a Knowledge of the English Language（1881 May-June 225–226）
19. The Proverbs and Common Sayings of the Chinese（1882 Mar.-Apr. 97–114；May-June 161–176；Jul.-Aug. 241–259；Sept.-Oct. 321–337；Nov.-Dec. 401–419；1883 Jan.-Feb. 1–17；Mar.-Apr. 73–93；May-June 186–205；Jul.-Aug. 281–288；1884 Jan.-Feb. 14–41；Mar.-Apr. 73–89；May-June 196–210；Jul.-Aug. 267–279；Sept.-Oct. 317–334；Nov.-Dec. 401–419；1885 Jan.-Feb. 1–18；Jul. 255–260；Sept. 321–326；1886 May 187–191）
20. On Romanizing Chinese Names（1884 Sept.-Oct. 395–398）(Correspon-dence)
21. Kang-Hi's System of Initials Compared with the Sanskrit Consonants

(1883 Jul.-Aug. 325 – 328; Sept.-Oct. 414 – 416; Nov.-Dec. 476 – 478)

22. The Chinese Language (1884 May-June 151 – 164)

23. The Old Chinese Pronunciation (1884 Sept.-Oct. 373 – 381)

24. The Ancient Language of China (1885 May 161 – 174)

25. Early Form of Chinese (1885 Jul. 251 – 252)

26. The Shansi Dialect (1885 Jul. 253 – 255)

27. Another Small Step in Advance (去声) (1886 Aug. 310 – 314)

28. Variations in the Spoken Language of Northern and Central China (1887 Mar. 105 – 108)

29. Southern Mandarin (1887 Apr. 154 – 155)

30. The Dialect of the River and Grand Canal (1887 June 226 – 227)

31. Romanizing the Official Dialect (1888 Jan. 36 – 38; Mar. 133 – 135)

32. A System of Phonetic Symbols for Writing the Dialects of China (1888 Mar. 101 – 110)

33. Another Chinese Phonotypy (1888 Jul. 293 – 298)

34. Dr. Crawford's Phonetic Symbols (1888 Jul. 298 – 300)

35. The Official Dialect (1888 Jul. 300 – 301)

36. Another Phonography (1889 Apr. 171 – 172)

37. History of the Manchu Language (1891 Mar. 106 – 113; Apr. 149 – 157)

38. The Language of Reverence in China (1891 Sept. 423 – 431)

39. A System of Chinese Short-hand (1892 Jan. 20 – 22)

40. How to Learn the Chinese Language (1893 Jan. 1 – 6)

41. A Conversation Between Two Chinaman (1893 Jan. 17 – 21)

42. Some Thoughts on the Study of Chinese (1893 May 203 – 211; June

260 - 263)

43. The Word for Life in Chinese (1893 Jul. 331 - 336)
44. Phonetic Representation of Chinese Sounds (1893 Oct. 472 - 479)
45. Curriculum of Chinese Studies for the Use of Young Missionaries (1894 Aug. 365 - 367)
46. Murray's New Phonetic System of Writing Chinese Characters (1894 Aug. 389 - 390)
47. Romanized Colloquial (1897 Jan. 25 - 27)
48. How to Study the Chinese Language So As to Get A Good Working Knowledge of It (1898 Jan. 1 - 14)
49. Non-Phonetic and Phonetic Systems of Writing Chinese (1898 Nov. 540 - 545)
50. Relation of Chinese to Western Languages (1899 June 268 - 273)
51. Chinese Nursey Rhymes (1900 Jan. 1 - 10)
52. Romanizing (1900 Feb. 80 - 86)
53. How Shall We Teach the Chinese Language and Literature in Our Christian Schools and Colleges? (1900 Feb. 87 - 93)
54. Personal Experience in the Teaching of English (1900 Nov. 573 - 578)
55. Romanized Colloquial (1901 Oct. 512 - 513)
56. The Training of Chinese voices (1901 Dec. 589 - 592)
57. A Plea for the Romanizing of Local Dialects (1902 Jan. 18 - 19)
58. Romanization in Mandarin (1902 Feb. 89 - 90)
59. Teaching Romanized Vernacular (1902 Feb. 90)
60. A Uniform System of Romanization for Mandarin (1902 Mar. 138 - 139)

61. Syllabic Language is the Prime Need in the Reformation of China（切音字为维新纲领）（1902 Apr. 194 – 195）

62. Romanization Notes（1902 Jul. 357 – 358）

63. Phonetic Representation of Mandarin（1902 Oct. 521 – 523）

64. Romanization（1902 Oct. 523 – 524）

65. Romanized Chinese（1902 Dec. 599 – 604）

66. To Beginners in the Study of Mandarin Chinese（1902 Dec. 604 – 608）

67. A Chinese Sermon（1902 Dec. 608 – 609）

68. Illustrations（1903 Feb. 51 – 66; Mar. 131 – 138; Apr. 159 – 164）

69. A Word or Two About the Supernatural, the Superman and the Divine in the Chinese Languages（1903 Apr. 164 – 169）

70. Some Thoughts About Romanized Chinese（1903 May 244 – 247）

71. How to Retain to the Church the Services of English-speaking Chinese Christians（1903 Jul. 319 – 329; Sept. 444 – 453）

72. Mandarin Romanization（1903 Jul. 347 – 349）

73. Shanghai Romanization（1903 Aug. 401 – 404）

74. Ningpo Romanization（1903 Sept. 457 – 460）

75. Mandarin Romanized（1903 Sept. 462 – 463）

76. The Mandarin Romanized（1904 Jan. 37 – 38）

77. T'ai-chow Romanized（1904 Feb. 89 – 91）

78. Mandarin Romanized（1904 Apr. 193 – 194）

79. Cantonese Romanization（1904 June 309 – 311）

80. The Practicability and Utility of Romanization（1904 Aug. 410 – 412）

81. Romanized Scriptures（1904 Aug. 413 – 414）

82. The Kien-ning Romanised Dialects（1904 Oct. 517 – 519）

83. Standard System of Mandarin Romanization(1904 Oct. 519 – 520)
84. Amoy Romanization(1904 Nov. 567 – 573)
85. Some Remarks About the Standard System of Romanization(1905 Feb. 82 – 84)
86. Standard Mandarin Romanized(1905 Apr. 197 – 198)
87. The Necessity and Importance of Reform in the Method of Teaching the Written Language(1905 Sept. 454 – 457)
88. English or Chinese(1906 June 323 – 325)
89. The Study of the Chinese Language(1906 Aug. 415 – 424)
90. A Plea for Romanization(1907 Sept. 501 – 502)
91. Some Principles which should Guide the Missionary in His Study of the Chinese language(1908 Jul. 365 – 375)
92. A Consensus of Student Opinion on Language Study(1908 Jul. 375 – 384)
93. The Kuling Language School-its Methods and Results(1908 Jul. 384 – 390)
94. On Mastering the Form and Use of the Most Frequent Words in the Mandarin Language(1908 Jul. 390 – 395)
95. Language Study(J. Darroch)(1912 Jul. 420 – 421; Oct. 598 – 600)
96. Memorizing a Language; Its Psychological Principles(Thos. F. Cummings)(1913 Sept. 555 – 560)
97. Phenomenology of Chinese Conversions(W. H. Hudson)(1913 Nov. 667 – 670)
98. What is Phonetics(W. B. Pettus)(1914 Jul. 434 – 436)
99. Language Study(W. B. Pettus)(1914 Aug. 503 – 504; Sept. 566 – 569; Oct. 639 – 642; Dec. 771 – 774; 1915 Mar. 185 – 187; Apr. 230 – 234; May 291 – 291)

附录：《教务杂志》相关主题研究文本

100. The Scriptures in Phonetic for North China (E. J. and S. G. Peill) (1916 May 329 – 338)

101. The Races and Languages of South China in Their Relation to Evange-listic Work (J. H. Freeman) (1918 Jul. 456 – 458)

102. The Symbol for God in Chinese Writing (Rev. C. Waidtlow) (1918 Jul. 471 – 472; 1919 Feb. 116 – 117)

103. Facts Regarding the System of Phonetic Writing Prepared by the Chinese Government (1918 Sept. 584 – 586)

104. Phonetic Writing of Chinese (T. F. Carter) (1919 Jan. 39 – 44)

105. The New Mandarin Bible (A. H. Jowett Murray) (1919 Jul. 439 – 443)

106. Introducing the Phonetic (R. E. Brown) (1920 Sept. 639 – 641)

107. Romanized Script in Fukien (W. B. Cole) (1920 Dec. 856 – 858)

108. A Concise Romanization (1924 Apr. 239 – 241)

109. A Psychological Venture in Memorizing Chinese (C. H. Robertson) (1925 Jan. 32 – 36)

110. Reform the Chinese Written Language (Homer H. Dubs) (1928 Oct. 649 – 653)

111. Two Thousand Chinese Characters: A Reference List (J. E. Moncrieff) (1938 Oct. 487 – 494)

112. Progress in Romanization: Q. R. 1937 – 38(1939 June 319 – 332)

主要参考文献

(按作者姓氏音序排列)

专著译著：

1. [美]爱德华·W. 萨义德：《世界·文本·批评家》，李自修译，北京：生活·读书·新知三联书店，2009年。

2. [美]爱德华·赛义德：《赛义德自选集》，谢少波等译，北京：中国社会科学出版社，1999年。

3. [美]安娜·西沃德·普鲁伊特：《往日琐事：一位美国女传教士的中国记忆》，济南：山东画报出版社，2010年。

4. [法]安娜·埃诺：《符号学简史》，怀宇译，天津：百花文艺出版社，2005年。

5. [英]巴克森德尔：《意图的模式》，曹意强等译，杭州：中国美术学院出版社，1997年。

6. [法]保罗·利科：《历史与真理》，姜志辉译，上海：上海译文出版社.2004年。

7. [美]保罗·德曼：《解构之图》，李自修译，北京：中国社会科学出版社，1998年。

8. [意]贝内代托·克罗齐：《美学或艺术和语言哲学》，黄文捷译，天津：百花文艺出版社，2009年。

9. 孔广森：《大戴礼记补注》，北京：中华书局，2013年。

10. ［德］彼得·克斯洛夫斯基：《后现代文化》，毛怡红等译，北京：中央编译出版社，1999年。

11. 陈宗明、黄华新：《符号学导论》，郑州：河南人民出版社，2004年。

12. 陈振尧：《法国文学史》，北京：外语教学与研究出版社，1989年。

13. ［美］大卫·雷·格里芬：《后现代精神》，王成兵译，北京：中央编译出版社，1998年。

14. 戴鞍钢：《晚清史》，上海：百家出版社，2009年。

15. ［美］丹尼尔·W. 费舍：《狄考文传——一位在中国山东生活了四十五年的传教士》，关志远等译，桂林：广西师范大学出版社，2009年。

16. ［法］笛卡尔：《谈谈方法》，北京：商务印书馆，2006年。

17. ［法］笛卡尔：《第一哲学沉思录》，北京：商务印书馆，2007年。

18. 方生：《后结构主义文论》，济南：山东教育出版社，1999年。

19. ［英］费夫尔：《西方文化的终结》，丁万江等译，南京：江苏人民出版社，2004年。

20. 冯寿农：《文本·语言·主题》，厦门：厦门大学出版社，2001年。

21. ［法］弗朗索瓦·多斯：《从结构到解构：法国20世纪思想主潮》，季广茂译，北京：中央编译出版社，2004年。

22. ［俄］弗拉基米尔·雅科夫列维奇·普罗普：《神奇故事的历史根源》，贾放译，北京：中华书局，2006年。

23. ［俄］弗拉基米尔·雅科夫列维奇·普罗普：《故事形态学》，贾放译，北京：中华书局，2006年。

24. ［美］弗雷德里克·詹姆逊：《快感：文化与政治》，王逢振等译，北京：中国社会科学出版社，1998年。

25. ［德］冈特·绍伊博尔德：《海德格尔分析新时代的技术》，宋祖良译，北京：中国社会科学出版社，1999年。

26. [法]格雷马斯:《结构语义学》,史忠义译,天津:百花文艺出版社,2001年。

27. [法]格雷马斯:《论意义》,吴泓缈等译,天津:百花文艺出版社,2005年。

28. [法]格雷马斯:《符号学与社会科学》,徐伟民译,天津:百花文艺出版社,2009年。

29. 顾长声:《传教士与近代中国》,上海:上海人民出版社,2013年。

30. [美]哈罗德·布鲁姆:《影响的焦虑》,徐文博译,南京:江苏教育出版社,2006年。

31. [美]哈罗德·布鲁姆:《误读图示》,朱立元、陈克明译,天津:天津人民出版社,2008年。

32. [德]汉斯-格奥尔格·伽达默尔:《真理与方法》,洪汉鼎译,上海:上海译文出版社,1999年。

33. [美]怀礼:《一个传教士眼中的晚清社会》,王丽、戴如梅译,北京:国家图书馆出版社,2012年。

34. [美]加里·古廷:《20世纪法国哲学》,辛岩译,南京:江苏人民出版社,2005年。

35. [美]吉瑞德:《朝觐东方:理雅各评传》,段怀清、周俐玲译,桂林:广西师范大学出版社,2011年。

36. 金元浦:《文学解释学》,长春:东北师范大学出版社,1997年。

37. 金元浦:《接受反应文论》,济南:山东教育出版社,1998年。

38. [英]卡尔·波普尔:《开放的宇宙》,李本正译,杭州:中国美术学院出版社,1999年。

39. [法]勒内·基拉尔:《双重束缚》,刘舒等译,北京:华夏出版社,2006年。

40. 李灵、陈建明:《基督教文字传媒与中国近代社会》,上海:上海人民出版社，2013年。

41. 李幼蒸：《理论符号学》，北京：社会科学文献出版社，1999年。
42. ［英］李提摩太：《亲历晚清四十五年》，李宪堂、侯林莉译，天津：天津人民出版社，2011年。
43. ［美］雷孜智：《千禧年的感召》，桂林：广西师范大学出版社，2008年。
44. ［瑞典］路得·安士普·奥德兰德：《客旅：瑞典宣教士在中国西部的生死传奇》，黎晓容、刘芳菲、阿信译，北京：团结出版社，2013年。
45. 刘象愚等：《从现代主义到后现代主义》，北京：高等教育出版社，2002年。
46. 刘放桐：《新编现代西方哲学》，北京：人民出版社，2000年。
47. ［法］吕西安·戈德曼：《隐蔽的上帝》，蔡鸿滨译，天津：百花文艺出版社，1998年。
48. ［法］罗兰·巴特：《批评与真实》，温晋仪译，上海：上海人民出版社，1999年。
49. ［法］罗兰·巴尔特：《符号学原理》，李幼蒸译，北京：中国人民大学出版社，2008年。
50. ［法］罗兰·巴尔特：《符号学历险》，李幼蒸译，北京：中国人民大学出版社，2008年。
51. ［法］罗兰·巴特：《流行体系——符号学与服饰符码》，敖军译，上海：上海人民出版社，2000年。
52. ［法］罗兰·巴特：《符号帝国》，孙乃修译，北京：商务印书馆，1996年。
53. ［法］罗兰·巴特：《显义与晦义》，怀宇译，天津：百花文艺出版社，2005年。
54. ［法］罗兰·巴特：《明室》，赵克非译，北京：文化艺术出版社，

2003年。

55. [法]罗兰·巴尔特：《神话——大众文化诠释》，许蔷蔷等译，上海：上海人民出版社，1999年。

56. 罗文达：《在华天主教报刊》，王海译，广州：暨南大学出版社，2013年。

57. 马敏：《基督教与中西文化的融合》，武汉：华中师范大学出版社，2013年。

58. [德]马丁·海德格尔：《存在与时间》，陈嘉映、王庆节译，北京：生活·读书·新知三联书店，2006年。

59. [荷]米克·巴尔：《叙述学》，谭君强译，北京：中国社会科学出版社，2003年。

60. [美]莫瑞·克里格：《批评旅途》，李自修译，北京：中国社会科学出版社，1998年。

61. [德]尼采：《反基督》，陈君华译，石家庄：河北教育出版社，2003年。

62. [法]皮埃尔·布尔迪厄：《实践理性》，谭立德译，北京：生活·读书·新知三联书店，2007年。

63. [法]皮埃尔·德·布瓦岱弗尔：《1900年以来的法国小说》，陆亚东译，北京：商务印书馆，1998年。

64. [美]蒯因：《语词和对象》，陈启伟等译，北京：中国人民大学出版社，2005年。

65. [英]齐格蒙特·鲍曼：《被围困的社会》，郇建立译，南京：江苏人民出版社，2005年。

66. [美]乔纳森·卡勒：《结构主义诗学》，盛宁译，北京：中国社会科学出版社，1991年。

67. [美]乔纳森·卡勒：《论解构》，陆扬译，北京：中国社会科学出版社，1998年。

68. [美]乔伊斯·阿普尔比等:《历史的真相》,刘北成译,北京:中央编译出版社,1999年。

69. [法]热拉尔·热奈特:《热奈特论文集》,史忠义译,天津:百花文艺出版社,2001年。

70. 沈迦:《寻找·苏慧廉》,北京:新星出版社,2013年。

71. [美]斯坦利·费什:《读者反应批评:理论与实践》,文楚安译,北京:中国社会科学出版社,1998年。

72. [英]苏慧廉:《李提摩太在中国》,关志远等译,桂林:广西师范大学出版社,2007年。

73. [瑞士]索绪尔:《普通语言学教程》,高名凯译,北京:商务印书馆,2002年。

74. 唐晓峰:《改革开放以来的中国基督教及研究》,北京:宗教文化出版社,2013年。

75. 谭学纯、朱玲:《广义修辞学(修订版)》,合肥:安徽教育出版社,2008年。

76. 谭学纯:《文学和语言:广义修辞学的学术空间》,上海:上海三联书店,2008年。

77. 谭学纯:《广义修辞学演讲录》,上海:上海三联书店,2012年。

78. [英]特伦斯·霍克斯:《结构主义和符号学》,瞿铁鹏译,上海:上海译文出版社,1997年。

79. [英]特里·伊格尔顿:《历史中的政治、哲学、爱欲》,马海良译,北京:中国社会科学出版社,1999年。

80. [法]谢和耐:《中国与基督教——中西文化的首次撞击》,北京:商务印书馆,2013年。

81. 王治河:《后现代主义辞典》,北京:中央编译出版社,2004年。

82. 王宁:《超越后现代主义》,北京:人民文学出版社,2002年。

83. 汪正龙：《文学意义研究》，南京：南京大学出版社，2002年。
84. [美]卫斐列：《卫三畏生平及书信——一位美国来华传教士的心路历程》，桂林：广西师范大学出版社，2004年。
85. [英]伟烈亚力：《基督教新教传教士在华名录》，赵康英译，天津：天津人民出版社，2013年。
86. [奥]维特根斯坦：《哲学研究》，北京：商务印书馆，2008年。
87. [意]翁贝尔托·埃科：《符号学与语言哲学》，王天清译，天津：百花文艺出版社，2006年。
88. 吴宁：《没有终点的到达》，北京：宗教文化出版社，2013年。
89. [美]希里斯·米勒：《重申解构主义》，郭英剑等译，北京：中国社会科学出版社，1998年。
90. 徐碧辉：《文艺主体创价论》，长春：东北师范大学出版社，1997年。
91. [古希腊]亚理斯多德：《诗学》，罗念生译.北京：人民文学出版社，1962年。
92. [古希腊]亚理斯多德：《修辞学》，《罗念生全集》，第一卷，上海：上海人民出版社，2004年。
93. 杨大春：《文本的世界》，北京：中国社会科学出版社，1998年。
94. 杨大春：《语言·身体·他者：当代法国哲学的三大主题》，北京：生活·读书·新知三联书店，2007年。
95. 杨春时：《美学》，北京：高等教育出版社，2004年。
96. 俞吾金：《二十世纪哲学经典文本(欧洲大陆哲学卷)》，上海：复旦大学出版社，1999年。
97. 余国良：《拆毁了中间隔断的墙：基督教与转型中的中国社会》，北京：宗教文化出版社，2013年。
98. [英]余恩思：《汉人：中国人的生活和我们的传教故事》，邹秀英、徐鸿译，北京：国家图书馆出版社，2013年。

99. [英]约翰·斯特罗克：《结构主义以来：从列维-斯特劳斯到德里达》,渠东、李康、李猛译,沈阳：辽宁教育出版社,1998年。

100. 赵一凡：《从卢卡奇到萨义德》,北京：生活·读书·新知三联书店,2009年。

101. 赵一凡等：《西方文论关键词》,北京：外语教学与研究出版社,2006年。

102. 赵毅衡：《符号学文学论文集》,天津：百花文艺出版社,2004。

103. 赵晓兰、吴潮：《传教士与中文报刊史》,上海：复旦大学出版社,2011年。

104. 钟晓文：《符号·结构·文本——罗兰·巴尔特文论思想解读》,厦门：厦门大学出版社,2012年。

期刊文章：

1. 陈国明：《"跨文化传播"术语和学科的生成发展》,《学术研究》2010年第11期。

2. 陈嘉映：《索绪尔的几组基本概念》,《杭州师范学院学报》2002年第2期。

3. 陈本益：《索绪尔语言学对西方现代思想的影响综论》,《四川外语学院学报》2001年第2期。

4. 程小娟：《〈教务杂志〉中"God"汉译讨论研究》,《圣经文学研究》2009年第1期。

5. 崔华杰：《传教士与中国历史研究：以〈教务杂志〉为中心的量化考察》,《社会科学论坛》2011年第3期。

6. 杜彬：《民族影像与跨文化传播之思考》,《大理学院学报》2008年第1期。

7. 冯寿农：《模仿欲望诠释 探源求真解读——勒内·吉拉尔对文学

的人类学批评》,《外国文学研究》2004年第4期。

8. 顾伟列:《文学解读的世界性——以中国古代文学的国外传播和研究为例》,《文艺理论研究》2010年第2期。

9. 黄晞耘:《被颠覆的倒错——关于罗兰·巴特后期思想中的一个关键概念》,《外国文学评论》2003年第1期。

10. 黄念然:《当代西方文论中的互文性理论》,《外国文学研究》1999年第1期。

11. 黄擎:《以简驭繁神话的破灭——对罗兰·巴尔特〈叙事作品结构分析导论〉的思考》,《河南师范大学学报(哲学社会科学版)》2000年第2期。

12. 刘坚:《语境控制理论的跨文化传播意义》,《东北师大学报》2007年第4期。

13. 刘乃歌:《语境文化的类型差异与跨文化传播问题解析》,《沈阳师范大学学报》2010年第4期。

14. 刘文:《辩证性和革命性:克里斯蒂娃和巴特的互文本理论》,《西南民族大学学报》2005年第5期。

15. 刘纳:《从作者/读者系统的瓦解谈文本的解读》,《学习与探索》1999年第5期。

16. 鲁京明、冯寿农:《主体间意识在文本中的对话——析让-皮埃尔·里夏尔的主题批评》,《厦门大学学报(哲社版)》2008年第2期。

17. 罗兰·巴尔特:《文本理论》,张寅德译,《上海文论》1987年第5期。

18. 梅园:《"神话"与"书写":罗兰·巴特后结构主义思想探源》,《解放军外国语学院学报》2005年第7期。

19. 南帆:《文学理论:开放的研究》,《东南学术》2001年第4期。

20. 潘红:《隐喻的语用和认知解读》,《福州大学学报》2001年第1期。

21. 潘红:《哈葛德小说在中国:历史吊诡和话语意义》,《中国比较文学》

2012年第3期。

22. 潘红:《认知图式与文本的修辞建构——以〈撒克逊劫后英雄略〉中三则比喻的修辞设计为例》,《中国文学研究》2010年第3期。

23. 潘红:《林译〈撒克逊劫后英雄略〉的语言特点及文体得失》,《福州大学学报》2008年第3期。

24. 潘红:《林译〈迦茵小传〉道德话语的修辞建构》,《福建师范大学学报》2011年第2期。

25. 彭淑庆:《近代内地会传教士叶长青与川边社会——以〈教务杂志〉史料为中心的介绍探讨》,《民俗研究》2012年第3期。

26. 皮鸿鸣:《索绪尔语言学的根本原则》,《武汉大学学报(哲学社会科学版)》1994年第4期。

27. 尚杰:《从结构主义到后结构主义》,《世界哲学》2004年第3期。

28. 石恢:《当代批评与理论》,《文艺评论》2001年第2期。

29. 孙英春:《跨文化传播的伦理空间》,《浙江学刊》2011年第4期。

30. 孙轶旻:《来华新教传教士眼中的中国小说——以〈教务杂志〉刊载的评论为中心》,《学术研究》2011年第10期。

31. 谭学纯:《修辞学研究突围:从倾斜的学科平台到共享学术空间》,《福建师范大学学报》2003年第6期。

32. 谭学纯:《修辞话语建构双重运作:陌生化和熟知化》,《福建师范大学学报》2004年第5期。

33. 谭学纯:《修辞幻象及一组跨学科相关术语辨》,《安徽师范大学学报》2005年第4期。

34. 谭学纯:《语言教育:概念认知和修辞认知》,《语言教学与研究》2005年第5期。

35. 谭学纯:《语用环境:语义变异和认知主体的信息处理模式》,《语言文字应用》2008年第1期。

36. 谭学纯：《基于修辞学学科交叉性质的观察与思考》，《修辞学习》2008 年第 2 期。

37. 谭学纯：《亚义位和空义位：语用环境中的语义变异及其认知选择动因》，《语言文字应用》2009 年第 4 期。

38. 谭学纯：《中国文学修辞研究：学术观察、思考与开发》，《文艺研究》2009 年第 12 期。

39. 谭学纯：《辞格生成与理解：语义·语篇·结构》，《当代修辞学》2010 年第 2 期。

40. 谭学纯：《语用环境中的义位转移及其修辞解释》，《语言文字应用》2011 年第 2 期。

41. 屠友祥：《罗兰·巴特与索绪尔：文化意指分析基本模式的形成》，《西北师大学报（社会科学版）》2005 年第 4 期。

42. 汪明香：从《"文化帝国主义"到"跨文化传播"》，《安徽广播电视大学学报》2005 年第 1 期。

43. 王明利：《法语联盟文化传播策略研究》，《法国研究》2012 年第 1 期。

44. 吴晓峰：《符号与意义——巴特符号学与现代语言学的比较研究》，《学术研究》2004 年第 3 期。

45. 徐岱：《游戏批评：评巴尔特论巴尔扎克》，《外国文学研究》2003 年第 5 期。

46. 夏卫红：《跨文化传播视野下的晚清同文馆》，《北京大学学报》2007 年第 6 期。

47. 许晓琴：《共生与发展：西方批评理论与文学批评》，《文艺理论与批评》2008 年第 2 期。

48. 杨清芝：《晚清时期基督教在中国的出版事业》，《重庆师范大学学报》2006 年第 2 期。

49. 杨红旗：《结构主义从语言学到文学批评——论理论的文学化》，《西华师范大学学报(哲学社会科学版)》2006 年第 1 期。

50. 张梅贞:《从文化适应理论看明朝利玛窦的跨文化传播》,《理论界》2008 年第 2 期。

51. 张晓明:《巴特文论在中国的译介历程》,《当代外国文学》2006 年第 2 期。

52. 张青岭:《罗兰·巴特的神话分析及其对当代中国大众文化研究的意义》,《长春大学学报》2006 年第 2 期。

53. 张祎星:《罗兰·巴特的文本理论》,《浙江师范大学学报(社会科学版)》2006 年第 1 期。

54. 章博:《基督化的努力:以华中大学为个案的考察》,《华中师范大学学报》2011 年第 5 期。

55. 赵毅衡:《新闻不可能是"不可靠叙述":一个符号修辞分析》,《福建师范大学学报》2013 年第 1 期。

56. 钟晓文:《主题与结构:寻找"深在的作者"》,《福州大学学报》2011 年第 2 期。

57. 种海峰:《简论跨文化传播与冲突的四个规律》,《深圳大学学报》2010 年第 6 期。

外文参考文献:

1. Barthes, Roland, *Mythologies*, translated by Annette Lavens, New York: Hill and Wang, 1972.

2. Barthes, Roland, *Criticism and Truth*, translated by Katrine Pilcher Keuneman, London: The Athlone Press, 1998.

3. Barthes, Roland, *The Grain of Voice*, translated by Linda Coverdale, The University of California Press, 1985.

4. Barthes, Roland, *Image/Music/Text*, translated by Stephen Heath,

NY: Hill and Wang, 1977.

5. Barthes, Roland, *Writing Degree Zero*, translated by Annette Lavers and Colin Smith, NY: Hill and Wang, 1968.

6. Barthes, Roland, *Critical Essays*, translated by Richard Howard, The Northwestern University Press, 1972.

7. Barthes, Roland, *Elements of Semiology*, translated by Annette Lavers and Colin Smith, NY: Hill and Wang, 1967.

8. Barthes, Roland, *The Fashion System*, translated by Matthew Ward and Richard Howard, NY: Hill and Wang, 1983.

9. Barthes, Roland, *Empire of Signs*, translated by Richard Howard, The Northwestern University Press, 1982.

10. Barthes, Roland, *Sade/Fourier/Loyola*, translated by Richard Miller, New York: Hill and Wang, 1976.

11. Barthes, Roland, *New Critical Essays*, translated by Richard Howard, NY: Hill and Wang, 1980.

12. Barthes, Roland, *The Rustle of Language*, translated by Richard Howard, The University of California Press, 1989.

13. Barthes, Roland, *The Responsibility of Forms*, translated by Richard Howard, New York: Hill and Wang, 1985.

14. Barthes, Roland, *The Semiotic Challenge*, translated by Richard Howard, New York: Hill and Wang, 1988.

15. Biriotti, Maurice & Miller, Nicola, *What is an author*? Manchester: The Manchester University Press, 1993.

16. Booth, Wayne C., *The Rhetoric of Fiction*, The University of Chicago Press, 1985.

17. Brooks, Cleanth & Warren, R. P., *Understanding Fiction*, Beijing:

Foreign Language Teaching and Research Press, 2004.

18. Brown, Andrew, *Roland Barthes: The Figures of Writing*, Clarendon Press, 1992.

19. Burke, Sean, *The Death and Return of the Author*, The Edinburgh University Press, 1992.

20. Coste, Didier, *Narrative As Communication*, Minneapolis: The University of Minnesota Press, 1989.

21. Culler, Jonathan, *The Pursuit of Signs*, The Cornell University Press, 1991.

22. Culler, Jonathan, *On Deconstruction*, Beijing: Foreign Language Teaching and Research Press, 2004.

23. Culler, Jonathan, *Structuralist Poetics*, Routledge & Kegan Paul plc, 1975.

24. Freund, Elizabeth, *The Return of The Reader: Reader-Response Criticism*, Methuen, 1987.

25. Giddens, Anthony, *Modernity and Self-Identity*, The Stanford University Press, 1991.

26. Giddens, Anthony, *The Consequences of Modernity*, The Stanford University Press, 1990.

27. Girard, René, *To Double Business Bound*, The Johns Hopkins University Press, 1978.

28. Guerin, Wilfred L., *A Handbook of Critical Approaches to Literature*, Beijing: Foreign Language Teaching and Research Press, 2004.

29. Guest. editorial, *Conceptualizing Discourse/Responding to Text*, Journal of Second Language Writing, 2004.

30. Jameson, Fredric, *The Cultural Turn*, Verso, 1998.
31. Jameson, Fredric, *The Political Unconscious*, The Cornell University Press, 1981.
32. Knight, Diana, *Barthes and Utopia: Space, Travel, Writing*, Clarendon Press, 1997.
33. Knight, Diana, *Critical Essays on Roland Barthes*, New York: G. K. Hall & Co., 2000.
34. Lentricchia, Frank, *After the New Criticism*, Methuen & Co. Ltd., 1983.
35. Lodge, David, *Modern Criticism and Theory: A Reader*, New York: Longman Inc., 1988.
36. Lodge, David, *The Modes of Modern Writing*, Edward Arnold, 1977.
37. Martin, Wallace, *Recent Theories of Narrative*, Peking University Press, 2006.
38. Norris, Christopher, *Deconstruction Theory & Practice*, Methuen, 1982.
39. Pagan, Nicholas, Roland Barthes and the Syllogisms of Literary Criticism, *Mosaic: A Journal for the Interdisciplinary Study of Literature*, 2000.
40. Ransom, John Crowe, *The New Criticism*, Greenwood Press, Publishers, 1979.
41. Rice and Waugh ed., *Modern Literary Theory: A Reader*, London: Edward Arnold Press, 1996.
42. Richards, I. A., *Principles of Literary Criticism*, Harcourt, Brace & World, Inc., New York, 1925.

43. Richards, I. A., *Practical Criticism*, Harcourt Brace Jovanovich, Publishers, 1985.
44. Ricoeur, Paul, *Time and Narrative*, The University of Chicago Press, 1984.
45. Ritzer, George, *Postmodern Social Theory*, Beijing: Peking University Press, 2004.
46. Rylance, Rick, *Roland Barthes*, New York: Harvester Wheatsheaf, 1994.
47. Sartre, Jean-Paul, *Being and Nothingness*, Beijing: China Social Sciences Publishing House, 1999.
48. Saeed, John L, *Semantics*, Beijing: Foreign Language Teaching and Research Press, 2000.
49. Said, Edward W., *The World*, *The Text*, *Critic*, The Harvard University Press, 1983.
50. Scott, Wilbur, *Five Approaches of Literary Criticism*, New York: Macmillan Publishing Co., Inc, 1962.
51. Selden, Roman, *A Reader's Guide to Contemporary Literary Theory*, Beijing: Foreign Language Teaching and Research Press, 2004.
52. Smitten, Jeffrey R., *Spatial Form in Narrative*, The Cornell University Press, 1981.
53. Sontag, Susan, *A Barthes Reader*, New York: Hill and Wang, 1983.
54. Steiner, George, *Language and Silence*, The Yale University Press, 1970.
55. Trilling, Lionel, *Sincerity and Authenticity*, The Harvard

University Press, 1971.
56. Ungar, Steven & McGraw, Betty R. , *Signs in Culture: Roland Barthes Today*, University of Iowa Press, 1989.
57. Weisstein, Ulrich, *Comparative Literature and Literary Theory*, translated by William Riggan, London: The Indiana University Press, 1973.
58. Wellek, Rene & Warren, Austin, *Theory of Literature*, Middlesex: Penguin Books Ltd. , 1973.
59. Williams, Raymond, *Culture and Society 1780 – 1950*, Penguin Books, 1963.
60. Wood, Michael, *Literature and the Taste of Knowledge*, The Cambridge University Press, 2005.

图书在版编目(CIP)数据

近代西方认知中的"中国形象":《教务杂志》关键词之广义修辞学阐释/钟晓文著.—上海：复旦大学出版社，2022.9
(福州大学哲学社会科学文库)
ISBN 978-7-309-16335-3

Ⅰ.①近… Ⅱ.①钟… Ⅲ.①国家-形象-研究-中国-近代 Ⅳ.①D691

中国版本图书馆 CIP 数据核字(2022)第 135841 号

近代西方认知中的"中国形象":《教务杂志》关键词之广义修辞学阐释
钟晓文　著
责任编辑/胡春丽

复旦大学出版社有限公司出版发行
上海市国权路 579 号　邮编：200433
网址：fupnet@fudanpress.com　http://www.fudanpress.com
门市零售：86-21-65102580　团体订购：86-21-65104505
出版部电话：86-21-65642845
上海盛通时代印刷有限公司

开本 890×1240　1/32　印张 9.125　字数 228 千
2022 年 9 月第 1 版
2022 年 9 月第 1 版第 1 次印刷

ISBN 978-7-309-16335-3/D·1127
定价：52.00 元

如有印装质量问题，请向复旦大学出版社有限公司出版部调换。
版权所有　侵权必究